Wilfried Gruhn – Der Musikverstand

Olms Forum

2

Wilfried Gruhn
Der Musikverstand

Georg Olms Verlag
Hildesheim · Zürich · New York
2014

Wilfried Gruhn

Der Musikverstand

Neurobiologische Grundlagen
des musikalischen Denkens,
Hörens und Lernens

Vierte Auflage

Georg Olms Verlag
Hildesheim · Zürich · New York
2014

Das Werk ist urheberrechtlich geschützt. Jede Verwertung außerhalb der engen Grenzen des Urheberrechtsgesetzes ist ohne Zustimmung des Verlages unzulässig. Das gilt insbesondere für Vervielfältigungen, Übersetzungen, Mikroverfilmungen und die Einspeicherung und Verarbeitung in elektronischen Systemen.

Die Deutsche Nationalbibliothek verzeichnet diese Publikation in der Deutschen Nationalbibliografie; detaillierte bibliografische Daten sind im Internet über *http://dnb.d-nb.de* abrufbar.

∞ ISO 9706
© Georg Olms Verlag AG, Hildesheim 2014
Die 4. Auflage ist ein unveränderter Nachdruck
der 3., neu überarbeiteten Auflage
Gedruckt auf säurefreiem und alterungsbeständigem Papier
Umschlaggestaltung: Prof. Paul König, Hildesheim
Herstellung: KM-Druck GmbH, 64823 Groß-Umstadt
Alle Rechte vorbehalten
Printed in Germany
www.olms.de
ISBN 978-3-487-15132-8
ISSN 1612-4162

Inhalt

Vorwort — 1

Vorwort zur vierten Auflage — 7

1. **Musikhören** — 9
   - Physiologie des Hörens — 12
   - Psychologie des Hörens: Täuschungen und Paradoxien — 17
   - Hören und Bewusstsein — 22

2. **Hör-Texte** — 33
   - Zur Textualität des Hörens und Repräsentation des Gehörten — 33
   - Hör-Texte — 37

3. **Spuren und Pläne in den mentalen Karten** — 51
   - Die Architektur des Gehirns — 52
   - Neuronale Plastizität — 61
   - Der Einfluss des Lernens auf die neuronale Repräsentation — 65
     - Formen der Vorstellung — 65
     - Darstellungsmöglichkeiten der Großhirnfunktionen — 68
     - Erste Untersuchungen zum Musiklernen — 71
     - Ansätze neurowissenschaftlicher Lernforschung — 79

4. **Das Bild der Musik im Kopf**
   Musikverarbeitung in der Darstellung corticaler Aktivierungspotentiale — 81
   - Was hören wir, wenn wir Musik hören? — 81
   - Mentale „Bilder" der Musik und ihre Repräsentation — 86
   - Was heißt Musik lernen? — 90
   - Corticale Aktivierung bei der Audiation — 91
   - Der Einfluss der Musik auf kognitive Fähigkeiten: Transfer-Effekte — 94

5. **Wie Kinder Musik lernen** — 99
   - Lernen in Alltagswelten — 99
     - Sprache lernen — 103
     - Lernen und Aufmerksamkeit — 111
   - Das Bewusstsein hinter der Wahrnehmung — 113

	Erleben und Notieren zeitlicher Strukturen	119
	Notation von Rhythmen	122
	Kindernotate – Fenster zum Verstehen	131
	Ikonische und verbale Repräsentation	136
	Rhythmus in der musikalischen Wahrnehmung	138
	Multiple Repräsentation	139
	Kindliche Lernwelt Musik	141
	Informeller Beginn	141
	Der Einsatz formeller Unterweisung: Lernen durch Unterricht	163
6.	**Lernen und Gedächtnis**	177
	Der Sitz des Gedächtnisses	177
	Dynamische Modelle des Gedächtnisses	182
	Formen musikalischen Gedächtnisses	185
7.	**Neurowissenschaftliche Grundlagen des Musiklernens**	189
	Musik und Spracherwerb	190
	Die Bedeutung der Spiegelneurone für das Lernen	198
	Musiklernen im Umfeld der Neurodidaktik	200
	Was ist und wozu brauchen wir eine Neurodidaktik?	200
	Die Lust am Lernen	205
8.	**Pädagogische Aspekte des Musiklernens**	209
	Wahrnehmen und Verstehen	209
	Lesen und innere Tonvorstellung	211
	Mentales Training	213
	Lernen und Wissen	215
	Imitation und Audiation	216
	Lernen und Begabung	218
	Lernen und Motivation	220
	Die Rolle des Lehrers	221
	Ergebnisse und Folgerungen	223
Literatur		227
Abbildungsverzeichnis		251
Register		
	Personenregister	255
	Sachregister	261

Vorwort

Musik hören kann jedermann. Auch verstehen wir in gewissem Sinne, was wir hören, solange wir nicht zu definieren versuchen, was wir mit „verstehen" meinen. Im landläufigen Sinne „verstehen" wir intuitiv die Ausdrucksweise und Stimmung, die Musik auslöst oder darstellt, begreifen wir sie in dem Maße, wie sie uns ergreift, um ein Wort Emil Staigers aufzunehmen. Musik spricht zu den Sinnen durch Klang und Bewegung. Indem wir die Ausdrucks- und Bewegungsgesten der Musik in uns nachbilden, sei es, dass wir ihr bloß selbstversunken und konzentriert zuhören, um so viele Einzelheiten wie möglich verfolgen und erfassen zu können, sei es, dass wir uns ekstatisch dem Strom der Klänge und Rhythmen ausliefern und verzückt den Rausch der Musik genießen, befinden wir uns im Einklang mit dem, was man als intuitives Verstehen von Musik im Sinne einer umfassenden Sprache der Gefühle bezeichnet. Musik dringt in uns ein, wir werden bewegt, ergriffen, sie erfasst unseren Leib, durchströmt ihn, bewegt ihn, wird körperlich spürbar, wir zucken und wippen und werden vom Taumel der Sinne hingerissen. Und all dies, was mit uns geschieht, was wir bewusst erleben und unbewusst nacherleben, was wir über sie wissen und erkennen, sind für uns Arten des Verstehens.

Jeder hat an sich selbst erfahren, dass Musik zu den Affekten spricht und man den affektiven Gehalt der musikalischen Klänge unmittelbar aufnimmt und begriffslos versteht. Dagegen denkt man wenig darüber nach, welche anderen Formen des Denkens und Verstehens Musik auch auslösen oder beeinflussen kann, welche kognitiven Prozesse durch Musik in Gang kommen oder zum Musikmachen nötig sind. Spricht man nämlich von Verstehen im Sinne des Erkennens von Strukturen und deren Bedeutung, so ist es unmittelbar einleuchtend, dass entsprechend der Tiefe des Eindringens in die musikimmanenten Bedingungen einer Komposition sich verschiedene Ebenen des Verstehens unterscheiden lassen (Faltin & Reinecke, 1973; Gruhn, 1989; Eggebrecht, 1995). Dies ist auf unterschiedliche Weise mit den Methoden der musiktheoretischen Analyse, der semiotischen Theorie von den Zeichen und ihrer Bedeutungskonstitution (Schneider, 1980; Eco, 1992), der systematischen Verstehenslehre der philosophischen Hermeneutik (Dahlhaus, 1975; Mauser, 1993) wie der Rezeptionsästhetik

(Danuser & Krummacher, 1991) auch immer wieder versucht worden. Erst recht Musikwissenschaft und Musiktheorie widmen sich der Aufgabe, die Bedeutung musikalischer Werke (Texte) und aktueller Musikformen (Ereignisse) durch Analyse und Interpretation zu erschließen.

Hier wollen wir Musik aber unter einem anderen Aspekt betrachten: dem der Pädagogik im weitesten Sinne, also unter dem Aspekt des Lernens, auch des Verstehenlernens. Dabei werden wir vorrangig die neuropsychologischen, neurophysiologischen und neurobiologischen Vorgänge im Menschen betrachten, die beim musikalischen Hören und Lernen beteiligt sind. Was geht in uns – psychisch und physisch – vor, wenn wir Musik hören und erleben? Wie kommt Verstehen zustande? Was geschieht, wenn ein Kind lernt, eine Melodie zu singen, zu tanzen oder zu spielen? Was und wie – so werden wir ganz allgemein fragen – lernt man, wenn man Musik lernt?

Alle bewussten Funktionen des Erlebens, Wahrnehmens, Reagierens und Bewertens werden vom Großhirn, genauer von der Großhirnrinde, dem Cortex, gesteuert. Die neuen Forschungszweige der Neurowissenschaften und Hirnforschung haben uns erste Einblicke in die Struktur der Wissensrepräsentation und der neuronalen Informationsverarbeitung gegeben. Die faszinierenden Möglichkeiten neuer bildgebender Verfahren haben wesentlich zur Erkundung neuronaler Prozesse beigetragen und lassen erste Annahmen und Folgerungen für das Lernen auch im musikalischen Bereich erkennen. Wir stehen zwar erst am Anfang unseres Wissens über den Musikverstand, haben aber den ersten Schritt ins Neuland der Erforschung der Strukturen, Wege und Pläne getan, in denen das Gehirn Musik repräsentiert, mit deren Hilfe es Musik denken, vorstellen, erkennen, verstehen, behalten, bewerten und speichern kann. Der „Musikverstand" ist dabei natürlich kein isolierter Bereich, der sich „rechts" oder „links" in der Hemisphärenlateralisation festlegen lässt; er ist auch keine Bestimmungsgröße wie der IQ (Intelligenz-Quotient) oder – heute aktueller – der EQ (der Quotient emotionaler Intelligenz).

Mit dem hier eingeführten Begriff, der dem englischen „musical mind" entspricht, wird die cerebrale Aktivität bezeichnet, die allem Musikmachen und -hören zugrunde liegt; er verweist auf die kognitiven Akte und Prozesse, die musikalisches Lernen, Wahrnehmen und Verstehen leiten. Die Erkundung des menschlichen Musikverstands folgt dabei einem bestimmten Erkenntnisinteresse: die Pädagogik, d.h. die neuropsychologischen und neurobiologischen Vorgänge beim musikalischen Lernen besser zu verstehen und die Methoden der Vermittlung dementsprechend zu verändern. Denn die Revolution neuer Einsichten infolge der Hirnforschung wird sich in einer Revolution unseres pädagogischen Denkens und Verstehens niederschlagen müssen.

Jeder Mensch lernt, solange er lebt. Das meiste (wie das Gehen, Ballspielen, Einkaufen etc.) lernt er, ohne sich dessen bewusst zu sein, oft unbeabsichtigt (wie Einstellungen und Verhalten) und ohne systematische Anleitung (wie das Sprechen der Muttersprache). In biologischer Hinsicht setzt sich der Organismus von Anbeginn mit einer komplexen Umwelt auseinander, von der er Reize und Anregungen erhält und diese ohne Rücksicht auf deren lerngerechte Organisation – oder was wir als Fachleute für lerngerecht halten – in seine Entwicklung integriert. „Wären Kinder auf eine lerngerechte Reihenfolge sprachlicher Erfahrungen angewiesen, so hätten wohl nur die wenigsten von uns – wahrscheinlich niemand – je Sprache gelernt" (Spitzer, 1996, 198). Das lernende Individuum bedarf der informellen Anleitung mit einem reichhaltigen Lernangebot, aus dem es das aufgreift und verarbeitet, was es seinem Entwicklungsstand nach braucht und kann. Eine der Sachlogik gehorchende Systematik stellt sich immer erst *nach* einem Lern- und Erkenntnisprozess ein und schließt diesen ab. was wir bereits verstanden haben, können (und wollen) wir in eine systematische, allgemeine Ordnung bringen, die die unübersichtliche Vielfalt der Einzelfälle strukturiert. Über die Grammatik unserer Muttersprache werden wir uns – wenn überhaupt – erst klar, wenn wir die Sprache sprechen und verstehen, in ihr denken und handeln können. Erst dann ergibt die Bewusstmachung der grammatischen Strukturen und syntaktischen Regeln einen Sinn. Sie befähigen dann einerseits zur bewussten Erkenntnis und andererseits zur Generierung neuer Sprachformen (Aussagen, Denkweisen). Systematisches Lernen im institutionellen Kontext von Schule und Unterricht geht meist den umgekehrten Weg, indem von den systematisierten Regeln als Modulen des Kenntniserwerbs ausgegangen wird. Die nach sachlogischen, systematischen Gesichtspunkten, die nur dem Sachkundigen einsichtig sind (weswegen in der Pädagogik so oft mit der Zukunft vertröstet wird: „Das wirst Du später verstehen. – Später wirst Du dankbar sein ..."),

geordneten Lehrgänge sind offensichtlich anders strukturiert und wirken auch anders als die natürlichen Vorgänge, durch die wir Laufen und Sprechen, Radfahren und eine Karte lesen lernen.

Ist das in der Musik anders? Lernen wir von der Theorie der Tonleitern und Notenzeichen aus oder von der Vorstellung von Melodien und Rhythmen her? Wie oft hört man die kokettierende Bemerkung: „Ja, ich höre das gerne – aber ich verstehe nichts von Musik." Aber wer versteht mehr von Musik, derjenige, der etwas über die Sonatenform oder die Stilmerkmale der Romantik weiß, der viele verschiedene Interpreten und ihre Besonderheiten kennt, der in der Partitur mitliest und die Notennamen benennen kann, oder derjenige, der eine Melodie hört und weiterführen kann, ihren Takt und ihre Tonart erkennt, sie auch auf ein Instrument übertragen kann, sie sogar in verschiedenen Tonarten und in verschiedenen metrischen Gestalten spielen kann, der hörend spürt, wo der Grundton ist und ob die Melodie moduliert oder nicht, der Dur und Moll nicht als Skalen mit einer bestimmten Anordnung von Ganz- und Halbtonschritten weiß, sondern unterschiedliche Klangqualitäten hört?

Immer sind beim Erwerb solcher Fähigkeiten Vorbild und Übung, Erfahrung und Austausch beteiligt und notwendig. Das meiste, was wir so für das ganze Leben sicher gelernt haben und nie mehr vergessen, also was wir wirklich (und nicht nur mechanisch auswendig) gelernt haben, haben wir nicht in der Schule, sondern im natürlichen Umfeld der Lebenspraxis er- und gelernt. Wenn hier von musikalischem Lernen gesprochen wird, dann ebenfalls nicht – oder nicht nur – im Sinne schulischen, institutionellen Unterrichts, sondern im Sinne des Erwerbs von Fähigkeiten und Fertigkeiten, die es ermöglichen, mit Musik verstehend umzugehen, Musik als Ausdruck (nicht nur als Kunstwerk) zu erfahren, musikalisch (d.h. in Musik, in immanent musikalischen Kategorien, nicht Terminologien) zu denken, die „Sprache" der Musik zu sprechen, zu verstehen (Musik selber ist zwar keine Sprache; aber der Prozess des Denkens und Sich-Ausdrückens im Medium der Sprache bzw. der Musik kann analog betrachtet werden). Und dies betrifft jeden, der hörend und spielend Musik begegnet.

In diesem Buch soll auf breiter, allgemeiner Grundlage ein neues Verständnis im Umgang mit Musik, ihrer Vermittlung und Wahrnehmung aufgrund neurobiologischer, neurophysiologischer und neuropsychologischer sowie neuer lerntheoretischer Erkenntnisse begründet werden, das für Lernende und Lehrende zu einer neuen Einstellung gegenüber der Musikvermittlung führen kann. Denn „es ist an der Zeit, dass wir unsere Methoden des Lernens und der Erziehung nicht nach veralteten, unbegründeten dogmatischen Theorien ausrichten, sondern danach, was man über den Menschen im Hinblick auf Lernen und Gedächtnis tatsächlich weiß!" (Spitzer, 1996, 203). Die Erhellung des menschlichen Musikverstands bildet für musikalisches Lernen und Erkennen daher eine zentrale Grundlage.

Die Fertigstellung des Manuskripts wurde ermöglicht durch ein Forschungssemester, das auch einen längeren Studienaufenthalt an der Eastman School of Music in Rochester, New York einschloss. In zahlreichen Gesprächen mit amerikanischen Kollegen und Forschern in Rochester und Ithaca wurden Teilaspekte dieses Buches erörtert. Allen Gesprächspartnern und Institutionen sei an dieser Stelle herzlich gedankt. Insbesondere schulde ich Dank meinem Kollegen und Freund Eckart Altenmüller mit seinem Team, der die neurologischen Untersuchungen in der Neurologischen Universitätsklinik Tübingen und am Institut für Musikphysiologie und Musikermedizin an der Hochschule für Musik und Theater in Hannover durchführte und die einschlägigen Kapitel dieses Buches gelesen und mit vielen Anregungen und Korrekturen versehen hat. Dank gilt ebenfalls den Musikpädagogen Susanne und Jonas Falk, die das Manuskript Korrektur gelesen und mit kritischen Fragen begleitet haben. Die Erstellung der Register besorgten Yvonne Vollmer und Catherine Hapke. Ihnen allen sei herzlich für Ihre Unterstützung bei der Herstellung des Buchmanuskripts gedankt.

Freiburg, im Juli 1997

Vorwort zur vierten Auflage

Wegen der anhaltenden Nachfrage haben sich Verlag und Autor zu einer neuen Auflage des „Musikverstand" entschlossen. Sechs Jahre seit der dritten Auflage sind in den Natur- und Neurowissenschaft eine lange Zeit, in denen die Forschung ihre Ansätze mit neuen Technologien weiterentwickelt und neue Ergebnisse hervorgebracht hat. Dies wäre dann eigentlich in einer Neuauflage zu berücksichtigen. Aber auf der anderen Seite beruht das Konzept des Buches auf der Überzeugung, neurobiologische Grundlagen an die Musikpädagogik zu vermitteln und dabei die Neurobiologie aus der Sicht der Musikpädagogik zu befragen. Dieser Ansatz mit seinen pädagogischen Prinzipien ist immer noch gültig.

Dennoch haben sich die Sicht- und Verständnisweisen geändert. So ist die erste Euphorie der Übertragung neurowissenschaftlicher Erkenntnisse auf die Pädagogik verflogen. Nach Jahrzehnten intensiver neuromusikalischer Forschung mit einer ungeheuren Fülle neurowissenschaftlicher Publikationen müssen wir eingestehen, dass wir die Vorgänge der neuronalen Verarbeitung auf der molekularen Ebene immer noch zu wenig verstehen. Daher ist Vorsicht geboten, vorschnell aus neurobiologischen Erkenntnissen pädagogische Forderungen abzuleiten. Vielmehr hat sich das wissenschaftliche Verständnis insofern gewandelt, als wir heute unser Gehirn viel stärker als ein soziales Organ ansehen. Meinte man lange Zeit, dass die genetische Disposition eines Menschen auch seine Hirnentwicklung bestimme, die soziale Entwicklung also von der Biologie des Gehirns abhänge, so verstehen wir heute, dass es ebenso auch den umgekehrten Weg gibt, dass nämlich erst aus der Interaktion mit der Umwelt die Genexpression ermöglicht wird, die dann die weitere Entwicklung bestimmt, dass sich also soziale Interaktionen bei Kindern und Heranwachsenden auf die Biologie des Gehirns auswirken.

Sowohl die Zurückhaltung in der unmittelbar praktischen Verbindung von Gehirn und Lernen als auch ein differenzierteres Verständnis hinsichtlich des Zusammenwirkens von Umwelt und Genetik würden es notwendig machen, ein Buch zum „Musikverstand" aus heutiger Sicht neu zu konzipieren. Dies werden wir in einer neuen Publikation zur musikalischen Begabung (*Der musikalische Mensch*, Olms 2014) versuchen, die aber deutlicher fachwissenschaftlich orientiert ist. Weil wir den grundsätzlichen Ansatz dieses Buches zu einem veränderten Verständnis von Musiklernen jedoch nicht aufgeben wollen, legen wir hier den Nachdruck der dritten Auflage, die den Forschungsstand bis 2008 berücksichtigt, noch einmal unverändert vor und hoffen, dass die grundlegende Botschaft vom Musiklernen als einem Prozess der Entwicklung mentaler Repräsentationen weiterhin die Leser und Leserinnen erreicht.

Wilfried Gruhn
Freiburg, im Frühjahr 2014

1. Kapitel
Musikhören

Die Feststellung, dass jeder, der über ein gesundes, funktionsfähiges Hörorgan verfügt, hören kann, ist trivial. Mehr Aufmerksamkeit verdient die Frage, was wir hören, wenn wir etwas hören, und was musikalisches Hören von bloß akustischer Reizverarbeitung unterscheidet. Das weite Feld dessen, was Musikhören alles bedeuten kann, soll zunächst durch zwei extreme Beispiele abgesteckt werden.

1. In Robert Schneiders Roman „Schlafes Bruder" (1992) wird das Wunder des Hörens bei dem musikalischen Helden Johannes Elias Alder als ein mythischer Vorgang verklärt, der sich, gleichsam aus dem Nichts kommend, ohne äußeres Zutun aufgrund genialer Begabung nach endogenen Programmen vollzieht.

> „Elias zog den Balg auf, huschte zum Spieltisch, suchte den achtfüßigen Prinzipal, gab ein Gedackt dazu, ging mit dem Zeigefinger behutsam von einer Taste zu der anderen, so lange, bis er den Lieblingston gefunden hatte, das große 'F' ... Er hielt sein 'F', bis es dünn seufzend verschwunden war. Dann zog er den Balg wieder auf und fing an, aus Tönen Melodien zusammenzufügen. Elias hatte zu komponieren angefangen. Und die Begeisterung wuchs, und die Hitze seines Kopfes kühlte nicht mehr aus, die ganze Nacht. Bald hatten die Finger nach F-Dur gefunden, das Ohr hörte es schon lange voraus." (Robert Schneider: Schlafes Bruder, Leipzig: Reclam TB Ausgabe 1994, 69)

Und nach einer großen, die Zuhörer überwältigenden Orgelimprovisation beschreibt Schneider die psychische Wirkung dieser Musik, indem er einzelne medizinische Stress-Indikatoren (Atemfrequenz, Herzschlag etc.) erwähnt, die durch Musik bzw. das Hörerlebnis beeinflusst werden.

> „Er [Elias Alder] hatte die Menschen unter Hypnose gebracht. Sie saßen reglos in den Bänken, ihre Augenlider bewegten sich nicht mehr. Ihr Atem hatte sich verlangsamt, und die Frequenz ihrer Herzschläge war die Frequenz seines Herzschlags geworden ... Das Zustandekommen dieser seltsamen Hypnose lässt sich nur mit dem Wesen von Elias Musik erklären. Wohl gab es

Meister, welche vor ihm die seelischen Gefühlszustände auf genuine Weise musikalisch auszubreiten imstande gewesen waren. Doch blieb es immer beim Anrühren solcher Emotionen, und der Musikliebende selbst steigerte sich dann willentlich in die Emphase und tue es heute noch. Nun gibt es aber in der Sprache der Musik ein Phänomen, das bislang noch wenig erforscht worden ist. In der unerschöpflichen Kombination von Akkorden herrschen nämlich Konstellationen, deren Erklingen im Hörer etwas entfesselt, was im Grunde nichts mehr mit Musik zu schaffen hat. Einige dieser Akkordverbindungen und -sequenzen hatte Elias ja schon in seiner Jugendzeit entdeckt, und er hatte die Wirkung dieser Sequenzen oft an sich und anderen erproben können." (ebd., 178)

Der mystisch verbrämten Populärpsychologie des Hörens stehen neue Erkenntnisse aus der Hirnforschung gegenüber, die ebenso spektakulär wirken wie die literarische Sensation des Romans und seines Films.

2. Im Jahr 1993 erschien in „Nature" unter der Rubrik „Scientific Correspondence" ein kurzer Forschungsbericht (Rauscher et al., 1993), in dem nachgewiesen wurde, dass die Lösungsrate bei Aufgaben eines Intelligenztests (*Stanford-Binet Intelligence Scale*), die eine räumliche Vorstellung erfordern, nach dem Anhören einer Mozart-Sonate um 8 bis 9 Punkte höher lag als bei Vergleichsgruppen, die nichts hörten oder Entspannungsübungen machten. Dieses als „Mozart-Effekt" diskutierte Phänomen wurde in einer zweiten Studie in erweiterter Form noch einmal überprüft und erneut bestätigt (Rauscher et al., 1995). Die Versuchsgruppen hörten dabei entweder dieselbe Mozart-Sonate für zwei Klaviere in D-Dur KV 448 oder nichts oder jeden Tag während der 5-tägigen Untersuchungsphase etwas anderes (Minimal Music von Philip Glass, eine Geschichte und Tanzmusik). Täglich wurde die Wirkung auf die raum-zeitliche Leistung anhand von 16 Papier-Faltaufgaben aus dem Stanford-Binet Intelligenztest sowie 16 Gedächtnisaufgaben überprüft. Dabei zeigte sich nach dem ersten Tag ein signifikanter Leistungszuwachs bei den räumlichen Vorstellungsaufgaben in der Mozart-Gruppe gegenüber der Gruppe mit der repetitiven Minimal Music. Dieser Effekt war noch deutlicher, wenn man die Versuchspersonen betrachtete, die im ersten Versuch (vor dem Hören)

nur die Hälfte der Aufgaben oder weniger lösen konnten (Rauscher et al., 1995, 46).

Die aus dem Intelligenztest ausgewählten Aufgaben, bei denen Abbildungen von mehreren Falt- und Schnittvorgängen vorgelegt werden und dann aufgrund der inneren Vorstellung entschieden werden muss, welches auseinandergefaltete Blatt mit spezifischem Schnittmuster unter mehreren Möglichkeiten das richtige Resultat des vorangegangenen Bearbeitungsvorgangs darstellt, verlangt von den Versuchspersonen sowohl räumliche als auch zeitlich sequentiell angeordnete Prozesse, die im wesentlichen von tieferen Hirnschichten im Kleinhirn gesteuert werden. Es ließe sich also vermuten, dass bestimmte musikalische Merkmale der verwendeten Musik, die bei dem gewählten Beispiel von Mozart besonders deutlich zutage treten (aber nicht unbedingt mit dessen kompositorischer Qualität zusammenhängen), eine Stimulation der neuronalen Verbindungen im Kleinhirn bewirken und die Musik dann gewissermaßen als „Trainer" der neuronalen Aktivierungspatterns fungiert, die dadurch eine Verbesserung des raumzeitlichen Urteilsvermögens ermöglicht. „Music acts as an 'exercise' for exciting and priming the common repertoire and sequential flow of the cortical firing patterns responsible for higher brain functions" (Rauscher et al., 1995, 47). Das Hören von Musik setzt neuronale Prozesse in Gang, die in verschiedenen Arealen und Schichten ablaufen und sich von der rein akustischen Reizverarbeitung unterscheiden.

Um also die Frage zu beantworten, was wir hören, wenn wir etwas hören, muss man sich bewusst machen, dass Wahrnehmung nie „objektiv" ist und die äußere Wirklichkeit niemals real „abbildet". Vielmehr beruht das, was wir wahrnehmen können, immer schon auf bereits erworbenem Wissen, das wir im Akt der Wahrnehmung aktivieren, um etwas zu erkennen. Dieses Wissen haben wir in sozialen Kontexten erworben; es vermittelt daher immer subjektiv gedeutete Wirklichkeit. So ist auch das, was wir hören bzw. hörend erkennen, von vielen intrasubjektiven Bedingungen abhängig: von der interessegeleiteten Aufmerksamkeit, die wir dem, was wir hören wollen, entgegenbringen, auch von dem kulturellen und sozialen Kontext, in dem wir etwas hören, und ebenso von dem Wissen und den Erwartungen, mit denen wir uns den Klängen zuwenden. So existiert ein „Hör-

Objekt", das wir aufnehmen, nur in der Theorie oder – musikalisch gedacht – nur in der Partitur, die aber kein Klang, noch keine Musik ist. Vielmehr erzeugen wir Musik erst, indem wir den akustischen Wahrnehmungen eine Bedeutung geben. Daher hört und erlebt jeder Hörer bei derselben Aufführung eines Musikstücks ganz Unterschiedliches je nach seinem Interesse und Vorwissen. Daher kann das, was einer als chaotischen Lärm zurückweist, ein anderer als strukturiertes Klangexperiment genießen; die Melodie eines indischen Raga kann als regellose Folge von intonatorisch getrübten Tönen oder als kunstvolle Variante eines bekannten Melodiemodells wahrgenommen werden. Die Entscheidung darüber fällt – meist ganz spontan und unbewusst – der Hörer auf Grund seiner Erfahrung.

Hier kommt die Erkenntnistheorie des Radikalen Konstruktivismus (Maturana & Varela, 1987; Schmidt, 1987; Winkler, 2002) zum Tragen, der eine Kognitionstheorie darstellt, wonach die Wahrnehmung auf einem autopoietischen, d.h. selbstorganisierten Vorgang beruht. Dies bedeutet, dass ein Nervensystem zwar Reize aus der Umwelt aufnimmt, aber die internen Reaktionen darauf selbst bestimmt je nach den neuronal ausgebildeten Möglichkeiten. Danach bedingt eine empfangene Information nichts anderes als eine relative Veränderung neuronaler Zustände, die selber noch nichts über die Ursache oder den Zustand des Reizobjekts aussagen. Daher gilt die Feststellung des Konstruktivismus: „Wir erzeugen daher buchstäblich die Welt, in der wir leben, indem wir sie leben" (Maturana, 1982, 269). Wir müssen folglich die physiologischen Grundlagen neuronaler Prozesse beim Hören von den wahrnehmungspsychologischen und erkenntnistheoretischen Vorgängen im menschlichen Bewusstsein aus systematischen Gründen zunächst trennen, um sie dann aufeinander beziehen zu können.

Physiologie des Hörens

Die Axone, die von den Haarzellen in der Cochlea ausgehen und einen wesentlichen Teil des Hörnervs bilden, führen in den unteren Teil des Hirnstamms und werden im dorsalen oder ventralen Nucleus cochlearis und im Nucleus olivarius umgeschaltet. Die neuen Axone steigen zum Colliculus (Kleinhügelregion) auf und führen von dort in zwei getrennten Faserzügen zum Corpus geniculatum (Kniehöcker). Die ventrale Region projiziert die Reize dann in den primären auditorischen Cortex, die dorsale Region sendet Signale zu den sekundären Rindenfeldern (Abb. 1.1).

Obwohl die Hörbahnen überwiegend kreuzweise verlaufen, d.h. die Information aus dem rechten Ohr zum linken Temporallappen und die aus dem linken Ohr zum rechten Temporallappen geleitet wird, kommt es wegen der multiplen kon- und divergenten Verschaltung aber doch sowohl zu ipsilateralen (rechts - rechts bzw. links - links) als auch zu kontralateralen (links - rechts bzw. rechts - links) Projektionen, d.h. die aus einem Ohr stammende Information gelangt an die Rindenareale beider Hemisphären, wobei allerdings die kontralaterale Projektion stärker ist als die ipsilaterale.

Betrachtet man das Reaktionsverhalten der Neuronen an den verschiedenen Umschaltstationen der Hörbahn, so stellt man fest, „dass Neurone des Hörsystems durch manche Frequenzen aktiviert, durch andere gehemmt werden. Je weiter man sich in der Hörbahn von der Cochlea entfernt, desto komplexere Schallmuster muss man verwenden, um Neurone aktivieren zu können" (Birbaumer & Schmidt, 1996, 423). Auf jeder Ebene des Hörsystems werden bestimmte Eigenschaften der akustischen Reize analysiert und einer Mustererkennung unterzogen.

Diese prinzipielle Arbeitsweise des Hörsystems differenziert sich dann aber nach der Art der wahrgenommenen akustischen Reize. Isolierte Einzeltöne oder Geräusche werden anders verarbeitet als komplexe Musikstücke. Außerdem muss man bedenken, dass bei der Musikwahrnehmung nicht nur die primären akustischen Areale betroffen sind, sondern dass nach konnektionistischer Vorstellung auch andere Reizleitungsketten in Gang kommen: die Musik löst Gefühle aus, weckt Erinnerungen, wird mit bestimmten Ereignissen oder Situationen assoziiert, so dass ein dichtes Netz aktivierter Zellgruppen in den verschiedensten Arealen angeregt wird. Dabei ist dann auch noch zu unterscheiden, ob es sich um Laien oder Musiker handelt.

Man kann davon ausgehen, dass bei allen höheren Hirnleistungen beide Hemisphären, jedoch mit unterschiedlicher Gewichtung beteiligt sind. Entgegen der landläufigen Meinung, dass Musik rechts und

Sprache links repräsentiert werde, lassen sich auch bei unterschiedlichen Hörleistungen (bloßes Anhören, analytische oder kreative Aufgaben) noch keine eindeutigen Lateralisierungstendenzen erkennen. Altenmüller (1992) fand in einer Studie, dass beim Musikhören 40 % einer gemischten Probandengruppe rechtshemisphärische Dominanz zeigten, 30 % gleichmäßig bilateral aktivierten und bei weiteren 30 % eine links-laterale Dominanz festgestellt wurde. Eindeutig wurde die Lateralisation erst, wenn von den Versuchspersonen eine sprachliche Leistung verlangt wurde; in dem Fall verschob sich die Aktivierung bei über 90% der Versuchspersonen nach links (Abb. 1.2).

Einen weiteren Faktor für die Rechts- oder Linkslateralisation bildet die musikalische Vorbildung, also Art und Umfang bereits erworbener musikspezifischer Repräsentationen. So tendieren Laien ohne musikalische Vorbildung eher zur Rechtslateralisation, während professionelle Musiker häufiger links stärker aktivieren. Dies kann darauf zurückgeführt werden, dass Musiker die Musik stärker begrifflich repräsentieren, also über Namen und Bezeichnungen für die gehörten Phänomene verfügen, die sie eher analytisch verarbeiten (Altenmüller 1992). Die gleiche Tendenz fanden Beisteiner et al. (1994) bestätigt. Eine allgemeine Verschiebung von rechts nach links ist auf eine Änderung im Verarbeitungsmodus vom Zuhören zur analytischen Verarbeitung zurückzuführen.

Trotz solch differenzierter Lateralisationsbefunde muss man sich aber immer vor Augen halten, dass die Lateralisationsdebatte meist auf eine Vereinfachung hinausläuft. Musik ist sowenig rechts lokalisiert wie mathematische Prozesse links veranlagt sind. Vielmehr sind immer beide Hemisphären an der Verarbeitung beteiligt, allerdings in einer asymmetrischen Funktionsteilung. Zudem gibt es beträchtliche Unterschiede in der individuellen Art der Verarbeitung, die von der Aufgabenstellung und der jeweiligen Vorerfahrung abhängt. Deutlich individuell geprägt sind auch die Aktivierungsmuster, die von Probanden in einer Langzeitstudie (Altenmüller & Gruhn, 1997c) beim Lernvorgang von Schülern erhoben wurden. Dabei zeigt sich in jedem einzelnen Fall, dass der Lernerfolg wie Mißerfolg mit einer charakteristischen Veränderung der corticalen Aktivierungsmuster einhergeht, an der jedoch immer die rechte wie die linke Hemisphäre beteiligt sind. Bei der Darstellung der EEG-Ableitungen können die gemessenen Ein-

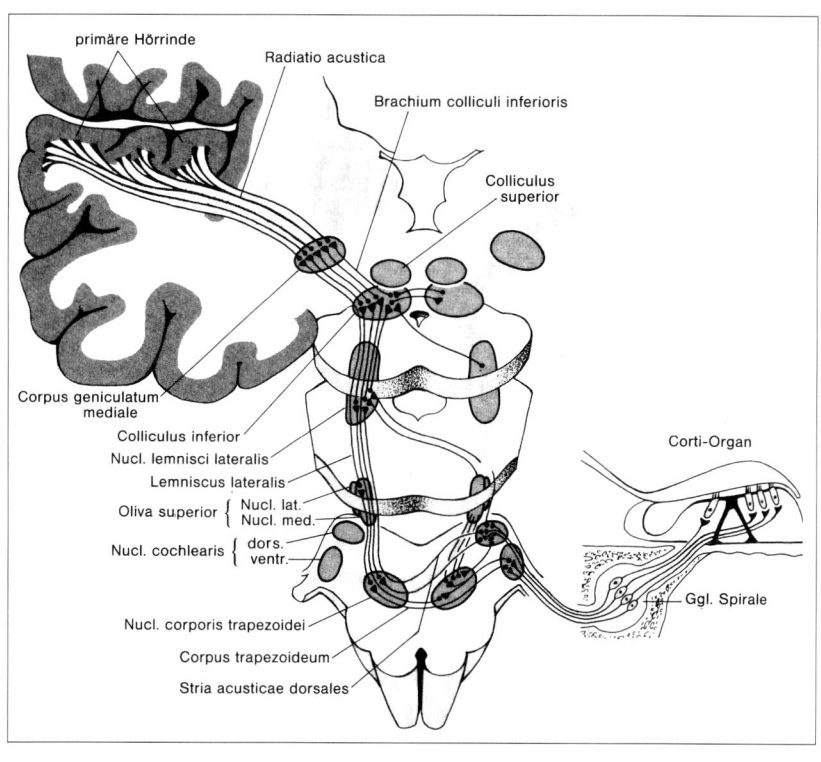

Abb. 1.1: Schematischer Verlauf der Hörbahn eins Ohres von der Cochlea zur primären Hörrinde (aus: Birbaumer & Schmidt, 1996, S. 422)

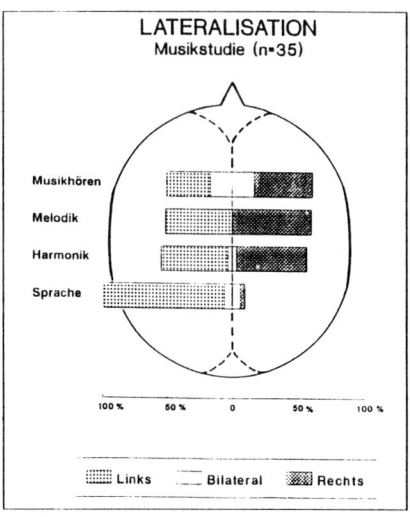

Abb. 1.2: Lateralisation der musikalischen und sprachlichen Verarbeitung. Nur die Sprachverarbeitung erfolgt bei denselben Probanden deutlich links-dominant (aus: Altenmüller, 1992, Abb. 3)

zelwerte in Farben umcodiert werden, die dann Veränderungen der Aktivierung anzeigen.

Aufschlussreich ist neben dem Nachweis bestimmter Hemisphärendominanzen auch die Bestimmung des interaktiven Zusammenspiels zwischen einzelnen Arealen bei verschiedenen Personen und unterschiedlichen Aufgabestellungen. Petsche und Mitarbeiter haben mit Hilfe von EEG-Messungen die intra- und interhemisphärischen Kohärenzen im Hirnstrombild bei verschiedener Musikverarbeitung (Petsche et al., 1993; Petsche, 1997) und in Bezug auf Geschlecht und musikalische Ausbildung untersucht (Johnson et al., 1996) und dabei deutliche Unterschiede der Konnektivität und Konsistenz aktiver neuronaler Verbindungen selbst im Ruhe-EEG bei Personen mit und ohne musikalische Ausbildung festgestellt. Die musikalische Betätigung hat, so ist anzunehmen, zu einer Verstärkung der inter- und intrahemisphärischen Vernetzung beigetragen. Auf diese Weise können auch unterschiedliche Vernetzungen beim Musikhören und Komponieren dargestellt werden (Petsche, 1997), also gewissermaßen die neuronalen Arbeitspläne im Stellwerk neuronaler Netze aufgezeigt werden.

Psychologie des Hörens: Täuschungen und Paradoxien

Das Gehör arbeitet nicht wie ein Tonband oder eine Hard-Disk, die Schallereignisse möglichst klanggetreu aufzeichnen. Das spiegelt schon der Sprachgebrauch: nie spricht man davon, dass das *Ohr* hört oder das *Auge* sieht, sondern wir sagen: *ich höre, ich sehe*, d.h. es ist der Mensch mit all seinen persönlichen Wahrnehmungsstrukturen und Erfahrungen, der etwas wahrnimmt, hört und versteht. Und das, was er aufnimmt, hört und versteht, hängt von all diesen Faktoren ab. Hören und Verstehen sind Prozesse, die den durch Auge und Ohr empfangenen Sinnesdaten erst im Bewusstsein Bedeutung *geben*. Diese Tatsache kann man sich am besten anhand von Sinnestäuschungen verdeutlichen, bei denen objektiv gegebene Phänomene für etwas anderes gehalten werden als sie sind. Die optischen Täuschungen über Länge und Parallelität von Linien sind solche Beispiele. Die paradoxen Bilder des niederländischen Grafikers Maurits Cornelis Escher, auf denen sich endlose Treppen winden oder Wasser in endloser Folge in die

Tiefe fällt, nutzen die Sehgewohnheiten und gespeicherten Erfahrungen, um den Betrachter in die Irre zu führen.

Ähnliche Täuschungen und Paradoxien gibt es auch im Hörbereich. Der amerikanische Akustiker Roger Shepard beschreibt einen akustischen Zirkulareffekt. Er fand, dass eine computergenerierte Folge von Tönen, die über eine Oktave aufsteigen und fortwährend wiederholt werden, beim Hörer den Eindruck einer endlos aufsteigenden Skala erzeugen (Shepard, 1964). Die umgekehrte Wirkung erreicht Bach im ersten Satz des 3. Brandenburgischen Konzerts in den Celli und Kontrabässen, deren absteigende Tonfolge als endlos fallend gehört wird, obwohl sie immer wieder in eine höhere Oktave zurückspringt. Der Höreindruck ist von der tatsächlichen akustischen Bedingung verschieden (Notenbsp. 1.1).

Auch sind wir in der Lage, die Höhe eines Tones zu erkennen, selbst wenn die Grundfrequenz, die die Tonhöhe festlegt, gar nicht vorhanden ist. Die Tonwahrnehmung beruht auf einem aus Grundfrequenz und Obertönen zusammengesetzten Schwingungsverlauf, den ein charakteristisches Formantspektrum für jeden Instrumentalklang und die Vokalqualität der Stimme auszeichnet. So kann der globale Eindruck eines Formantspektrums, bei dem im Extremfall sogar die Grundschwingung fehlt, dennoch den betreffenden Grundton-Eindruck hervorrufen (Reinecke, 1964; Roederer, 1993).

Darüber hinaus sind verschiedene Paradoxien des Hörens bekannt und untersucht worden (Deutsch, 1975; 1992; 1995). Am bekanntesten ist das Tritonus-Paradox, bei dem bestimmte Abstände als aufsteigend, andere als absteigend wahrgenommen werden. (Abb. 1.3)

Das Hörsystem beurteilt also aufgrund bestimmter Verhältnisse innerhalb von Tonklassen, ob ein Ton im Tonklassenkreis eher oben oder unten liegt und kann Tonbeziehungen je nach der Lage im Tonsystem uminterpretieren (Deutsch, 1992). Neuere Untersuchungen legen dabei die Vermutung nahe, dass die individuelle Wahrnehmung solcher Paradoxien mit besonderen Bedingungen des Spracherwerbs zusammenhängen. Sicher ist, dass das Gehirn in der frühen Kindheit Repräsentationsstrukturen aufbaut, die dem sprachlichen Repräsentationsaufbau verwandt sind. Bei dem Tritonus-Paradox zeigte sich zudem, dass

Notenbsp. 1.1: J.S. Bach: Brandenburgisches Konzert Nr. 3, G-Dur BWV 1048 (NBA Bärenreiter Verlag, Kassel, S. 15, 16). Celli und Kontrabässe erzeugen die Illusion einer endlos absteigenden Tonleiter wie bei einer Eber'schen Treppe

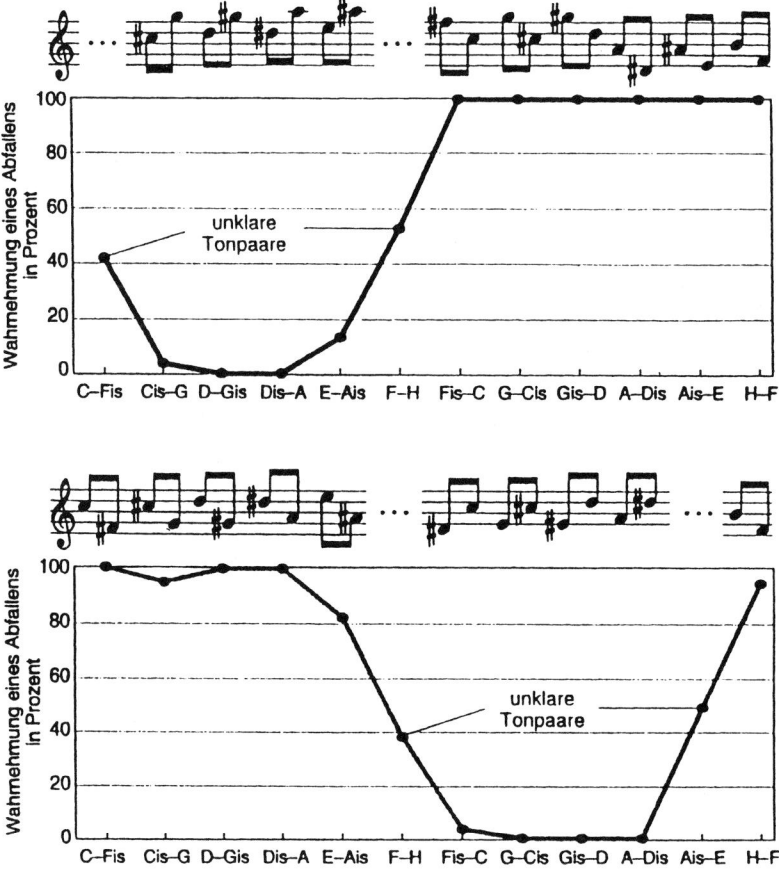

Abb. 1.3: Das Tritonus-Paradox nach Diana Deutsch. Für einzelne Hörer steigen die Tonfolgen Cis-G, D-Gis, Dis-A und E-Ais, wogegen Tritonusfolgen Fis-C, G-Cis, D-Ais und H-F fallen. Andere Hörer empfinden genau umgekehrt. (aus: Deutsch, 1992, S. 85)

Engländer und Kalifornier das Phänomen offensichtlich genau umgekehrt wahrnehmen.[1]

Als Erklärung wurde die Hypothese aufgestellt, „die Unterschiede in der Wahrnehmung des Tritonus-Paradoxes beruhten auf individuellen Repräsentationen des Tonklassenkreises – mithin auf einer Art Wahrnehmungsschablone im auditiven System –, dessen Ausrichtung mit der Lage der eigenen Sprechstimme zusammenhängt" (Deutsch, 1992, 88). Die Entwicklung solcher „Wahrnehmungsschablonen" beruht auf dem Erwerb bestimmter mentaler Repräsentationsmuster, die durchaus mit dem Erwerb individueller „Sprachschablonen" in Verbindung gebracht werden können. Die Entwicklung derartiger Wahrnehmungsschablonen ist zum einen biologisch bedingt, zum anderen aber kulturell erworben. In diesem Zusammenhang liefert das Oktav-Phänomen ein anschauliches Beispiel. Nicht zu leugnen ist, dass Erwachsene – auch musikalische Laien – zwischen Oktavtönen eine große Übereinstimmung oder Ähnlichkeit empfinden, während Kinder durchaus Schwierigkeiten damit haben, weil zwei Oktavtöne ganz offensichtlich verschieden klingen und auch verschieden gespielt werden. Es sind also zwei Komponenten zu unterscheiden, an denen sich die Wahrnehmung orientiert, einmal die linear steigende „absolute" Tonhöhe, die sich mit der Frequenz der Schwingungen ändert, und andererseits eine zyklisch wiederkehrende Ähnlichkeit der Klangqualität eines „Toncharakters", für die 1926 Erich Hornbostel die Bezeichnungen „Helligkeit" und „Tonigkeit" einführte. Die frühkindliche Entwicklung orientiert sich zunächst an der Helligkeit. Beim Spracherwerb wie beim Singen versucht das Kleinkind zunächst, sich der Helligkeit der Intonation der gehörten Sprechweise bzw. Singstimme anzunähern. Erst mit dem Aufbau distinkter Tonvorstellungen entwickelt sich danach ein Gefühl für die Tonigkeit, die eine Voraussetzung dafür darstellt, dass harmonisches Erleben und Erkennen möglich wird. Dies setzt in der Regel erst mit der Schulreife ein.

---

[1] Interessant ist, dass hier wieder ein kulturgeographischer Aspekt ins Spiel kommt, den schon einmal Albert Wellek bei seiner „Typologie der Musikbegabung im deutschen Volke" (München 1939) heranzog, als er verschiedene Wahrnehmungstypen – den polaren und zyklischen Hörer – dem nord- bzw. süddeutschen Kulturraum zuordnete.

Hören und Bewusstsein

Wichtiger noch als die hörpsychologischen Bedingungen sind die bedeutungsgebenden Interpretationsleistungen unseres Bewusstseins. Alles, was wir wahrnehmen, wird als Sinnesdaten aufgenommen und sofort einem selektiven Prinzip der Aufmerksamkeitszuwendung und der deutenden Einordnung in die vorhandenen Wahrnehmungskategorien unterzogen. Dabei findet im Gehirn ein Musterabgleich *(pattern matching)* statt, bei dem vorhandene Repräsentationen „anspringen" oder nicht „anspringen", d.h. bei dem die in neuronalen Schaltkreisen und Zellverbindungen gespeicherten Repräsentationen aktiviert werden.

Wenn dem Ohr über Kopfhörer rechts und links verschiedene Tonfolgen dargeboten werden, die so ineinander greifen, dass der jeweils nächsthöhere Ton einmal dem rechten und dann dem linken Ohr dargeboten wird, resultiert daraus die Illusion einer chromatisch steigenden und fallenden Linie, obwohl tatsächlich eine durch große Sprünge gezackte Kontur gegeben ist. Das Ohr – oder richtiger: das Hörbewusstsein – orientiert sich an dem Gestaltgesetz der Beziehung nächstähnlicher Ereignisse und interpretiert die Sinneswahrnehmung um (Notenbsp. 1.2).

Das bekannteste Beispiel der kompositorischen Nutzung dieser hörpsychologischen Uminterpretation stellt das Thema aus dem Finale der 6. Sinfonie von Peter Iljitsch Tschaikowsky dar. Jeder Hörer wird die fallende Lamentoso-Melodie der Geigen vernehmen; jeder Hörer kann sie ohne Schwierigkeiten spontan nachsingen – aber er wird sie vergeblich in der Partitur suchen (Notenbsp. 1.3). Denn das Ohr – oder wieder genauer: das Bewusstsein des Hörers, das die perzipierten Einzeltöne erst zu sinnvollen Einheiten verbindet – interpretiert die dargebotenen Hörreize im Sinne des Experiments der chromatischen Illusion um: jeweils benachbarte Tonhöhen, die abwechselnd von erster und zweiter Geige, von Bratsche und Cello gespielt werden, fügen sich komplementär ineinandergreifend zu je zwei melodischen Linien.

Notenbsp. 1.2: Chromatische Illusion nach Diana Deutsch (1975; 1995). Die obere Zeile gibt die dem rechten Ohr dargebotene Tonfolge an, die zweite Zeile die entsprechend komplementäre Folge für das linke Ohr. Daraus entsteht dann der in der dritten Zeile wiedergegebene Höreindruck (Deutsch, 1995, Beiheft S. 9)

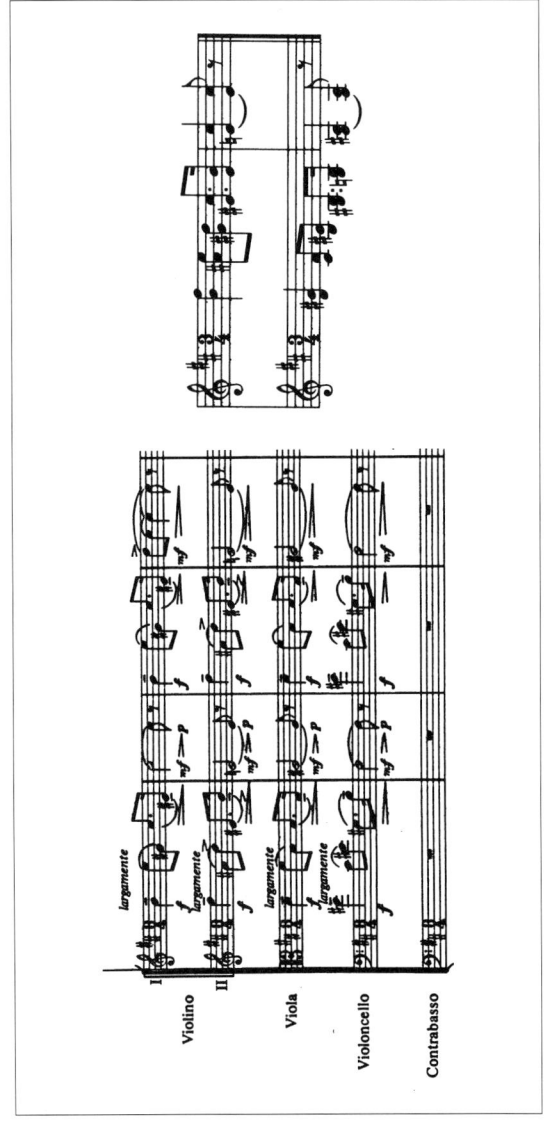

Notenbsp. 1.3: Peter I. Tschaikowsky: Finale (Adagio lamentoso) der 6. Sinfonie „Pathétique", T.1 – 4 (Ed. Eulenburg 6737, London 1982). Notierte Partitur (links) und tatsächliche Wahrnehmung (rechts)

Und diese werden wahrgenommen, nicht die tatsächlich gespielten Folgen.[2]

Verstehen heißt erkennen von etwas als etwas. Es geht dabei um den deutenden Zugriff. Was wir als Gegebenheit wahrnehmen, stellt in Wahrheit bereits die Leistung unseres Bewusstseins dar. Denn wir hören nicht Frequenzen, sondern Töne; nicht eine zeitliche Folge einzelner Töne, sondern Motive und Melodien; und nicht eine gleichzeitige Summe von Tönen, sondern Akkorde und Harmonien, bei denen es schwer zu erklären ist, wieso das Ohr weiß, welche der vielen Teilschwingungen, die es aufnimmt, zum einen, welche zum anderen Ton gehören, so dass wir aus der Summe der Frequenzen, die in der Cochlea eintreffen und dort weitergeleitet werden, einen Dreiklang anstelle eines wirren Tongemischs erkennen. Dies setzt die interpretierende Funktion des Bewusstseins voraus, das aufgrund von Erfahrung mit ständigem Feedback der Wirksamkeit mentale Muster als Erkennungsschablonen entwickelt hat, die wir Repräsentationen nennen.

In der visuellen Wahrnehmung sind solche Beispiele überaus überzeugend. Im berühmten Beispiel des Kanizsa-Dreiecks (Abb. 1.4) sehen wir etwas, nämlich zwei übereinander liegende Dreiecke, die objektiv nicht vorhanden sind. Dabei geht es nicht darum, dass im visuellen Cortex nur unterbrochene Linien und Konturen ergänzt werden; vielmehr werden geometrische Figuren (drei schwarze Kreisflächen mit ausgeschnittenen Sektoren und drei Winkel) nicht isoliert als geometrische Figuren „gesehen", sondern miteinander in Beziehung gesetzt und als begrenzende Linien oder Flächen der beiden Dreiecke interpretiert werden. Dabei ergibt es sich, dass man ein weißes Dreieck tatsächlich als etwas Vorhandenes „sieht", und zwar allein auf

---

[2] Bei einer Tonaufnahme dieser Stelle in Streichquartettbesetzung war es den Musikern äußerst befremdlich, dass sie selber etwas anderes hörten, als sie spielten. In orchestraler Besetzung bei der Aufführung der Sinfonie im Konzert hängt die Wirkung dieses Phänomens von der Sitzordnung der Musiker ab. Sitzen 1. und 2. Geigen nebeneinander, mischen sich beide Gruppen vollständig; bei der Aufstellung beider Gruppen gegenüber (barocke Sitzordnung) gibt es den idealen Hörort in der Mitte. Man kann dann von einer Stimmgruppe zur anderen gehen und den Ort ausmachen, an dem der Höreindruck von der Wahrnehmung der Einzelstimme zur komplementären Gesamtmelodie umschlägt.

Abb. 1.4: In Kanizsas Illusion erkennt man zwei übereinander liegende Dreiecke. Dabei scheinen die Konturen des auf der Basis stehenden weißen Dreiecks deutlich hervorzutreten, obwohl sie tatsächlich gar nicht existieren und nur im Bewußtsein erzeugt werden.

Abb. 1.5: Das grob gerasterte Foto eines Dalmatiners (von Roland James) müssen vom Betrachter die unregelmäßig verteilten schwarzen Flecke erst so arrangiert werden, dass sich das Bild eines Hundes ergibt. Die ist aber nur dann möglich, wenn das Bild eines Dalmatiners schon bekannt ist und im Musterabgleich aktiviert werden kann.

Abb. 1.6: Die beiden Keilschrifttafeln sind vollkommen identisch. Die untere Tafel ist lediglich um 180° gedreht. Dadurch verändern sich die Licht- und Schattenverhältnisse, die die Illusion erzeugen, dass einmal die Schriftzeichen eingeritzt erscheinen, beim anderen Mal hervortreten. Mann kann diesen Effekt auch dadurch erzeugen, dass man nur eine Tafel betrachtet und das Buch um 180° dreht.

Grund der Tatsache, dass die weißen Kreisausschnitte genau in der Verlängerung der Winkel-Linien liegen, das denkende Bewusstsein daher „annimmt", dass beide Figuren zusammengehören, die dann das zweite (weiße) Dreieck bilden.

Im Prinzip liegt dasselbe Phänomen auch dem grob gerasterten Photo (Abb. 1.5) zugrunde. Auf den ersten Blick erkennt man lediglich unregelmäßig verstreute schwarze Flecke unterschiedlicher Größe und Form. Und genau das ist auf dem Papier dargestellt und wird auf der Retina abgebildet. Aber im Prozess des *pattern matching* sucht das Bewusstsein nach einer Ordnung; es arrangiert die schwarzen Flecken daher in verschiedener Weise um – genau dies passiert, wenn wir die Augen zusammenkneifen und blinzelnd verschiedene Einstellungen erproben –, bis es ein Muster findet, das „passt". Wir erkennen dann in der Punktanordnung das Bild eines Dalmatiners, der am Rand eines Straßenrondells mit der Nase am Boden schnuppert. Dabei werden bereits in der visuellen Vorstellung *(visual imagery)* gespeicherte Informationen aktiviert und zur Deutung der tatsächlich wahrgenommenen bildlichen Information herangezogen. Wer jedoch nie einen Dalmatiner gesehen hat, wer also keine mentale Repräsentation besitzt, die beim *pattern matching* aktiviert werden kann, wird auch keinen Hund erkennen können, sondern vielleicht etwas ganz anderes sehen.

Noch drastischer zeigt die Wirkung der produktiven bedeutungsgebenden Wahrnehmungsleistung das Bild der beiden Keilschrift-Tafeln (Abb. 1.6). Beide Bilder sind vollkommen identisch; das zweite Foto ist lediglich so gedreht, dass das erste Bild nun auf dem Kopf steht. Aber man sieht zwei gegensätzliche Darstellungen: im einen Fall Schriftzeichen, die in die Steinplatte eingeritzt sind, und im anderen reliefartig hervortretende Zeichen. Diese Sichtweise hängt allein von der Schattenbildung ab und beruht auf einer allgemeinen Lebenserfahrung. Licht (Sonnenlicht) kommt von oben und wirft den Schatten auf den Boden. Daher „weiß" unser Bewusstsein, dass das, was von oben beleuchtet wird, erhaben sein muss, was jedoch am oberen Rand verschattet ist, eine Vertiefung darstellt. Wir sehen und hören nur, was wir schon wissen, oder anders ausgedrückt, man kann nur erkennen, was bereits als mentale Repräsentation erworben wurde oder mit Hilfe von bereits vorhandenen Repräsentationen gedeutet werden kann.

Für die Wahrnehmung gilt daher ganz allgemein, dass ein gegebener Reiz, wie er auf der Retina oder in der Cochlea abgebildet wird (proximaler Reiz), vom Bewusstsein verarbeitet und ergänzt (überdeterminiert) werden muss, um als das erkannt werden zu können, was er ist bzw. als was er gemeint ist. Ein Objekt (distaler Reiz, z.B. ein Gegenstand, ein Klang, eine Aussage) ist somit immer nur über das interpretierende Bewusstsein erfahrbar und nicht von Person und Wahrnehmung unabhängig denkbar (Abb. 1.7).

Der hier beschriebene Prozess der Wahrnehmung bezieht den Rezipienten als zentrale bedeutungsgebende Instanz ein. Bei der erfahrungsbildenden Wahrnehmung musikalischer Werke spielen nicht nur neurobiologische, neurophysiologische und neuropsychologische Bedingungen der cerebralen Verarbeitung eine Rolle, sondern auf dieser Grundlage kommen dann interpretative Leistungen ins Spiel. Und so, wie in einem literarischen Text der implizite Leser (Iser, 1976), an den sich das Rollenangebot des Textes zur jeweils eigenen Aktualisierung einer Bedeutung richtet, immer schon mitgedacht ist, so ist auch im musikalischen Werk der implizite Hörer (Cadenbach, 1991) die entscheidende Instanz, die einem akustischen Gefüge erst Sinn gibt, auch wenn dieser bereits in den Strukturbedingungen der Musik beschlossen liegt, der aber erst im produktiven Akt der Audiation[3] repräsentierter Bedeutungen aktualisiert werden muss. Dies bedeutet, dass musikalisches Erkennen darin besteht, dass wahrgenommene Klänge, Strukturen oder ganze Stücke bereits repräsentierte Strukturen aktivieren, die es ermöglichen, das Gehörte in eine kognitive Struktur zu integrieren und ihm so eine immanente oder kulturell vermittelte Bedeutung zu geben. Dies geschieht auf verschiedenen Ebenen. Die einfachste Form besteht darin, einen rhythmischen Verlauf auf eine metrische Grundstruktur zu beziehen, in einem melodischen Verlauf die latente Beziehung zu einem Grundton zu erfassen, bei einem Akkord oder in einer Akkordverbindung die tonalen Beziehungen auch über einen bestimmten Zeitraum bewusst zu halten. Dies setzt sich dann in

---

[3] Der Begriff der „audiation" wurde im Amerikanischen von Edwin E. Gordon (1980) geprägt, um die spezifische Fähigkeit der verstehenden Wahrnehmung und bewussten inneren Klangbildung von bloßer „Imitation" abzugrenzen. Dabei sind die Grenzen zum heute geläufigen Begriff der „auditory imagery" fließend.

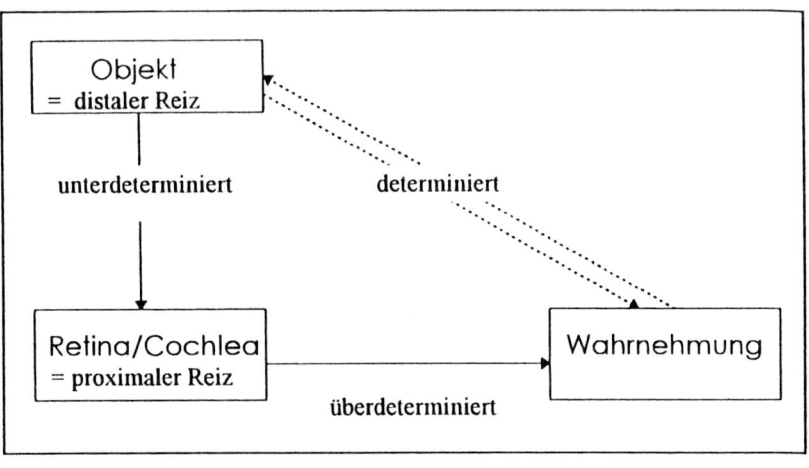

Abb. 1.7: Schematische Darstellung der Determinationsprozesse bei der Wahrnehmung

der Deutung dieser Phänomene fort. Eine bestimmte modulatorische Wendung oder kadenzielle Fortschreitung wird dann als regelgerechte Norm oder unerwartete Abweichung registriert, die Abweichung als Moment der Aufmerksamkeitsrichtung verstanden, die auf eine bestimmte Ausdrucksintention verweist usw. Auf diese Weise bildet sich durch Erfahrung, durch Hören und Spielen, durch Umgang mit dem musikalischen Material, durch historische Kenntnis und kulturelles Gedächtnis ein dichter werdendes, verzweigtes semantisches Netz, das wiederum mit anderen Netzen vernetzt ist. (Abb. 1.8) Musikhören verläuft in den Bahnen und Spuren des neuronal gebahnten Netzes, das die Erfahrung gebildet hat. Es beruht auf neurophysiologischen Grundlagen, folgt psychoakustischen Gesetzen und hängt von Erfahrung und Wissen, Wahrnehmungsinteresse und Aufmerksamkeitsrichtung, aber auch von zahlreichen Bedingungen der Persönlichkeit ab.

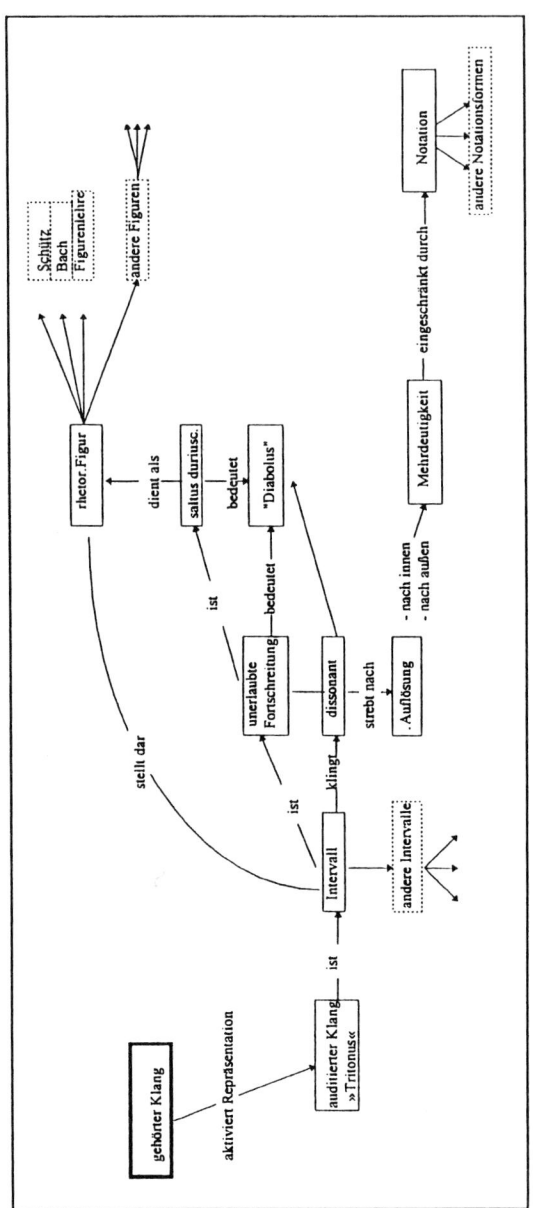

Abb. 1.8: Semantisches Netz des Bedeutungsumfangs von Klang und Begriff „Tritonus"

2. Kapitel
Hör-Texte

Zur Textualität des Hörens
und Repräsentation des Gehörten[1]

Dass Musik auf einem Text beruht, der unter texttheoretischen Kategorien betrachtet und als solcher gelesen, benutzt oder interpretiert werden kann, ist ein Spezifikum der abendländischen Kompositionspraxis, die ein Werk erst durch die schriftliche Festlegung in der Partitur zum *opus perfectum et absolutum* machte. Betrachtet man Notation als einen das Werk konstituierenden Text, so ist das keineswegs so unproblematisch, wie es die Gewohnheit, vom Notentext oder authentischen Urtext zu sprechen, glauben machen kann. Denn die Analogie zur Textstruktur legt eine Sprachähnlichkeit der Musik nahe, die – zu wörtlich genommen – eher in die Irre führt. Denn eine texttheoretische Betrachtung zentriert immer um die Frage nach der Bedeutung, die ein Text hat oder erhält, also um die Frage nach der Bedeutungskonstitution im Rahmen struktureller, zeichentheoretischer (semiotischer) oder ideeller, wirkungsgeschichtlicher Bedingungen. Dabei macht aber gerade die Referenzlosigkeit der Musik die spezifische Differenz aus, die Musik von der verbalen Sprache trennt.

Andererseits ist der Aspekt der Bedeutung in der Musik, also die Frage nach ihrem Sinn und Gehalt, keineswegs zu leugnen, wenn man dabei nicht an eine referentielle, signifikative Bedeutung denkt, sondern ihre präsentative Symbolik und strukturelle Evidenz im Auge hat. Hier findet musikalische Bedeutungsattribuierung dann durchaus eine Entsprechung in texttheoretischen Kategorien. Denn die Bedeutungskonstitution von Texten resultiert einerseits aus den internen Bedingungen der Textstruktur selber (grammatische und syntaktische Regeln, Konventionen und Normen) und andererseits aus dem Verwendungszusammenhang (pragmatischer Gebrauch, soziokulturelle und psychosoziale Determinanten, situative Konstellationen, Kontext und Ko-Text[2]). Unter-

---

[1] Überarbeitete und erweiterte Fassung eines Referats beim Int. Musikwissenschaftlichen Kongress „Musik als Text", Freiburg 1993.
[2] Mit dieser Unterscheidung bezeichnet Umberto Eco (1992, 353 f.) einerseits die Umgebung idealer Texte, Textklassen und -typen, in denen eine Äu-

schiedliche Positionen bestehen lediglich hinsichtlich der Anteile subjektiver (rezipientenorientierter) und objektiver (textorientierter) Determinanten bei der Bedeutungskonstitution. Darauf zielen auch die gängigen Unterscheidungen von *intentio auctoris* und *intentio lectoris,* von Textstruktur und Aktstruktur (Iser, 1976, 61) oder Struktursinn und Aufführungssinn (Danuser, 1992, 4). Umberto Eco (1992, 47) hat in diesem Zusammenhang die Unterscheidung zwischen interpretieren und benutzen eingeführt. Denn Interpretation (Textauslegung) ist tendenziell auf ein Verstehen gerichtet, das Bedeutung in der Rekonstruktion der Autorintention sucht, während Textbenutzung den pragmatischen Umgang von Individuen meint, die mit ihren Erfahrungen und Erwartungen immer schon einen Vorgriff auf die Textbedeutung tun.

Obwohl die Relevanz der Autorintention für das Textverstehen keinesfalls obsolet geworden ist, hat sie in der neueren Hermeneutik als Rezeptionsästhetik (Gadamer, 1975; Jauß, 1984, Buck, 1981) doch ihre zentrale Stellung verloren, indem diese den Akzent auf die wirkungsgeschichtliche Bedeutung eines Textes legt, die sich auch losgelöst vom Sinnhorizont eines Werkes entfalten kann. So richtet sich der Blick heute stärker auf die Rollenangebote, die eine vorgegebene Textstruktur dem Rezipienten im Rahmen der kontextuellen und situativen Aktualisierungsbedingungen (Iser, 1976) macht. Denn was als Textbedeutung wahrgenommen und erkannt wird, hängt nicht allein von der Textstruktur ab, sondern in viel stärkerem Maß von den Bedingungen der jeweiligen kognitiven Struktur des Rezipienten. So gilt für die musikalische wie für die literarische Texttheorie, dass sie „ohne die Einbeziehung des Lesers [resp. Hörers] nicht mehr auszukommen (vermag)" (Iser, 1976, 60). Der Rezipient wird so zu einem Parameter des Textes, den dieser als bedeutungsvollen erst hervorbringt. Der Text kann dann „als Parameter seiner Interpretationen dienen (auch wenn jede neue Interpretation unser Verständnis für diesen Text bereichert oder – anders ausgedrückt – auch wenn jeder Text stets die Summe seiner linearen Manifestation und seiner Interpretationen ist)" (Eco, 1992, 51).

ßerung normalerweise steht (Kontext), und andererseits den Einfluss, den der reale Textzusammenhang im tatsächlichen Kommunikationsprozess auf die Bedeutung einer Aussage nimmt (Ko-Text).

Im Rahmen eines Forschungsprojekts zum musikalischen Erleben von Laien wurde die Textualität der Musik neben die Textualität des Hörens gestellt, wobei dem bedeutungsgebenden Akt des Hörens eine eigene Textqualität zuerkannt wurde, und zwar insofern, als der Umgang mit und die Verständigung über Musik (gehörte wie gelesene) zu Texten auf verschiedenen Ebenen der Annäherung an Musik und die Erschließung ihrer Bedeutung rückt. Allerdings soll dabei nicht verkannt werden, dass dem Reden über „Musik als Text" immer eine metaphorische Verschleierung anhaftet; denn der sprachliche Text unterscheidet sich ja gerade dadurch von Musik, dass er gelesen werden kann, während Musik nur sinnlich gehört und körperlich vollzogen wird; die Lektüre der Partitur erzeugt nicht Musik, sondern eine innere Vorstellung von ihr. Dennoch kann man sagen, dass jeder Verstehenszugriff das Herstellen eines Textes zur Folge hat, in dem die wahrgenommenen Strukturen darstellbar werden. Darauf hat jüngst Peter Rabinowitz (1992, 39) hingewiesen.

> „My claim is that neither the score as written nor the sound as performed offers sufficient grounds for interpretation or analysis; [...] But I do believe that what you hear and experience is largely dependent upon the presuppositions with which you approach it, and that those presuppositions are to a generally unrecognized degree verbal in origin."

Der Verstehenszugriff, der zunächst auf verbale Repräsentationen zurückgreift, führt zu Texten, die, wenn auch noch keine Notation, so doch einen Notationsersatz darstellen, dessen Urheber (Autor) aber nicht mehr der Komponist, sondern nun der Hörer ist und bei dem die Musik nur das Mittel zur Hervorbringung dieses Textes liefert. So bezeichnet Hartmut von Hentig seine Notizen nach dem Anhören von Arvo Pärts *Collage B-A-C-H* als eine „Laien-Partitur", die es ihm beim Lesen erlaube, noch einmal „ganz deutlich" zu hören, was er von der Musik aufgeschrieben habe (Hentig, 1991, 36). Die verbale Repräsentation von Musik führt zur Herstellung von Texten in verschiedenen Annäherungsgraden und auf verschiedenen Ebenen, die den Versuch rechtfertigen, von der Textualität des Hörens zu sprechen. Die verschiedenen Textebenen sind im folgenden Diagramm schematisch dargestellt (Abb. 2.1).

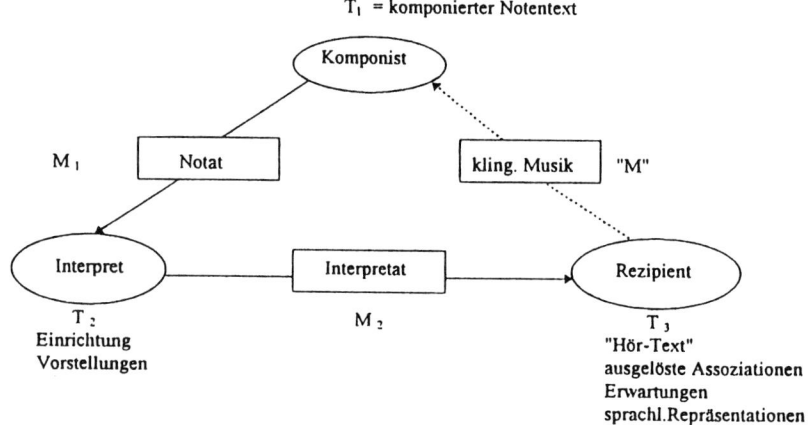

Abb. 2.1: Textebenen und Musikvorstellungen

Der Komponist, der eine ausgeführte Komposition im Notentext festhält, liefert den Primärtext (T_1). Das Notat als Bedingung einer ideellen Vorstellung der Musik (M_1) bedarf der Ausführung durch den Interpreten, der mit seinen aufführungspraktischen Zutaten (z.B. Phrasierungszeichen, Fingersätze, ggf. Bearbeitungen wie Striche, Verzierungen, Modifikationen), aber auch mit seinen begrifflichen Vorstellungen und Benennungen einen Sekundärtext (T_2) herstellt, dessen Interpretat dann dem Hörer die Musik (M_2) vermittelt, die er für die eigentliche Mitteilung des Komponisten („M") hält. Wie jemand über diese Musik denkt und spricht und als was er sie erkennt, schlägt sich in verbalen Kommentaren und Äußerungen nieder, die ich hier als tertiäre Hör-Texte (T_3) bezeichne. An ihnen interessiert, wie sie zustandekommen und worauf sie sich stützen.

Wir wissen, dass die kognitive Verarbeitung von Sinnesreizen sehr stark vernetzt verläuft; akustische Wahrnehmungen können mit visuellen, haptischen, motorischen Stimulierungen einhergehen und rufen in der Regel vielfältige Assoziationen, Empfindungen, Stimmungen und Erinnerungen hervor. Hören wird also immer von Gedanken, Vorstellungen und inneren Bildern begleitet, deren Beschaffenheit davon abhängt, welche Erfahrungen mit Musik allgemein bzw. mit Musik der betreffenden Art bereits gemacht wurden, welche Repräsentationen der gehörten Klänge also aktiviert werden können. Spontane Äußerungen über das eigene Hörerlebnis und Hörverständnis können daher indirekt Aufschluss geben über die Art der vorhandenen Repräsentationen je nachdem, welche Bereiche angesprochen werden: allgemeine Assoziationen (z.b. Stimmungen, Erinnerung an konkrete Situationen, innere Vorstellung der ausführenden Musiker etc.) oder musikalische Feststellungen (z.b. über Instrumente, erkannte Melodien, strukturelle Merkmale etc.). Die sprachlichen Äußerungen werden dann als Referenz auf Repräsentationen gedeutet, die bewusst sind und sprachlich artikuliert werden können.

Hör-Texte

Bei einem hörpsychologischen Versuch gingen wir von der Frage aus, was „im Kopf", d.h. im menschlichen Bewusstsein vorgeht, wenn wir aufmerksam Musik hören. Als Hörbeispiel diente der dritte Satz aus Luciano Berios „Rendering" (1988/90), in dem der Komponist auf Schuberts Skizzen zu einer D-Dur-Sinfonie (D 936A) zurückgreift und diese durch eigene kompositorische Ergänzungen erweitert, so dass vorübergehend der Eindruck einer vertrauten sinfonischen Musik entsteht, der aber immer gleich wieder durch fremde Momente gestört wird. Das Stück ist durch eine ästhetisch wohlkalkulierte Ambivalenz der benutzten Musiksprachen charakterisiert, die auch der unerfahrene Hörer als Irritation oder Unstimmigkeit empfindet (Notenbsp. 2.1).

Die im Particell überlieferten Skizzen der drei Sätze bilden hier den authentischen Primärtext (T_1), den Peter Gülke (Peters, Leipzig 1982) ediert und in einer Partitur rekonstruiert hat (T_2). Berios Re-Komposition des Skizzenmaterials liefert dazu einen weiteren Aufführungstext, der dann als Reaktion die Tertiärtexte der Hörer (T_3) hervorgerufen hat. Hörer waren 256 Schülerinnen und Schüler aus Freiburger Gymnasien im Alter zwischen 10 und 18 Jahren, die nach einer Einführung in den Versuchsablauf den ganzen Satz einmal anhörten und danach gebeten wurden, ihre Wahrnehmungen beim Anhören der Komposition, von der ihnen weder der Titel noch der Komponist bekannt waren, im Rahmen einer vorgegebenen Erzählstruktur (Richter, 1991;

Notenbesp. 2.1: Franz Schubert – Luciano Berio: Rendering. III Satz (UE Wien 1989). Übergang, bei dem Berio das quartenbestimmte Hauptthema aus Schuberts Sinfonie-Fragment 936A in Va. und Hr. in die statisch fluktuierende Klangfläche der Satzeinleitung einfügt.

Gruhn, 1993) niederzuschreiben.[3] Damit dies auch von jüngeren Schülern geleistet werden konnte, sollte die Musik wie ein „Musikwesen" beobachtet werden, das in den „Hör-Raum" jeder Person eintritt und sogleich eingeschätzt wird: möchte man es überhaupt einlassen? Ist es schon irgendwie bekannt? Was „erzählt" es über sich und seine Erfahrungen? So entstanden z. T. umfangreiche Hör-Berichte (Hör-Texte), die in drei Aussagenbereiche gegliedert waren: Erstbegegnung und erster Eindruck – was das „Musikwesen" von sich aus dem Hörer mitteilt – wie der Hörer auf das Wesen reagiert.

Dem Verfahren liegt die konnektionistische Theorie zugrunde, wonach Wahrnehmungsreize im Gehirn parallel verarbeitet und verteilt gespeichert werden. Die neuronale Architektur des Cortex liefert ein dichtes Netz synaptischer Verbindungen, die bei Reizung aktiviert werden. Aktivierte Nervenzellen geben selbstorganisiert Energie an andere Nervenbereiche weiter, so dass unmittelbar ein dichtes Netz miteinander verbundener Knoten aufgebaut wird, in dem nicht nur musikalische, sondern auch ganz andere Repräsentationen enthalten sind. Werden nun mehrere Knoten gleichzeitig aktiviert, verstärken sich die synaptischen Verbindungen (Hebbs Lernregel). Auf diese Weise entsteht ein Netzwerk, das ständig verändert, erweitert, differenziert und umcodiert wird. Erkennen von etwas als etwas bedeutet dann die Aktivierung bestimmter Bahnen im neuronalen Netz. Die hier untersuchten Hör-Texte verweisen auf solche Bahnen und Spuren, die im neuronalen Netz aktiviert wurden.

Zur statistischen Auswertung (vgl. Altenmüller & Gruhn, 1997) wurden die Texte in kognitive *maps* übertragen. Dazu wurden die sprachlich benannten Wahrnehmungen zunächst systematisiert und dann bestimmten Feldern zugeordnet, die rein assoziative Empfindungen (A), musikalische Feststellungen (M) und allgemeine Urteile über das Gehörte (U) betreffen (Abb. 2.2).

Die einzelnen Wahrnehmungen und Beobachtungen wurden als begriffliche Resultate von Aktivierungen im Wahrnehmungsnetz interpretiert, wobei davon auszugehen ist, dass alles, was in den Texten benannt

---

[3] Die Texte wurden von Susanne Falk (1992) im Rahmen einer Wissenschaftlichen Examensarbeit an der Musikhochschule Freiburg erhoben und klassifiziert und von Roman Babler (1994) statisch ausgewertet.

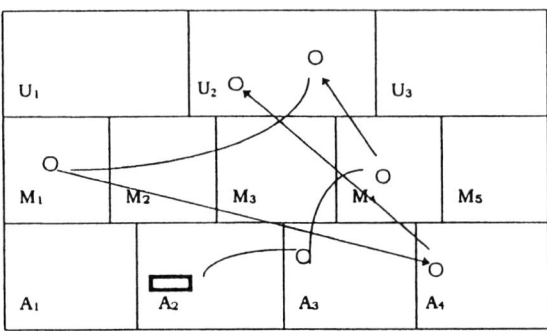

A   Assoziationen im Bereich von
    A1 Empfindungen; A2 Bildern; A3 Bewegungen; A4 Ereignissen, Geschehen
M   Musikbezogene Feststellungen über
    M1 Gattung; M2 Form; M3 Charakter; M4 Besetzung; M5 einzelne musikalische Parameter
U   Urteile
    U1 subjektives Geschmacks-Urteil (Ich-Urteil); U2 ästhetisches Wert-Urteil (Man-Urteil); U3 objektives Sach-Urteil (Es-Urteil)

▭   Primäraktivierung

⌐   Reizleitung

O   Knoten

Abb. 2.2: Topographie einer Mind Map der Wahrnehmung auf den Ebenen der Assoziationen, der musikalischen Inhalte und der Urteile

wurde, auf einer Aktivierung im neuronalen Netz beruht, und auch Wahrnehmungen, für die noch keine sprachliche Repräsentation (Fachterminologie) entwickelt wurde, doch in Bildern und Assoziationen ausgedrückt werden konnten.

Die semantische Analyse erbrachte zunächst eine Vielfalt von Bildern und Eindrücken, die aber zu einem überwiegenden Teil eine widersprüchliche Konfliktsituation in polaren Gegensätzen umschrieben: helle - dunkle Welt, belebte - tote Natur; warme - kalte Empfindungen etc. Solche Wahrnehmungen wurden im einzelnen durchaus auch mit musikalischen Parametern (Instrumenten, Klangfarben, Lautstärken, Tonhöhen) in Verbindung gebracht. Insgesamt zeigte sich, dass je nach dem vorhandenen Hörwissen mehr musikalische oder mehr musikferne Repräsentationen aktiviert wurden. Hier war die Hypothese, dass je weniger musikspezifische Repräsentationen gebildet werden, die Hörer umso mehr auf musikfremde Assoziationen angewiesen sind, während das Vorhandensein musikalischer Repräsentationen assoziative Umschreibungen eher zurückdrängt oder diese sogar unterdrückt. Die Auswertung der Hör-Texte bestätigte diese Annahme. Die durchschnittliche Zahl der assoziativen Repräsentationen liegt in der Gruppe der hoch musikalisch Repräsentierenden signifikant unter dem Durchschnitt der jeweiligen Altersgruppe. Solange noch keine musikalischen Repräsentationen erworben sind, kann Musik nicht musikalisch gehört werden. Dennoch wird bereits etwas verstanden. Aber wo die entsprechende Begrifflichkeit noch nicht vorhanden ist, weicht der Hörer auf assoziative Umschreibungen aus, d.h. er sucht im Netz der Repräsentationen nach passenden Analogien, die durchaus etwas damit zu tun haben, was in der Musik oder durch sie wahrgenommen wurde.

Ein 17-jähriger Schüler verfasste folgenden Text:
„Rembrandt meets Hundertwasser
– schizophrene Gestalt mit zwei unterschiedlichen Gesichtern
– oberflächlich wirkend, mit tiefem Hintergrund, interessante Figur
– es passt nur dies „Rembrandt meets Hundertwasser"-Bild zu ihm oder ihr
– Überraschungseffekt gelungen [...]

– die anderen sind verwirrt und fasziniert. Ich nicht! Warum? Erst mal hinter die Kulissen dieser komischen [merkwürdigen] Gestalt kommen!
– Farbiges Outfit, schön in leuchtenden Farben, mit dem Hauch zum Exzentrischen!
– Es ist schwer, sich an etwas Neues und doch so Vertrautes zu gewöhnen.
– Mir gefällt's [...]
Seit Stunden sitze ich nun da und schaue den Gestalten zu, die sich da unten rumtummeln! So langweilig! Immer die gleichen Faces, die eingefahrenen Outfits, die öden Gespräche! Plötzlich passiert es: Ich höre den Aufruhr der Menge, verstehe zuerst nicht, warum. Da steht der Anlass für den Tumult: Eine gut gekleidete Gestalt mit dem perfekten Grinsen und dem makellosen Blick eines Mannequins! Ich nähere mich; die Gestalt verändert ihr Gesicht, wirkt aufgesetzt, geschminkt, irgend wie schizophren! Es liegt ein Geheimnis dahinter; die Gestalt, ich nenne sie spontan 'Rembrandt meets Hundertwasser' hat etwa Unnatürliches an sich!
Warum gerade diese 'Rembrandt meets Hundertwasser'? Vordergründig wirkt die Gestalt sehr romantisch, stilvoll; hintergründig kommt der tiefe Sinn, das Rätsel zum Vorschein. Die Moderne, oder besser: das Abstrakte mit diesem verdammten Weichzeichnereffekt! Die Musen und Träume sind geblendet; ich nicht! Die angefangenen Gespräche sind oberflächlich, ich hinterfrage sie wirklich. Da ist ein Rätsel tief unten in der Gestalt, das gilt es zu lösen!
Nach einigen Tagen ist das Wesen überall geachtet und beachtet. Es besteht ein Verhältnis der Untertänigkeit zwischen den Träumen, Ideen und Phantasien und jener Figur. Eins weiß sie: Alle anderen sind in ihr vereint, sie gibt den Ton an! Vor mir hat jene Gestalt nur Angst, denn ich durchschaue die Oberflächlichkeit! Sie lebt in Distanz und Hochachtung vor den anderen Figuren, die wiederum gehen der Gestalt aus dem Wege oder behandeln sie mit Ehrfurcht!
Es gibt keine innige Beziehung unter den Gestalten, die Furcht des doppelsinnigen Wesens ist dafür zu groß! Ich habe sie durchschaut, und sie erzählt mir ihre Vergangenheit!
Eine interessante Geschichte mit vielen verwegenen Taten!"

Offensichtlich hat die Musik hier starke visuelle Repräsentationen angesprochen, die aber die kompositorische Grundkonzeption genau treffen: Rembrandt (= alte Kunst) meets Hundertwasser (die Gegenwart). Der Konflikt zwischen dem Vertrauten der alten Kunst und dem damit kontrastierend Neuen (Rätselhaften, Doppelsinnigen) ist zutreffend erfasst, ohne dass dazu musikterminologische Fachbegriffe verwendet werden müssen. Der Hör-Text signalisiert dennoch ein Verstehen, jedoch auf einer anderen, dem musikalischen Verstehen vorgeordneten außermusikalischen Ebene.

Ein 15-jähriges Mädchen erlebt den Kontrast der Stile als einen Konflikt zwischen Vater und Sohn.

> „Für mich spielt sich die ganze Handlung irgendwo im Freien ab. Auf der Jagd zum Beispiel oder auf einer Fahrt. Der König reitet auf seinem Pferd, neben ihm sein Sohn, gefolgt von den Dienern. Es ist eine Fuchsjagd. Sie galoppieren. Ich kann mir bei der Musik die Bewegung der Pferde vorstellen, wie sie rennen, wie ihre Hufe Spuren in der Erde hinterlassen. Es ist heiß, Sommer, und plötzlich sehen sie wieder den Fuchs. Sie verfolgen ihn, und plötzlich wird es kalt und neblig und unheimlich. Die Diener waren verschwunden. Sie waren allein. Vater und Sohn. Sie hatten sich nie so gut verstanden, doch plötzlich, jetzt waren sie aufeinander angewiesen.
> Sie kommen an einen See. Das Wasser ist eiskalt. An den Bäumen sind keine Blätter. Die Erde ist nass. Überall liegt Schlamm. Der Sohn sieht ein Licht und reitet in die Richtung. Sein Vater ruft ihm nach, doch der andere antwortet nicht. Er würde ihn am liebsten in dem See ertrinken sehen. Und plötzlich verspürt er einen Schmerz. Er ist am Ende des Weges, eine schöne Wiese breitet sich vor ihm aus. Er blickt zurück in die gefährliche Dunkelheit, er spürt Angst und fühlt sich zurückgezogen. Er möchte seinem Vater helfen. Er kehrt um und hilft ihm. Jetzt sind sie beide gerettet.
> Ich habe mir das alles so vorgestellt, weil der Anfang so ruhig, lustig, entspannt wirkt; dann kommen die lauten Töne, das Unheimliche, und zum Schluss wird wieder alles ruhig, das heißt nicht ruhig, sondern es ist alles wie ein Triumph der Liebe!"

Was zunächst wie eine reine Phantasiegeschichte aussieht, entpuppt sich bei näherem Hinsehen als ein differenziertes Psychogramm, in dem der musikalische Generationenkonflikt (Schubert - Berio) durchaus erfasst ist, aber noch als Geschichte maskiert erscheint, in der nur solche Agenten auftreten können, die im Bewusstsein bereits repräsentiert sind (Vater - Sohn). Auffallend sind die plötzlichen Stimmungsumschwünge, die dem musikalischen Geschehen aber genau entsprechen. Auffallend ist ebenfalls eine am zeitlichen Ablauf der Musik orientierte Erzählweise, die von Szene zu Szene voranschreitet und beschreibt, was als nächstes geschieht.

Bemerkenswert ist, dass die Texte derer, die noch nicht viel zum musikalischen Geschehen sagen können, immer einen starken Bezug zum eigenen Leben aufweisen; in der Geschichte, die die Musik auslöst, ist die eigene biographische Erfahrung verschlüsselt.[4] Wo aber überhaupt kein Zugang möglich ist, äußert sich dies in – meist ablehnenden – ästhetischen Pauschal-Urteilen.

> „Das Musikwesen kommt die Treppe hoch, klopft und verschafft sich Einlass. Die Reaktion meiner Gäste war erst still, dann langsam durcheinander redend. Sie machen Stielaugen, denn so etwas hören sie nicht alle Tage. Plötzlich sagt jemand: „Sie passen hier nicht herein. Wir tanzen und hören Pop!" – „Abwechslung muss sein," meint das Klassikwesen. „Naja, manche Klassik finde ich ja gut, ... aber das hier klingt wie etwas, wo man nicht mal tanzen kann." (Schülerin, 13 Jahre)

Allem Erkennen vorgeordnet ist eine pauschale ästhetische Eindrucksqualität. Wo weder musikalische Erfahrungen aktiviert werden können noch assoziative Reaktionen sich einstellen, äußern die jugendlichen Hörer ausschließlich pauschale Geschmacksurteile („mag ich - mag ich nicht"). Danach bilden sich zunächst assoziative Umschreibungen aus, die in einer Aktionssprache beschreiben, was nacheinander geschieht. Erst allmählich wird die Darstellungsform der Texte eher statisch, d.h. sie beschreiben Zustände und Entwicklungen, die erst aus einer Gesamtperspektive möglich wird, die die Bindung an die Zeit-

---

[4] So beschreiben Kinder den erlebten musikalischen Konflikt als häuslichen Konflikt, als Scheidungsdilemma, als Geschwisterzank etc. Dabei wird deutlich, wie die erlebte Stimmung spontan mit bereits erfahrenen Stimmungsmustern verknüpft wird. Und indem Kinder anscheinend über Musik reden, sprechen sie in erster Linie über sich.

struktur des Nacheinander einzelner Ereignisse aufgegeben hat. Mit zunehmender musikalischer Erfahrung tauchen dann auch immer mehr musikalische Feststellungen auf.

„... da stellte sich heraus: Das Wesen war im Grunde modern, aber auf alt (klassisch!) gemacht. Seine äußere Form war geschlossen durchkomponiert. Es musste von einem großen Orchester in klassischer Besetzung mit Bläsern aufgeführt werden. Das Wesen ließ sich nicht auf irgendeine bestimmte Gattung an Musikstücken festlegen, sondern legte Wert darauf, unabhängig und überparteilich zu sein. Auch pochte es auf seinen eigenständigen Charakter und lehnte es entschieden ab, nur ein billiges Klassikplagiat zu sein. Sein genaues Alter ließ sich nicht mehr feststellen, da es sich künstlich alt aufgemacht hatte. [...] Als das Wesen in den großen Empfangssaal kam, wollten es zunächst weder die älteren noch die neueren Stücke bei sich aufnehmen. Doch dann entdeckten sie seinen Charme und veranstalteten ein Tauziehen (Spiel). Schließlich fand es bei den moderneren Stücken Gesellschaft. Dort berichtete es, dass es überall mit großer Intoleranz aufgenommen wurde, wie überhaupt alle moderne klassische Musik. Das veranlasste die modernen klassischen Stücke, einige böse Blicke in die Ecke der Pop und Rhythm-and-Blues-Wesen zu werfen. Doch der neue bestärkte sie in ihrer Haltung, dass auch moderne Klassik anhörenswert sei (Veränderung)." (Schüler, Kl. 12)

Erst auf dieser Grundlage kommt es dann zu Sachurteilen. Dabei zeigt sich in der Entwicklung von assoziativen zu musikspezifischen Repräsentationen eine deutliche Entsprechung zur Entwicklung des Denkens von figuralen zu formalen Operationen (Abb. 2.3).

Die in den *maps* als Repräsentationsknoten codierten Eintragungen lassen sich quantifizieren und einer statistischen Analyse unterziehen. Dazu wurden Gruppen gebildet, die sich danach unterscheiden, ob die meisten Aktivierungen auf der Assoziationsebene (A) oder auf der musikalischen Ebene (M) oder bei den Urteilen (U) erfolgen. Der Vergleich der Gruppen untereinander und im Bezug auf die Altersentwicklung führte zu einigen überraschenden Ergebnissen.

Wie zu erwarten, nehmen die sprachlichen Äußerungen mit zunehmendem Alter zu. Der in dieser Zeit weitergeführte schulische Musik

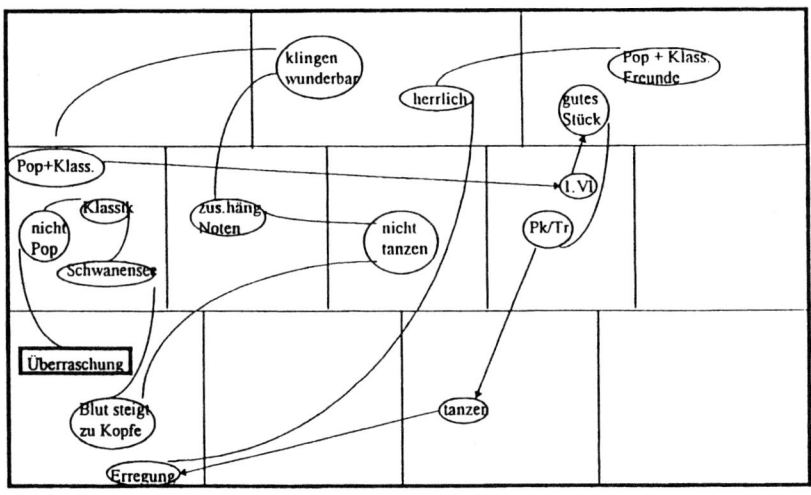
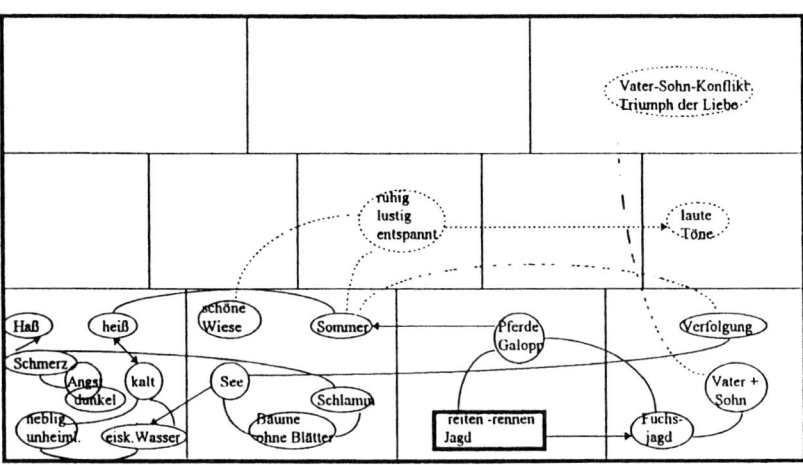

Abb. 2.3: Mind Maps von zwei Hör-Texten. Die Wahrnehmungen zeigen eine unterschiedliche Dichte der Belegung der einzelnen Felder. Linien und Pfeile geben die zeitliche Abfolge in der Assoziationskette wieder. Die individuelle Dichte kann dann mit der durchschnittlichen Dichte der Gesamtpopulation in Beziehung gesetzt werden. Ähnliche Maps können zu Clustern zusammengefasst werden.

unterricht bleibt aber ohne irgendeinen Einfluss auf die musikbezogenen Feststellungen. Betrachtet man jedoch die Gruppe mit den meisten musikalischen Repräsentationen (M), so fällt auf, dass hier eine im Vergleich zur Jahrgangsgruppe signifikant längere Dauer des Instrumentalunterrichts vorliegt. Die Fähigkeit, musikalische Merkmale zu erkennen und im Text anzugeben, wächst offensichtlich nicht allein mit allgemeiner Reifung und schulischer Bildung, sondern mit den im Instrumentalunterricht erworbenen musikspezifischen Fähigkeiten, Musik auszuführen. In einer anderen Studie (Nebel, 1993) konnte sogar gezeigt werden, dass die stärkere Betonung der analytischen oder spieltechnischen Beschäftigung im Instrumentalunterricht keine unterschiedlichen Resultate in der Wahrnehmung der Musik bewirkte. Ob die gespielten Stücke ausgiebig analysiert wurden oder nicht, rief keine statistsch signifikanten Unterschiede in den *maps* hervor. Es scheinen also die durch das Instrumentalspiel erworbenen figuralen Repräsentationen dafür verantwortlich zu sein, dass sich formale Repräsentationen bilden können, die eine Umcodierung der sequentiellen Ketten der figuralen Muster auf einer höheren, komplexeren Repräsentationsebene bedeuten.

Die Untersuchung eines möglicherweise engen Zusammenhangs zwischen einzelnen Feldern der *map* ergab hochsignifikante Korrelationen zwischen den Feldern A_1 und A_2, A_1 und M_2, A_2 und M_3, M_1 und U_1, M_2 und U_2 sowie M_3 und U_2. Es bestehen also deutliche Beziehungen zwischen der Erzeugung von Stimmungen und Bildern, Bildern und musikalischen Charakteren, musikalischer Formwahrnehmung und ästhetischen Urteilen, während das bloße Vorhandensein allgemeiner Empfindungen nur geringe Bedeutung für die Ausprägung eines ästhetischen Urteilsvermögens hat.

Eine ebenfalls durchgeführte Clusteranalyse, die nach Gruppenähnlichkeiten innerhalb der Texte sucht, ergab 10 deutlich unterscheidbare Clusters entsprechend der Aktivierungsmaxima auf den einzelnen Feldern. Danach zeigen zwei Drittel der Versuchspersonen (N = 164; 64 %) eine deutliche Fokussierung der assoziativen Aktivierungsfelder. Innerhalb dieser Gruppe, die aus den Clusters 1, 6, 8, 9 und 10 besteht, enthält Cluster 1 die reinen Empfindungshörer (55 % aller Aktivierungen auf A_1), während Cluster 10 solche Personen umfasst, die ihre Aktivierungen gleichmäßig über alle Assoziationsfelder streuen (Abb. 2.4).

Dagegen fallen die übrigen Clusters deutlich ab. Die Clusters 2, 3 und 4 zeigen Aktivierungsmaxima auf der musikalischen Ebene. Die

Mitglieder dieser Gruppe, die sich durch unterschiedliche Schwerpunkte ihrer musikalischen Aufmerksamkeit unterscheiden, machen aber nur 17.5 % (N = 45) aller Versuchspersonen aus (Abb. 2.5).

Auf der Ebene der subjektiven Geschmacksurteile (Clusters 4 und 6) und der Kombination von Geschmacks- und Werturteilen (Cluster 5) befinden sich immerhin 22.6 % (N = 58) der Versuchspersonen. Cluster 4 ist als einziger dadurch charakterisiert, dass hier die Wahrnehmung musikalischer Gattungsmerkmale mit Geschmacks-Urteilen verbunden ist (Abb. 2.6).

Die in den Hör-Texten zum Ausdruck gebrachten laienorientierten Verstehenszugänge zeigen insgesamt eine erstaunliche Differenzierungsfähigkeit in der musikalischen Wahrnehmung, sofern sie allgemeine Empfindungsqualitäten und Assoziationsreichtum betrifft. Dies sind Zugangsweisen, die jedem Menschen offen stehen und auch erste Verstehensmöglichkeiten bieten, die allerdings noch vor- oder außermusikalisch bleiben. Dagegen wird mit pauschalen Werturteilen ein unverstandenes Phänomen emotional abgewehrt. Die Äußerung eines solchen Urteils bedeutet daher nicht eine generelle Ablehnung, sondern es muss pädagogisch so gedeutet werden, dass hier noch keine Gelegenheit bestand, Erfahrungen mit dieser Musik zu machen und musikalische Repräsentationen aufzubauen.

Die Untersuchung von Tertiär-Texten zur Musik stellt einen hörpsychologischen Ansatz dar, mit Hilfe der Erstellung kognitiver *maps* dem tatsächlichen Hörerlebnis näher zu kommen. Gleichzeitig wird damit dem Hör- und Verstehensvorgang selber eine textuelle Qualität zugeschrieben, die es dann ermöglicht, einen texttheoretischen Zugriff nicht nur auf den schriftlich fixierten und authentisch überlieferten Notentext, sondern auch auf die subjektive und einmalige Wahrnehmung klingender Musik zu erproben, bei der auch völlig andere Qualitäten musikbezogener Aussagen ins Spiel kommen, die durchaus differenziert sind und dem Verstehen der kommunikativen Funktion von Kunst näherkommen als die nüchterne Expertensprache der Musiktheorie, die Phänomene benennt und Symbole verwendet, die für den Laien aus Gründen der noch nicht entwickelten mentalen Repräsentationen noch keine Bedeutungen haben. Aus den so gewonnenen Hör-Texten lassen sich schließlich auch die Rezeptions-Stereotype herausfiltern, die – historisch bedingt und soziokulturell vermittelt – die Wahrnehmung leiten und als Verstehen gelten. Insofern ist hier eine texttheoretische Diskus-

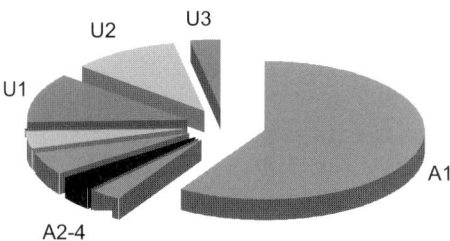

Abb. 2.4: Charakteristik des Cluster C 1 mit Aktivierungsmaxima auf der Assoziationsebene (A_1)

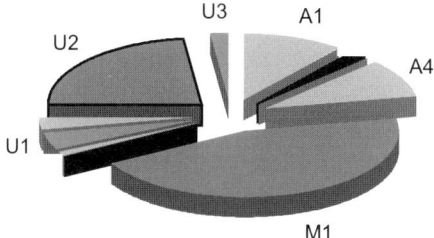

Abb. 2.5: Charakteristik des Cluster C 2 mit Aktivierungsmaxima auf der musikalischen Repräsentationsebene (M_1)

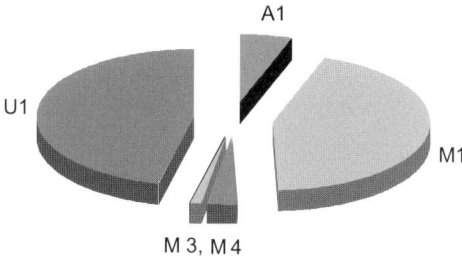

Abb. 2.6: Cluster C 4, der Aktivierungsmaxima auf der Ebene der musikalischen Wahrnehmung (M_1) mit Geschmacksurteilen (U_1) verbindet

sion viel eher angebracht, wo die Frage nach der Bedeutung der musikalischen Wahrnehmung zu Recht im Mittelpunkt steht, allerdings einer Bedeutung, die nicht musikimmanent definiert und expertengestützt ist, sondern die durch Alltagswissen vermittelt und laienorientiert ist.

3. Kapitel
Spuren und Pläne in den mentalen Karten

Die Verarbeitung von Musik zählt zu den höheren Hirnfunktionen und ist darin Mathematik oder Schach vergleichbar. Als Grund für diese immer wieder angeführte Beziehung nehmen Leng und Shaw (1991) eine Ähnlichkeit der über Sekunden andauernden Aktivierungsmuster neuronaler Gruppen über weite Areale des Cortex bei der Verarbeitung raum-zeitlicher Vorstellungen an. Denn Musik stellt in hohem Maße eine Verarbeitung raum-zeitlicher Reizstrukturen dar, und es ist daher plausibel, dass dieselben Verbindungen neuronaler *firing patterns* aktiv werden wie bei der Vorstellung räumlicher Strukturen und Prozesse (etwa beim Schachspiel). Wir wollen uns daher – bildlich gesprochen – den Plänen und Spuren im neuronalen Netz zuwenden, die das musikalische Hören und Verstehen leiten.

Was immer wir tun, wir folgen dabei inneren Plänen. Wir stellen uns vor, was und in welcher Reihenfolge wir es tun werden, wir sehen voraus, welche Handlungen dabei ausgeführt werden müssen, und wir können dies alles, weil wir bereits Erfahrungen mit diesen Dingen, Orten und Handlungen gemacht haben. Wir bewegen uns wie auf inneren Landkarten, so wie wir uns auf Straßenkarten orientieren, die einzelne Merkmale der Realität im verkleinerten Maßstab abbilden. Solche Markierungen („Marken") genügen uns, damit wir uns selbst in einer fremden Umgebung zurechtfinden können. Erst recht haben wir die „Karte" der uns vertrauten Umgebung und gewohnten Verrichtungen im Kopf.

Kleine Kinder benötigen zu ihrer Orientierung aber noch reale Marken, die sie sich einprägen, um den richtigen Weg zu finden. Ebenso schaut der Anfänger beim Klavierspiel noch auf die Tasten, deren besondere Anordnung (zwei schwarze und dann drei schwarze Tasten mit einem Zwischenraum) die Markierung liefert, um nach einem Sprung den richtigen Ton zu treffen. Aber allmählich werden die verschiedenen einzelnen Marken in einer kognitiven Karte der jeweiligen Umgebung repräsentiert. So entsteht die innere Topographie der Landschaft, in der wir leben, oder der Klaviatur, auf der wir uns spielend bewegen, oder der formalen Struktur z.B. eines Variationssatzes, den wir hörend verfolgen. Jeanne Bamberger hat diese Entwicklung als einen Vorgang von der Repräsentation von Objekten, die bildhaft *(figural)* als *path-makers* (Wegweiser) oder *landmarks* (Markierungen) fungieren, zu Referenz-Systemen, mit deren Hilfe die einzelnen Objekte symbolisch *(formal)* in „maps" *(cognitive maps; mental maps)* repräsentiert werden können, beschrieben (Bamberger, 1993; 2005).

Die Architektur des Gehirns

Alle kognitiven Funktionen werden von der Großhirnrinde, dem Cortex, gesteuert. Er bildet eine Schicht von ungefähr nur 2 mm Dicke auf einer Fläche von etwa 2200 cm^2, die sich in stark zusammengefalteter Form um die älteren Teile des Mittel- und Kleinhirns legt. Calvin (1996, 12) zieht zur Veranschaulichung der Größenverhältnisse folgenden Vergleich heran: der menschliche Cortex würde ausgebreitet die Fläche von vier DIN A4 Bögen bedecken; der Cortex eines Schimpansen nur einen Bogen, der eines kleinen Affen eine Postkarte, der einer Ratte eine Briefmarke. Der menschliche Cortex enthält ungefähr 10^{11} (100 Milliarden) Nervenzellen (Neurone), also etwa so viele wie es Sterne im Milchstraßensystem gibt, die vertikal und in geringerem Maße auch horizontal über Axone und Dendriten miteinander verbunden sind. Jedes Neuron verfügt über ungefähr 10.000 Synapsen, die ein dichtes Netz von insgesamt etwa 200 Billionen Verbindungen herstellen, über die sich die Nervenzellen gegenseitig erregen oder hemmen können. (Abb. 3.1)

Dieses extrem dichte Netz von Verschaltungen der einzelnen Neuronen stellt gewissermaßen die *Hardware* dar, in deren Bahnen sich dann der Fluss neuronaler Aktivitäten vollziehen kann. Die Weiterleitung der Reize erfolgt über Synapsen, die Informationen durchlassen oder hemmen können. Die hemmende Wirkung ist dabei besonders wichtig, um zu verhindern, dass die corticalen Areale infolge einer unübersehbaren Flut von Reizen überlastet werden. Die Synapsen „lernen" also durch Ein- und Umstellung ihrer Botenstoffe (Neurotransmitter), d.h. an den Synapsen finden Veränderungen statt, die diese effizienter machen, indem differenziert wird, welche Signale weitergeleitet und welche blockiert werden sollten. Die Nervenzellen sind in schmalen Säulen (Mini-Kolumnen) gebündelt, von denen sich mehrere zu Makro-Kolumnen zusammenfügen, die sich über sechs horizontale Schichten erstrecken (Abb. 3.2). Dabei findet ein Informationsaustausch insbesondere zwischen benachbarten Kolumnen statt.

Jeder Vorgang in unserem Bewusstsein – sei es ein Gedanke, eine Wahrnehmung, oder eine Empfindung – kann als ein Aktivitätsfluss

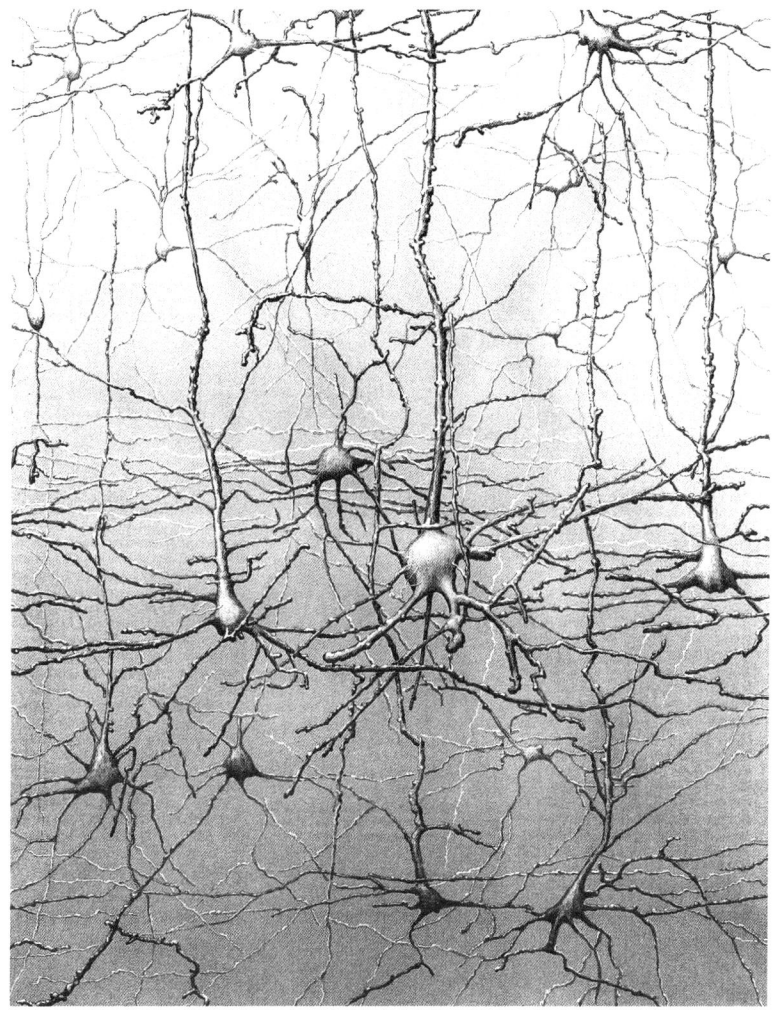

Abb. 3.1: Netzwerk aus Neuronen im Gehirn in einer Darstellung von Tomo Narashima (aus: Gehirn und Bewusstsein 1994, 134). Aus den Pyramidenzellen steigen stark verästelte Dendriten auf, über die Informationen von anderen Zellen empfangen werden. Dazu docken sie an Nervenfortsetzungen (Axone) anderer Neurone an, die über die Synapsen elektrische Impulse weiterleiten.

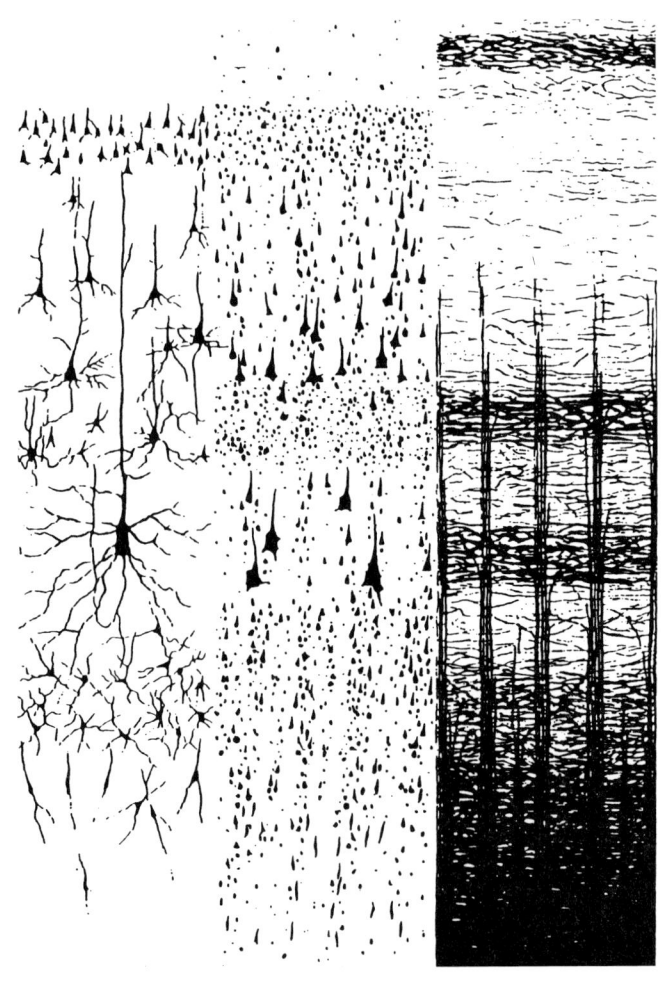

Abb. 3.2: Die Schichten des Cortex in drei verschiedenen Hirnschnitten nach Golgi, Nissl und Weigert (aus: Spitzer, 1996, 98)

in den neuronalen Bahnen vorgestellt werden. Donald Hebb nahm an, dass „Synapsen in einem ganz bestimmten Erregungspfad funktionell miteinander in Beziehung treten und einen sogenannten Zellverband *(cell assembly)* bilden" (Kolb & Whishaw, 1996, 320). Und immer dann, wenn zwei oder mehr Neuronen gleichzeitig erregt werden, verstärken sich ihre wechselseitigen synaptischen Verbindungen (Hebbsche Lernregel).

> „Wenn das Axon einer Zelle A der Zelle B nahe genug ist, um sie zu erregen und wiederholt oder persistierend am Erregungsprozess von B beteiligt ist, so kommt es zu einem Wachstumsprozess oder einer metabolischen Änderung in einer oder beiden dieser Zellen, und zwar in der Form, dass die Effizienz der Zelle A als eines der Neuronen, die B erregen, erhöht wird" (Hebb, 1949, 62).

Die neurobiologische Grundlage für Lernen liegt also in einer Änderung der synaptischen Übertragung, die sowohl die Effizienz der synaptischen Reizleitung als auch das Wachstum der dendritischen Dornen betrifft („it is now generally believed that learning is caused by intense activity of a synapse and that leads on to an increase in potency of the synaptic action ... it is now known to be due to their increased effectiveness as well as to growth, and there could also be an increase in synaptic number". Eccles, 1992, 8).

Der Cortex mit seinen Furchen (Fissuren und Sulci) und Windungen (Gyri) gliedert sich in vier größere Lappen (frontal, temporal, parietal, okzipital), die zusammen jeweils eine Hemisphäre bilden (Abb. 3.3). Beide Hemisphären sind durch das Corpus Callosum verbunden, einen aus etwa 200 Millionen Fasern bestehenden Verbindungsstrang, der eine Übertragungskapazität von vier Milliarden Impulsen pro Sekunde hat. In ihm kreuzen sich die neuronalen Verbindungen. Denn das Gehirn ist ein kontralateral verschaltetes System, bei dem sich die Sinnesreize einer Körperseite auf der anderen corticalen Seite abbilden, wobei allerdings auch immer gewährleistet ist, dass Informationen ebenfalls ipsilateral, also auf die gleiche Seite übertragen werden.

Schon zu Beginn des 19. Jahrhunderts haben Phrenologen aufgrund von Beobachtungen bei Hirnschädigungen eine Topographie der im Cortex repräsentierten Fähigkeiten zu erstellen versucht (Abb. 3.4). Heute wissen wir sehr detailliert über die Projektion menschlicher Fähigkeiten im Gehirn Bescheid. Vielleicht am bekanntesten geworden ist der von Penfield und Rasmussen publizierte Homunculus,

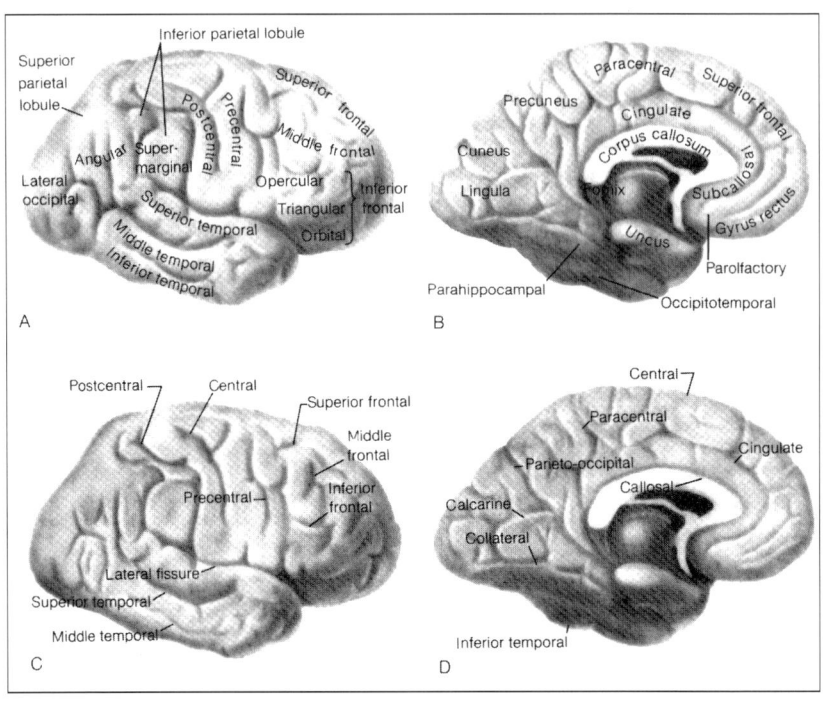

Abb. 3.3: Laterale und mediale Darstellung der Windungen (Gyri, A und B) und der Furchen (Sulci, C und D). (aus: Kolb und Whishaw, 1996, 44)

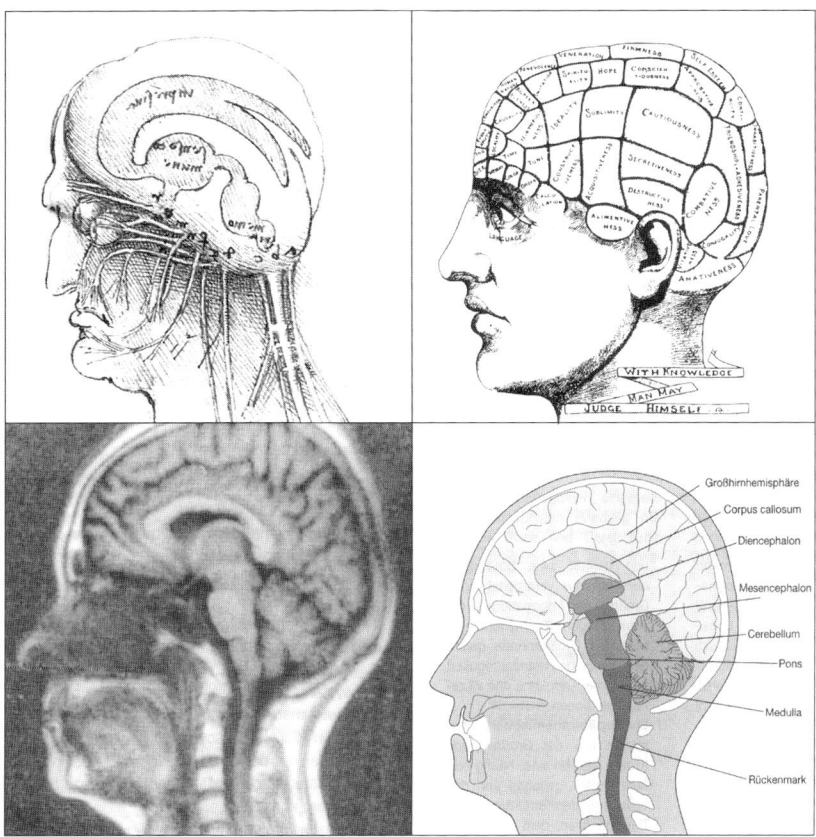

Abb. 3.4: Historische Entwicklung der Phrenologie. v.l.n.r. Leonardo da Vinci (1452 – 1519): Anatomische Zeichnung (© Kunstsammlung zu Weimar, Graph. Sammlung); Johann Caspar Spurzheim (1776 – 1832): phrenologische Darstellung der Lokalisation einzelner Fähigkeiten (1825); Lehrbuchdarstellung eines Schnitts durch den Schädel längs der Mittellinie; Kernspintomographie eines lebenden Gehirns, aus: Kandel, Schwartz, Jessell (Hrsg.): Neurowissenschaften, S. 8 und 9; © Spektrum Akad. Verlag, Heidelberg 1995

der die Projektion der sensorischen und motorischen Felder im motorischen Cortex mit einem proportional zu den Repräsentationsfeldern dargestellten disproportionierten menschlichen Körper zeigt. (Abb. 3.5). Die eigentliche Bedeutung dieser Darstellung liegt darin, dass es „Karten" im Cortex gibt, „auf denen Eingangssignale (hier: Tastempfindungen) nach Ähnlichkeit, Häufigkeit und Wichtigkeit (Relevanz) repräsentiert sind" (Spitzer, 1996, 116).

Auch für das Hören sind tonotope Karten bekannt, auf denen die einzelnen Frequenzen wie auf einer „Frequenzkarte" (Spitzer) räumlich angeordnet sind. Aber wie bei der visuellen Wahrnehmung das Netzhautbild der Außenwelt zerlegt und an verschiedenen Stellen des Cortex parallel ausgewertet wird, so gilt das auch für die Wahrnehmung komplexer musikalischer Gestalten, deren diverse Eigenschaften und Strukturmerkmale, Gefühlswirkungen und semantische Vorstellungen parallel an ganz verschiedenen Stellen verarbeitet werden und zu einem vernetzten System corticaler Aktivierungen führen. Dabei sind bestimmte Areale auf bestimmte Verarbeitungsmodi spezialisiert, aber die bis ins hohe Alter reichende neuronale Plastizität des Gehirns erlaubt es, immer wieder Umorganisationen und Grenzverschiebungen gemäß den bestehenden Reizanforderungen zu vollziehen. Dies geschieht in sich selbst organisierenden Prozessen, die von den jeweiligen Anforderungen an die neuronale Reizverarbeitung abhängen. Die synaptischen Verbindungen bauen sich erst im frühen Kindesalter auf und nehmen bei entsprechend anregenden Umweltbedingungen dramatisch zu (Abb. 3.6), können sich aber bis ins Alter noch erweitern und immer wieder verändern.

In einem Tierversuch konnten Gerd Kempermann et al. (1997) zeigen, dass Mäuse, die in einer stimulierenden, mit Reizen angereicherten Umwelt aufwachsen, eine größere granuläre Zellschicht und eine um etwa 15% höhere Anzahl von Nervenzellen im Hippocampus (dentate gyrus) aufweisen als eine Vergleichsgruppe von Mäusen in einer reizarmen Umwelt. Dabei wurden die Mäuse über einen Beobachtungszeitraum von 4 Wochen einmal in einem Käfig gehalten, in dem sich außer der Futterstelle noch ein Nest, ein Laufrad, verschiedene „Spielsachen" und ein Lauftunnel befanden, während die Kontrollmäuse in einem Standardkäfig mit Futterstelle ohne weitere Gegenstände aufwuchsen. Die dabei zutage tretende unterschiedliche Entwicklung unterstreicht die enorme Bedeutung, die der frühen Entwicklung im neuronalen Aufbau zukommt, weil die Bildung corticaler neuronaler Strukturen nicht allein einem genetischen Programm folgt,

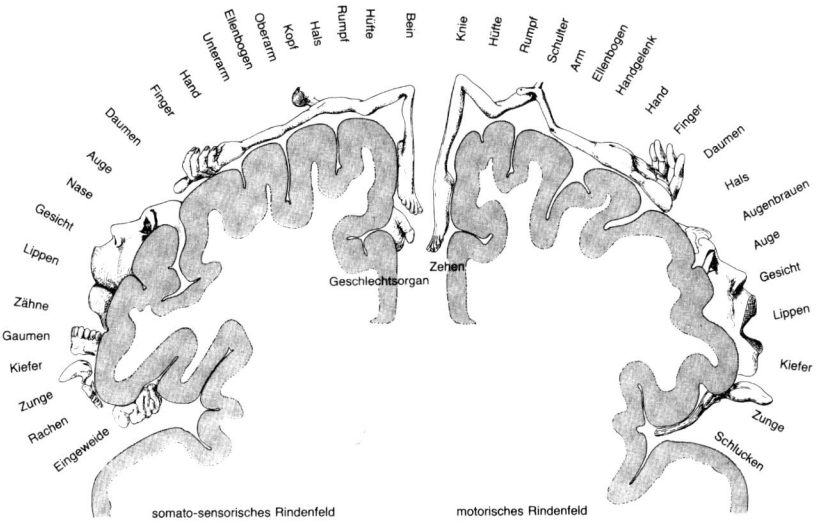

Abb. 3.5: Homunculus des somato-sensorischen (links) und motorischen (rechts) Rindenfelds. Die Größenverhältnisse spiegeln die Proportionen in der Repräsentation der Körperteile (aus: Gehirn und Bewußtsein, 1994, 175)

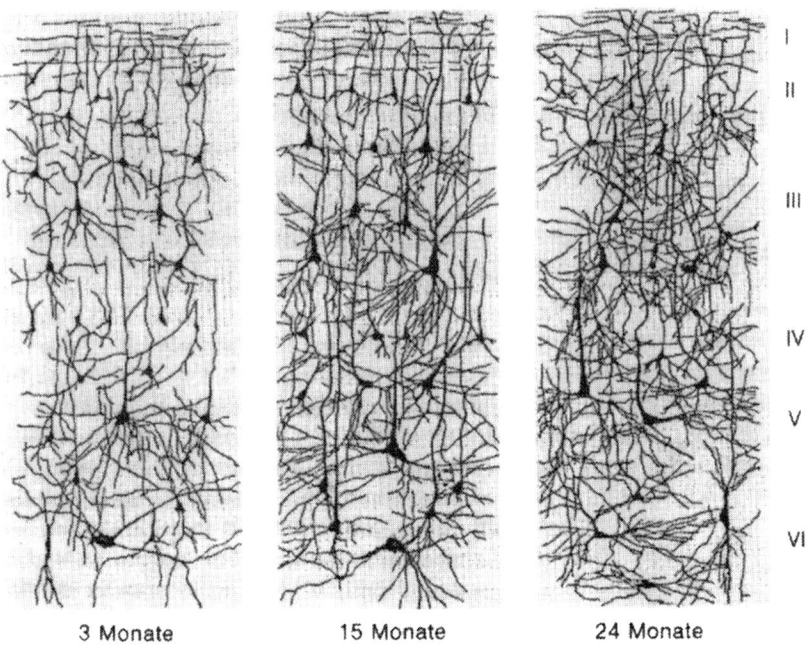

Abb. 3.6: Entwicklung der neuronalen Vernetzung im ersten Lebensjahr
(aus: Birbaumer & Schmidt, 1996, 576)

sondern wesentlich auch der Stimulation durch Außenreize bedarf, damit sich neuronale Verbindungen aufbauen und entwickeln können.

Neuronale Plastizität

Wir haben Lernen als den Prozess des Aufbaus von Repräsentationen in neuronalen Netzen beschrieben. Dieser Auf- und Ausbau vollzieht sich in fortwährenden Anpassungsprozessen, mit denen das Gehirn auf die jeweiligen Anforderungen der Umwelt antwortet. Aus neurobiologischer Sicht kann man Lernen daher als einen Vorgang beschreiben, der zu strukturellen und funktionalen Änderungen im Gehirn führt. Diese flexible Anpassungsfähigkeit ist die Grundlage dafür, dass wir überhaupt lernen können.

Die Hirnforschung hat gezeigt, dass die Ausbildung der funktionellen Architektur der Großhirnrinde von den Sinnessignalen und eigenen Erfahrungen abhängt. Alles, was auf die Sinnesorgane einwirkt, beeinflusst die Entwicklung des Gehirns. Genetisch vorgegeben ist gewissermaßen nur das Programm, das die Funktionen des Nervensystems regelt. Die komplexe Architektur des Gehirns verdankt sich in erster Linie evolutionären Selektions- und Anpassungsprozessen (Singer, 2002). Die Ausreifung der differenzierten Strukturen ist dann erfahrungs- und aktivitätsanhängig. „Das Gehirn muss also zur Optimierung seines Repertoires außergenetische Informationen gewinnen, die Umwelt, in die hinein es sich entwickelt, also hinreichend differenziert sein" (Singer, 2002, 119). In der neueren Hirnforschung gilt dabei als gesichert, dass die Struktur neuronaler Verbindungen zeitlebens modifizierbar bleibt. Dieser hohe Grad an neuronaler Plastizität ermöglicht ein Lernen bis ins Alter, setzt aber auch eine abwechslungsreiche Reizumgebung voraus, damit solche Anpassungsprozesse überhaupt in Gang kommen können.

In der neurobiologischen Forschung sind zunehmend Musiker als ideale Gruppe zur Demonstration von neuronaler Plastizität insbesondere im auditorischen und somato-sensorischen (motorischen) Cortex angesehen worden, und dies aus verschiedenen Gründen: zum einen handelt es sich bei Musik um eine hochkomplexe Reizstruktur, die gleichermaßen komplexe Verarbeitungsstrukturen erfordert, an denen unterschiedliche Areale beteiligt sind; zum anderen handelt es sich bei Musikern um eine Personengruppe, die in der Regel sehr früh mit einem ganz spezifischen instrumentalen Training beginnt und dies über viele Jahre intensiv fortsetzt, und schließlich handelt es sich bei dem motorischen Training um unabhängige bimanuale Tätigkeiten, an denen sich plastische Veränderungen in den Repräsentationsarealen umso deutlicher darstellen lassen.

In einem aufschlussreichen Versuch haben dies Alvaro Pascual-Leone und Mitarbeiter (1995) nachweisen können. Sie konnten zeigen, wie sich die Areale, die die Beuge- und Streckmuskeln der Finger im motorischen Cortex repräsentieren, durch Üben plastisch veränderten. Eine Probandengruppe lernte dabei auf dem Klavier eine Fünf-Finger-Übung, die sie täglich zwei Stunden während einer Dauer von fünf Tagen übte, während eine Kontrollgruppe gar nicht übte und eine andere Kontrollgruppe während der gleichen Dauer frei auf dem Klavier spielen konnte, was sie wollte, also keine spezifische Übung lernte. Eine Messung zeigte nach fünf Tagen bei der Versuchsgruppe eine deutliche Vergrößerung der corticalen Areale der Fingerregion gegenüber der untrainierten Hand. In einem zweiten Experiment wurden zwei Gruppen verglichen, die einmal am Instrument übten, im anderen Fall nur mental trainierten, also die vorgesehene Übung nur in ihrer Vorstellung ausführten. Erstaunlicherweise führte auch ausschließlich mentales Training zu den gleichen plastischen Veränderungen der motorischen Repräsentation wie die physische Fingerübung (Abb. 3.7). Die gedankliche Stimulation scheint also zu den gleichen neuronalen Erregungen im motorischen Cortex zu führen wie das praktische Üben und somit auszureichen, eine Veränderung der entsprechenden Repräsentation herbeizuführen. Entsprechende Resultate haben auch Untersuchungen zur Repräsentation der Spielfinger der linken Hand bei Streichern ergeben, deren corticale Repräsentation der linken Hand größer ist als bei Kontrollgruppen (Elbert et al., 1995; Abb. 3.7-2).

Eine Forschergruppe um Gottfried Schlaug konnte zeigen (Schlaug et al., 1995), dass bei Musikern, die vor ihrem siebenten Lebensjahr mit dem Instrumentalunterricht begonnen hatten, die vordere Hälfte des Balkens *(corpus callosum)*, d.h. der Faserstruktur, die die beiden Hemisphären verbindet, signifikant dicker war als bei der Kontrollgruppe von Nicht-Musikern. Diese strukturelle Veränderung infolge langjähriger Übung führt zu einer verbesserten interhemisphärischen Vernetzung, die einen erhöhten Informationsaustausch ermöglicht.

Neuere Untersuchungen haben ergeben, dass sich auch im Kleinhirn (Cerebellum), das die Programme motorischer Abläufe und deren Koordination steuert, plastische Veränderungen bei Musikern einstellen. Hutchinson und Mitarbeiter (2003) fanden einen signifikanten Un-

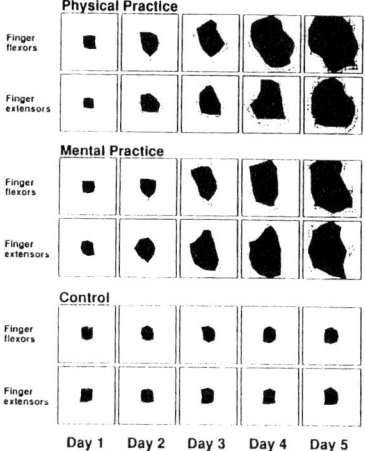

Abb. 3.7-1: Plastische Veränderung der Areale im motorischen Cortex nach physischem und mentalem Training (nach: Pascual-Leone, 1995, 1041)

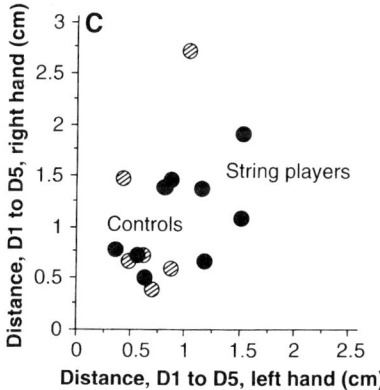

Abb. 3.7-2: Die Untersuchung von Streichern (schwarze Kreise) und Kontroll-Personen (schraffierte Kreise) zeigt eine viel deutlichere lokale Trennung der im motorischen Areal repräsentierten Finger der linken (x-Achse) gegenüber der rechten Hand (y-Achse), was auf eine größere Unabhängigkeit der Bewegung zurückzuführen ist. Die Mehrzahl der Kontrollpersonen zeigt eine größere Distanz zwischen den Fingern der rechten Hand, während die Streicher mehrheitlich fast gleich große Distanzen zwischen den Fingern der rechten und linken Hand zeigen (Elbert et al., 1995, 305).

terschied im absoluten (bei Männern) und relativen Volumen (bei Frauen) des Cerebellum bei Musikern gegenüber Nicht-Musikern, was sie auf das lebenslange intensive Bewegungstraining zurückführen.

So scheint es als Folge der plastischen Adaptation des Gehirns an die Umweltbedingungen ganz plausibel, dass Musiker eine größere corticale Repräsentation für Skalentöne als für Töne in reiner Stimmung bilden; ebenso sind die Timbres des eigenen Instruments besser repräsentiert als die anderer Instrumente (Pantev et al., 2003), dass also musikalische Phänomene, die in der jeweiligen Alltagswelt häufiger vertreten sind, auch besser repräsentiert werden. Derartige Ergebnisse der Hirnforschung machen uns deutlich, wie äußere Reize und praktische Erfahrungen unmittelbar auf die Struktur des Gehirn einwirken und in entsprechenden Repräsentationen abgebildet werden.

Die Fähigkeit zur plastischen Veränderung oder Rückgewinnung corticaler Areale und sogar zur Neubildung neuronaler Verbindungen wird heute genutzt, um ertaubte Patienten (am erfolgversprechendsten sind Kinder zu behandeln) die Gelegenheit zur Wiedererlangung ihres Gehörs zu geben. Dabei wird ein künstliches Innenohr (Cochlea Implantat) eingesetzt, bei dem Schall (Töne, Geräusche, Sprache) über ein Mikrophon außerhalb des Körpers aufgenommen und an Elektroden im Innenohr weitergegeben wird, die bestimmte Frequenzbänder und Vokalformantspektren verstärken und die Haarzellen in der Cochlea stimulieren. Patienten mit einem solchen Cochlea Implantat müssen dann neu hören lernen, indem die rudimentär vorhandenen, aber verkümmerten Nervenverbindungen von der Cochlea zu den corticalen auditorischen Arealen erweitert und verstärkt werden. Dabei müssen die rumpelnden und scheppernden Geräusche, über die die frisch operierten Patienten zuerst klagen, allmählich zu bedeutungsvollen Phonemen umgedeutet, d.h. als Wörter und Begriffe verstanden werden. Dabei berichten ältere Patienten, die früher hören konnten und aufgrund eines Unfalls oder einer sonstigen Erkrankung ertaubten, die sich also noch an Sprache erinnern können, von den gleichen verzerrten Erscheinungen, die sich aber nach gewisser Zeit verlieren, sei es, dass die ungenutzten auditorischen Areale wieder zurückerobert werden können und der Reorganisation der sprachlichen Gedächtnisinhalte (s. Kap. 6) zur Verfügung stehen, sei es, dass durch den Lernprozess die neuen Schallbilder sich mit den alten Bedeutungen verbinden und die dabei auftretenden Störgeräusche psychisch unterdrückt („vergessen") werden. Da es bei Patienten mit Cochlea Implantaten um Rehabilitationsprozesse geht, durch die die neuronalen Strukturen erst wieder aufgebaut werden müssen, sind die Erfolgsaussichten bei zwei- bis dreijährigen Kindern derzeit am größten. Inwieweit gezieltes Hörtraining mit musikalisch rhythmischen Strukturen dazu verhilft, die Sprechfähigkeit und auch das Sprachverständnis zu verbessern, werden weitere Studien zeigen müssen. Die Vermutung liegt nahe, dass sich die sequentielle Struktur musikalischer Rhythmen günstig auf den Erwerb sequentieller *patterns* der Sprache und des Sprechens auswirken, zumal wir heute aus der Epilepsie-Forschung durch elektrische Stimulation des Gehirns während der Operation wissen, dass die linkslaterale Sprachrepräsentation auch am Hören von Klangsequenzen beteiligt ist. Es handelt sich dabei um Bereiche des Frontallappens neben dem Brocaschen Areal und um Teile des Temporallappens auf beiden Seiten des primären auditorischen Cortex, die zugleich an oralfacialen Bewegungen, d.h. an der Produktion lautpantomimischer Ausdrucksformen beteiligt sind (Ojemann, 1983; Calvin, 1996).

Der Einfluss des Lernens auf die neuronale Repräsentation

Wenn Lernen, wie wir es hier definiert haben, sich in den neuronalen Bahnen durch Aufbau und Änderung von Repräsentationen vollzieht, dann müssen sich Lernprozesse auch als Änderung der neuronalen Aktivierungsmuster darstellen lassen.

Formen musikalischer Vorstellung

Hinsichtlich der Form des Wissensrepräsentation kann man zwischen einem expliziten (deklarativen) Wissen *über* verschiedene Sachverhalte und einem prozedural vermittelten Können unterscheiden, das auch als Handlungswissen bezeichnet wird. Bezieht sich prozedurales Wissen hauptsächlich auf motorische Fertigkeiten und einfache Wahrnehmungsleistungen, werden beim deklarativen Wissen musikalische Sachverhalte sprachlich codiert und als Begriff im Gedächtnis gespeichert. Wir müssen daher begriffliches Wissen *über* Musik vom prozedural erworbenen Handlungswissen unterscheiden, das sich im Vollzug *von* Musik niederschlägt (*knowing that* versus *knowing how*).

Beim musikalischen Lernen geht es um die Bildung *genuin musikalischer* Repräsentationen. In Anlehnung an die Untersuchungen von

Jeanne Bamberger (1991) und an Jean Piagets Entwicklungspsychologie (1947) kann man zwei Typen musikalischer Vorstellung unterscheiden, die im übertragenen Sinne bei Bamberger ebenfalls Repräsentationen genannt werden, obwohl sie nicht mit neuronalen Repräsentationen gleichgesetzt werden dürfen, sondern eher einen psychologischen und lerntheoretisch bestimmten Terminus darstellen.[1] So beschreibt Bamberger (1982) bestimmte Typen der musikalischen Vorstellung als „figural" und „metrisch", je nachdem auf welche musikalische Eigenschaft die Aufmerksam gerichtet ist: auf die gestalthafte Figur (figural) oder auf die metrisch zählende Abfolge einzelner Ereignisse (metrisch). Später hat Bamberger (1991) stärker den entwicklungspsychologischen Prozess im Blick gehabt und dann den „figuralen" Vorstellungstyp als Vorläufer für die nach einem Übergangsstadium erreichten „formalen" Vorstellung verstanden.[2]

Figural ist danach eine Vorstellung, bei der ein musikalischer Sachverhalt als konkrete Handlungsfolge vorgestellt wird und aus körperlich vollzogenen Aktionen *(figures)* besteht: eine Akkordfolge wird dann als instrumentaler Griff, ein Rhythmus als Bewegungsfigur vorgestellt. Da Musik eine zeitgebundene Gestalt hat, also in der Zeit verläuft, ist auch die figurale Vorstellung an die Abfolge in der Zeit gebunden. Kinder sprechen in diesem Stadium über Musik als einer Folge nacheinander eintretender Ereignisse „und dann ... und dann ... und dann...". Durch beständige Übung und Wiederholung werden die körperlichen Muster allmählich automatisiert, bis sie in eine andere Qualität übergehen: ein musikalischer Klang (z.B. ein Moll-Sextakkord), eine Struktur (z.B. die Kadenz), ein melodischer Vorgang (z.B. eine musikalische Periode) können dann als Klang unabhängig

---

[1] Um eine Vermischung mit dem neurowissenschaftlichen Begriff der mentalen Repräsentation zu vermeiden, wird in diesem Zusammenhang von Vorstellungen gesprochen.

[2] Jeanne Bamberger unterscheidet nach der Art der graphischen Darstellung einfacher Rhythmen bei Kindern zwei Formen, die sie je nach der bevorzugten Beachtung der motivischen Gruppierung *(grouping structure)* oder der metrischen Abfolge der Impulse ursprünglich als „figural" und „metrisch" nennt (Bamberger, 1982). Da Kinder ihrer höchsten metrischen Kategorie bereits Ansätze eines formalen Symbolsystems zeigen, nennt sie später (Bamberger, 1991) den metrischen Typus „formal". Damit entfernt sich Bamberger von dem ursprünglichen Kriterium der Art der formalen Gliederung einer Gestalt in der Vorstellung und verallgemeinert ihre Typologie zu einer generellen Unterscheidung zweier Repräsentationsformen.

von der realen inneren Reproduktion als Struktur (formale Operation) gedacht werden. Bei figuraler Vorstellung wird ein Moll-Sextakkord als Griff gedacht und werden die einzelnen Töne als Fingerbewegung oder dem theoretischen Wissen folgend nacheinander konstruiert; bei einer bereits erreichten formalen Vorstellung ist der Moll-Sextakkord jedoch als Klang in der Vorstellung vorhanden und kann spontan abgerufen werden, ohne dass notwendigerweise ein deklaratives Wissen um die einzelnen Intervalle vorliegen muss.

Die formale musikalische Vorstellung entspricht somit auf der lernpsychologischen Stufe der Fähigkeit zu formalen Operationen (Piaget), weshalb sie auch als „formale" Vorstellung bezeichnet wird. Die Melodie eines Musikstückes kann dann unabhängig von ihrer realen Dauer und losgelöst von den originalen Instrumentalklang als abstrakte Struktur gedacht werden. Der zeitliche Ablauf wird zu einer komplexen Einheit, die quasi simultan vorgestellt werden kann, so wie in der Draufsicht auf ein Gebäue dieses vollständig erscheint und betrachtet werden kann, ohne dass der Beobachter dieses von Raum zu Raum durchschreiten muss. Bei einer ausgebildeten formalen Vorstellung wird es daher möglich, die Teile einer Melodie hinsichtlich ihrer Ähnlichkeit zu vergleichen und Aussagen über das Verhältnis von Tonhöhen und Rhythmen in verschiedenen Teilen zu machen (z.B. Anfangs- und Schlusston miteinander zu vergleichen und anzugeben, welcher höher ist). Bei figuraler, d.h. an den Zeitverlauf gebundener Vorstellung müsste man die Melodie dazu innerlich noch einmal durchsingen.

Wie Jeanne Bamberger an dem musikalischen Verhalten des Schülers Jeff, der mit Montessori-Glocken eine Melodie darstellen sollte, gezeigt hat (Bamberger, 1991), vollzieht sich die Umkodierung von der figuralen in eine formale Vorstellung nach einer längeren Übergangsphase zum Teil selbstreguliert, aber auch als Folge bestimmter äußerer Interventionen.[3] Man könnte Lernen somit kognitionspsycho-

---

[3] Jeff soll mit Montessori-Glocken eine einfache Liedmelodie bilden. Er verwendet zunächst für jeden neuen Ton eine neue Glocke, die er in der Reihenfolge aufstellt, wie die Töne nacheinander in der Melodie auftreten. Erst nach einem längeren, durchaus mühevollen Prozess entdeckt er schließlich, dass er die Melodie auch auf den Glocken spielen kann, wenn diese in Tonleiteraufstellung angeordnet sind. Diese Aufstellung erlaubt zugleich eine Reduzierung der Anzahl der Glocken (es sind nicht mehr für alle Töne neue Glocken notwendig). Ebenso erleichtert deren geordnete Struktur das Auffinden der

logisch auch als den Vorgang der Umkodierung einer figuralen in eine formale Form der Vorstellung bestimmen. Lernen bildet damit die Grundlage für alle weiteren Kognitionen. Musikalisches Verstehen als Ergebnis solcher Kognitionsleistungen beruht dann auf der Aktivierung der durch Lernen gebildeten Repräsentationen.

Darstellungsmöglichkeiten der Großhirnfunktionen

Neue bildgebende Verfahren haben seit den frühen 70er Jahren große Fortschritte in der Darstellungsmöglichkeit neuronaler Prozesse gebracht. Am spektakulärsten sind die eindrucksvollen Bilder der Positronenemissionstomographie (PET). Dabei werden Positronen in Form von Glukose, die mit einem schnell zerfallenden Radioisotop markiert ist, in die Blutbahn injiziert, die so ins Gehirn gelangen. Da aktive Zellen mehr Energie benötigen und diese Energie der Glucose entnehmen, steigt in aktiven Zellen der Anteil radioaktiver Emission, die im Computer gemessen, verrechnet und in ein Farbbild umgesetzt werden kann, das dann auf den jeweiligen Hirnschnitt projiziert wird. Der Vorteil des sogenannten *PET scanning* besteht in der sehr feinen räumlichen Auflösung; ein Nachteil ist die relativ schlechte zeitliche Auflösung mit einer Verzögerung von 30 - 90 Sekunden. Auch bietet die Möglichkeit, in die tieferen Schichten des aktiven Gehirns vorzudringen, große Vorzüge. Allerdings ist der Einsatz der Positronenemissionstomographie wegen der radioaktiven Belastung nur begrenzt zulässig und insbesondere nicht für Wiederholungsmessungen geeignet.

Ein weiteres bildgebendes Verfahren stellt die funktionelle Kernspintomographie *(functional Magnetic Resonance Imaging,* fMRI*)* dar, die darauf beruht, dass sauerstoffbeladenes Eisen des roten Blutfarbstoffes ein anderes magnetisches Verhalten zeigt als Eisen, an das kein

---

jeweils benötigten Glocke. Um die Melodie auch mit dieser Aufstellung spielen zu können, muss sich aber seine Vorstellung von der Melodie selber verändert haben: er ist nicht mehr an dem Weg entlang der Glocken orientiert, sondern kann nun seine innere Melodievorstellung auf die regelhafte Aufstellung der Glocken projizieren. Es hat also eine Umstrukturierung der inneren Vorstellung stattgefunden, die Bamberger als Übergang von „figuraler" zu „formaler" Repräsentation beschreibt (Bamberger, 1991, 177–247). Vgl. Kap. 5, S. 115ff.

Sauerstoff gebunden ist. Da jede Hirnaktivität Energie verbraucht, die aus dem Sauerstoff des Blutfarbstoffs gezogen wird, kann der relative Anteil des sauerstoffhaltigen Eisens Auskunft über den Stoffwechsel in den Nervenzellen geben. Auf diese Weise lassen sich sehr präzise und scharfe Bilder aktivierter Hirnbereiche mit einer Auflösung von ein bis zwei mm gewinnen. Allerdings beeinträchtigen die lauten Klopfgeräusche der Magnete den Einsatz des fMRI für die Beobachtung und Messung bei der Musikwahrnehmung.

Zur Messung der Hirnaktivierung kann ferner als nicht-invasives Verfahren die Elektro-Enzephalographie (EEG) bzw. Magnet-Enzephalographie (MEG) eingesetzt werden. Wird eine Hirnrindenregion aktiviert, so entsteht in der überwiegend aus Nervenzellfortsätzen (Dendriten) gebildeten oberflächlichen Hirnrindenschicht ein elektrisch geladenes negatives Spannungsfeld, das mit Elektroden und Spezialverstärkern von der Schädeloberfläche abgeleitet werden kann. Die Ableitung der Hirnströme erlaubt auch eine vertretbare räumliche Auflösung und ist geeignet, weitverzweigte corticale Aktivierungsmuster zu erfassen. Zur Verbesserung des Signal/Rausch-Verhältnisses wird ein Mittelungsverfahren durchgeführt, bei dem die Hirnaktivität während mehrerer gleichartiger Aufgaben gemittelt wird. Auf diese Weise treten die Aktivierungsmuster, die bei der Lösung der Höraufgabe entstehen, deutlich hervor, während Zufallsschwankungen der Hirnstromtätigkeit sich gegenseitig aufheben.

Der Vorteil dieser Verfahren liegt darin, dass es beliebig oft wiederholt werden kann und eine sehr gute zeitliche Auflösung gewährleistet, während eine schlechtere räumliche Auflösung in Kauf genommen werden muss. Insbesondere die negativen DC-EEG Potentiale können den langsamen Anstieg der Aktivierung in den Neuronenfeldern unter den auf der Kopfhaut liegenden Elektroden präzise aufzeichnen. Die im Millisekundenabstand messbaren Daten können dann bildlich umgesetzt werden, so dass den jeweiligen Messwerten (μV) unterschiedliche zugeordnet werden, die ein anschauliches Bild vom Grad der Aktivierung in den jeweiligen Arealen des Cortex über die Zeit liefern (Abb. 3.8).

Mit diesen Technologien wurde es möglich, Veränderungen der corticalen Aktivität unmittelbar vor, während oder nach Lernvorgängen zu messen, also gewissermaßen dem Gehirn beim Lernen zuzuschauen. In unserem Zusammenhang rückt damit die Frage in den Vordergrund, in welcher Weise und in welchem Umfang unterschiedliche Lernformen die Aktivierung neuronaler Netze beeinflussen und

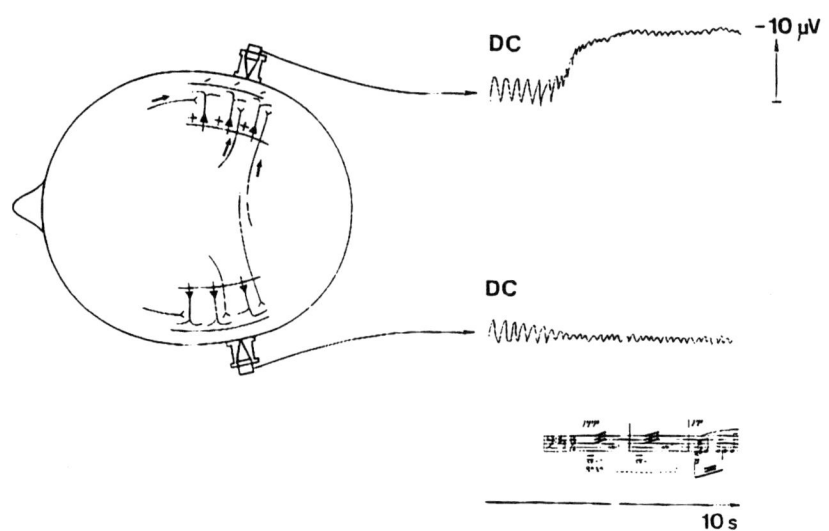

Abb. 3.8: Schematische Darstellung einer EEG Ableitung (© Altenmüller)

ob sich für figurale und formale Repräsentationsbildungen bestimmte neuronale Korrelate finden lassen.

Erste Untersuchungen zum Musiklernen

In einem frühen Experiment hörten Schüler 60 zweiteilige Melodien und sollten danach einschätzen, ob die beiden Hälften abgerundet und ausgewogen klingen. Bei den Hörbeispielen handelte es sich um 30 regelmäßige 8-taktige Perioden und 30 Beispiele mit einer Verkürzung oder Verlängerung des Nachsatzes (Notenbsp. 3.1). Die Versuchsteilnehmer wurden in zwei Lerngruppen mit unterschiedlicher Lernstrategie (L1 = deklarativ; L2 = prozedural) und eine Kontrollgruppe ohne musikalisches Training (NL) eingeteilt. Vor und nach einer 4-wöchigen Trainingsphase wurden EEG Ableitungen vorgenommen.

Notenbsp. 3.1:   Beispiel einer korrekten (ausgewogenen) und einer inkorrekten (unausgewogenen) Periode

In der Hörphase (Ph 1) zeigte die Gruppe NL fast durchweg eine Abnahme der Spannungswerte, was als Folge der Adaptation an die Versuchssituation zu erwarten war. Demgegenüber gab es bei der verbal lernenden Gruppe (L1) Zuwächse fast nur in der linken Hemisphäre, während die Gruppe L2, die durch eine prozedurale Strategie eine mentale musikalische Repräsentation aufbauen sollte, Zuwächse in fast allen Elektrodenpositionen mit Gipfelwerten im rechten frontalen und rechten parietalen Bereich aufwies. Verstärkt trat diese Tendenz noch in der Verarbeitungsphase (Ph 2) zutage. Dabei nahm der Zuwachs der Aktivierung in den beiden Lern-Gruppen noch zu, und zwar so, dass bei L1 die linke Hemisphäre stärker beteiligt war, während bei L2 maximale Zuwächse im Bereich des rechten Frontalbereichs sowie im rechten Parietal-Lappen erreicht wurden.

Vergleicht man die Änderungen der Aktivierungspotentiale in der Anfangsphase (Ph 1) mit der Verarbeitungsphase (Ph 2), so wird deutlich, dass schon die Wahrnehmung der Gruppe L2 sich von der in der Gruppe L1 unterschied. Die Versuchspersonen in L2 zeigten bereits zu Beginn eine deutlich stärkere Aktivierung in beiden Hemisphären, wobei die stärkste Zunahme in der rechten Hemisphäre lag. Die vorgespielten Melodien wurden also schon zu Beginn der Wahrnehmung mit einer anderen Einstellung vom gesamten Cortex registriert und verarbeitet; sie trafen offenbar auf ein dichteres Netz mentaler Repräsentationen. In der Verarbeitungsphase war demgegenüber die Gruppe L1 dadurch ausgezeichnet, dass hier eine Zuschaltung der rechten Hemisphäre zur bestehenden Dominanz der linken Hemisphäre erfolgte, wobei aber insgesamt L2 wesentlich stärker rechts aktiviert als L1. Die Zuschaltung der rechten Hemisphäre weist darauf hin, dass auch bei den rein begrifflich analytisch vorgehenden Versuchspersonen bei der Beurteilung der Melodien eine komplexe, gestalthafte Reizverarbeitung hinzukommt, obgleich die analytisch sequentielle Verarbeitung überwog.

Damit konnte gezeigt werden, dass die jeweilige Lernweise Einfluss auf die mentale Repräsentation nimmt und sich auf die Art der Wahrnehmung und die Qualität der Verarbeitung auswirkt. *Begriffliches Lernen,* das zum Strukturwissen über Merkmale führt, verstärkt die Aktivität in den linkshemisphärischen Verarbeitungszentren, während *genuin musikalisches Lernen,* das musikalische Repräsentationen aufbaut und *so* zu einem Handlungswissen darüber führt, wie eine Periode klingt, beidseitige Repräsentationen verstärkt. Obwohl immer beide Hemisphären an der musikalischen Wahrnehmung und Verarbeitung beteiligt sind, scheinen musikalische Repräsentationen ein über den gesamten Cortex verteiltes Netz von Aktivierungen zu spannen, in denen multiple Repräsentationsformen miteinander verbunden werden.

Dieser Befund legt die Vermutung nahe, dass derart erworbene multiple Repräsentationen auch dauerhafter verankert sind. Bei der Wiederholung des Versuchs nach einem Jahr bestätigte sich tendenziell diese Vermutung, allerdings waren die Ergebnisse statistisch nicht signifikant. Vielmehr scheint sich darin eine Tendenz in Richtung auf eine verbesserte Langzeitwirkung der Lernleistung bei genuin musikalischem Lernen mit formaler Vorstellungsbildung anzudeuten (Abb. 3.9).

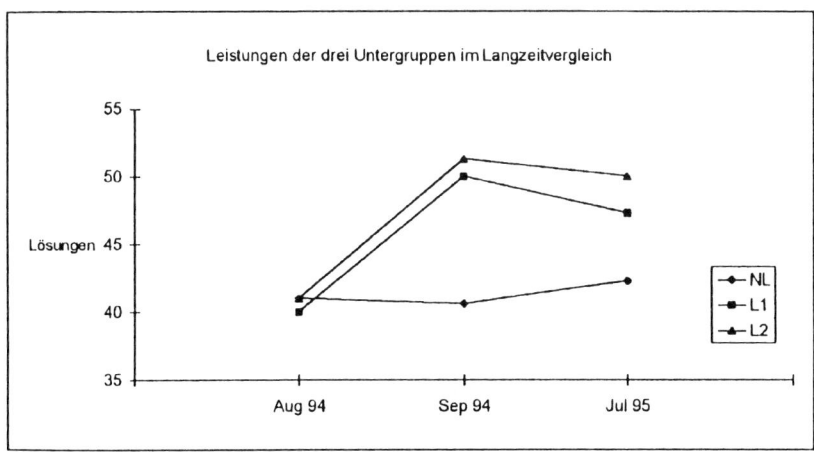

Abb. 3.9: Die Leistungsänderung der drei Gruppen im Langzeitvergleich gibt einen stärkeren Leistungsabfall bei der verbalen Lerngruppe (L1), während die musikalischen Lerner (L2) ihr Leistungsniveau annähernd halten können

In einer weiteren Studie wurde untersucht, inwiefern deklarative und prozedurale Strategien beim Langzeitlernen Änderungen in den corticalen Aktivierungsmustern hervorrufen (Altenmüller & Gruhn 1997c). Als Versuchspersonen beteiligten sich Schülerinnen und Schüler (N = 23; 15 w; 8 m) im Alter von 13 bis 14 Jahren. Alle verfügten über eine musikalische Vorbildung (Musikunterricht; Mitwirkung in Musikensembles) und hatten mindestens zwei Jahre Instrumentalunterricht erhalten. Ihre Aufgabe bestand darin, als neuen musikalischen Sachverhalt den Klang des dorischen Modus zu lernen, für den trotz musikalischer Vorbildung bisher noch keine musikalische Repräsentation entwickelt worden war. Methodisch wurde eine modifizierte *probe tone*-Technik angewandt, bei der die Versuchsteilnehmer beurteilen sollten, ob eine kurze Melodie zu einer einleitenden Kadenz passe, die jeweils eine bestimmte Tonalität (Dur, Moll, Dorisch) definierte (Notenbsp. 3.2). Entscheidend war dabei, inwieweit es den Teilnehmern nach der Trainingsphase gelang, zwischen den ähnlichen Klangqualitäten von Moll und Dorisch zu unterscheiden.

Die Schüler wurden wie beim ersten Versuch in zwei Lerngruppen (L1 und L2) und eine Kontrollgruppe (NL) eingeteilt. Die Gruppe der deklarativen Lerner (L1; N = 8) erhielt ausschließlich verbale Erklärungen zusammen mit visuellen Hilfen (Notation), die durch Klangbei-

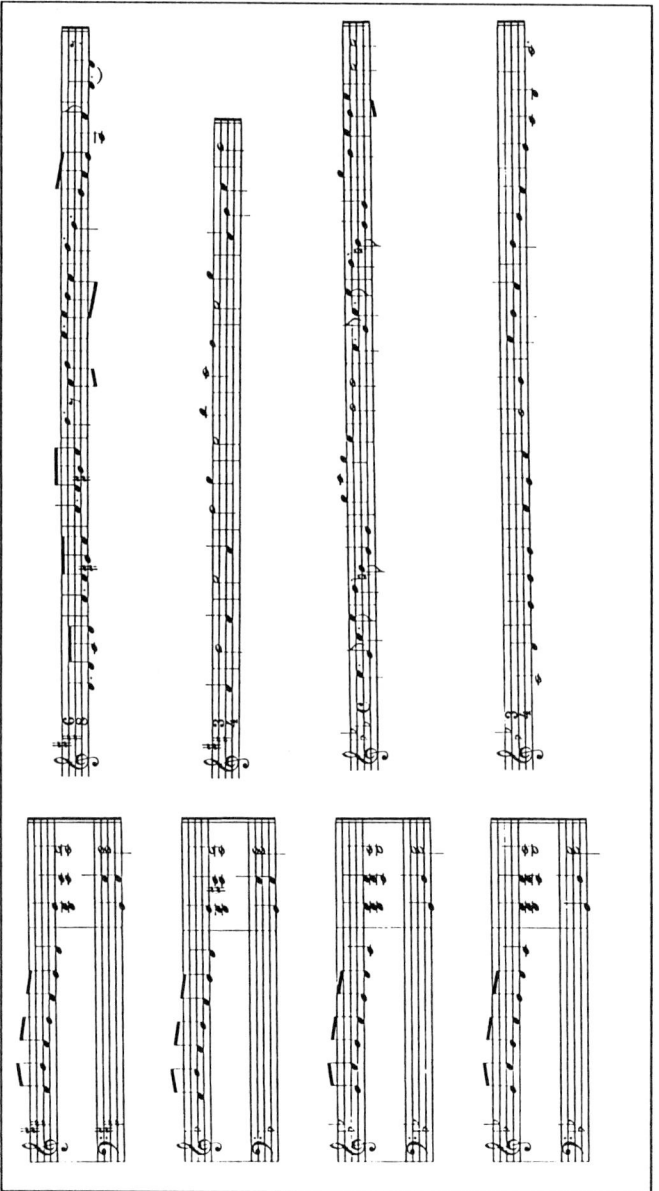

Notenbsp. 3.2: Testaufgaben zur Beurteilung der tonnalen Zusammengehörigkeit von Kadenz und Melodie. 1. Dur – Dur; 2. Moll – Dur; 3. Dorisch – Moll; 4. Dorisch – Dorisch

spiele ergänzt wurden. Bei der Gruppe der prozeduralen Lerner (L2; $N = 9$) wurde vollständig auf sprachliche und visuelle Informationen verzichtet; stattdessen wurden die unterschiedlichen Klangeigenschaften durch praktisches Musizieren (vokal, instrumental) und Improvisieren und unter Einbezug körperlich gestischer Bewegungen erarbeitet. Zur Messung der Hirnaktivitäten wurden negative DC-EEG Potentiale über 28 Elektroden vor (Pre-Test) und nach (Post-Test) abgeleitet. Die Trainingsphase erstreckte sich über 4 Monate und schloss Übungsmaterial zum täglichen Üben ein.

Die Gegenüberstellung der Gruppendaten in Abbildung 3.10 zeigt, dass ein Lernzuwachs stattgefunden hat, und zwar in beiden Gruppen mit den methodisch differenzierten Lernverfahren und am deutlichsten im kritischen Bereich der Unterscheidung der Klangcharakteristik von Moll und Dorisch. Während die Ergebnisse im Verhalten hinsichtlich der angewandten Lernverfahren nicht zu unterscheiden waren (beide Gruppen hatten signifikant hinzugelernt), ergaben die neuronalen Aktivierungsmuster beider Lerngruppen jedoch signifikante Unterschiede hinsichtlich der Verteilung der Aktivierung und die Aktivierungsstärke. Generell ist nach dem Lernen eine deutliche Verminderung der Aktivierungsstärke und eine Verkleinerung der aktivierten Areale zu beobachten. Alle Gruppen zeigen vor dem Lernen eine starke Aktivierung der Stirnhirn- und Schläfenregionen beider Hemisphären. Dies dürfte auf die Aktivierung von primären und sekundären auditorischen Arealen und von den im vorderen Schläfenlappen zu findenden auditorischen Assoziationsarealen zurückzuführen sein. Betrachtet man dagegen die beiden unterschiedlichen Lerngruppen, so ergibt sich ein differenzierteres Bild. In beiden Gruppen findet zwar eine Konzentrierung der Aktivierung von der bifrontalen zur rechtsfrontalen Seite statt, die jedoch bei der Gruppe der musikalischen Lerner (L2) sehr viel stärker in den temporalen Lappen hineinreicht. Wichtiger scheint jedoch der Unterschied in der Aktivierung im linken parieto-okzipitalen Bereich zu sein. Während die sprachlichen Lerner (L1) eine deutlich verminderte Aktivität nach dem verbalen (deklarativen) Lernen zeigen, ist bei den Lernern der anderen Gruppe (L2), die figurale musikalische Vorstellungen aufgebaut haben, eine starke Zunahme in diesem Bereich zu verzeichnen. Diese Gruppe ist ferner als einzige durch zwei weitere Charakteristika ausgezeichnet. Zum einen ist bei den Lernern aus der Gruppe 2 nach dem Unterricht eine deutliche Verringerung der Ausbreitung der aktiven Areale zu beobachten. Zum anderen resultiert daraus eine Konzentrierung auf viele kleine Are-

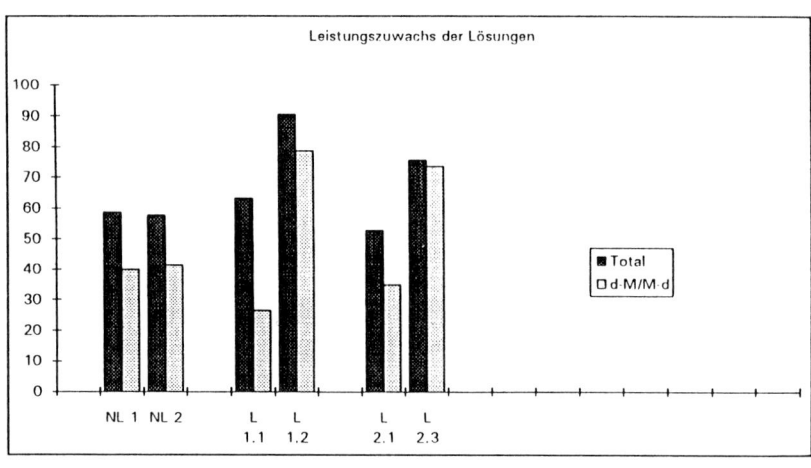

Abb. 3.10: Verhältnis der Leistungszunahme bei der Unterscheidung von Moll und Dorisch in zwei Lernergruppen (L1 und L2) und einer Kontrollgruppe (NL) zu zwei Zeitpunkten. Es zeigt sich, dass nur in L1 und L2 ein Zuwachs stattgefunden hat. Die linke Säule gibt jeweils die Gesamtzahl der richtigen Antworten an, die rechte Säule enthält nur die Paare, bei denen Moll und Dorisch zu unterscheiden waren.

ale, wodurch ein „masernartig" geflecktes Muster entsteht, welches das Aktivierungsmuster dieser Gruppe auszeichnet. Dies kann man als einen Effekt der weiter ausgedehnten neuronalen Netzwerke mit stärkerer assoziativer Vernetzung der aktiven Hirnbereiche erklären. Gleichzeitig macht dies deutlich, dass das repräsentierte musikalische Wissen, das nach dem Lernen aktiviert werden konnte, in einer anderen Form repräsentiert wurde – einer Form, die man als „formal" bezeichnen kann.

Aufschlussreich ist ferner ein Vergleich der Versuchspersonen aus der Gruppe der musikalischen Lerner (L2), die auf Grund ihres Lösungsverhaltens zeigten, dass sie erfolgreich gelernt hatten, Dorisch von Moll zu unterscheiden, mit denen, die dieses Verhalten noch nicht klar erkennen lassen. Die jeweiligen Aktivierungsmuster lassen auch hier spezifische Unterschiede erkennen. Gegenüber den tatsächlichen Lernern kennzeichnet sie eine linksfrontale Fokussierung und die fast vollständige Ausschaltung der hinteren (parietalen und okzipitalen) Rindenbereiche. Dies teilen sie interessanterweise mit den Lernern der Gruppe L1, unterscheidet sie aber deutlich von den übrigen Nicht-Lernern. Das bedeutet, dass durchaus Veränderungen in ihrer mentalen Repräsentation angebahnt sein müssen, die sie sowohl von den Nicht-Lernern wie von den sprachlichen Lernern unterscheiden. Die in Abb. 3.11 dargestellten Aufnahmen lassen erkennen, dass die Lerner insgesamt rechts fronto-temporal aktivieren, während die Nicht-Lerner ihr Aktivierungsmaximum links temporal haben. Einzig die prozeduralen Lerner (L2) weisen ein zweites Aktivierungszentrum im linken parieto-okzipitalen Bereich auf.

Als Ergänzung zu der Langzeitstudie hat Gundhild Liebert den Einfluss des Kurzzeitlernens auf die corticalen Aktivierungsmuster untersucht (Liebert, 2001). Die Versuchspersonen lernten mit prozeduralen und deklarativen Methoden in einer 30- bis 45-minütigen intensiven Trainingsphase verschiedene Typen von Dreiklängen (Dur, Moll, vermindert, übermäßig) zu unterscheiden. EEG-Ableitungen wurden in zwei Zeitfenstern während des Hörens der Aufgaben und der Verarbeitung vor der Entscheidung aufgezeichnet. Im Unterschied zum Langzeitlernen zeichnete sich das Kurzzeitlernen durch eine Zunahme der Aktivierung in ihrer Ausdehnung und Stärke aus, was auf eine unterschiedliche Art der Reorganisation der kortikalen Vernetzung schließen lässt. Demgegenüber nahm die Gesamtaktivierung in der Kontrollgruppe im Vergleich von erster und zweiter Messung ab, was wegen des Gewöhnungseffekts auch zu erwarten war. Aufschluss-

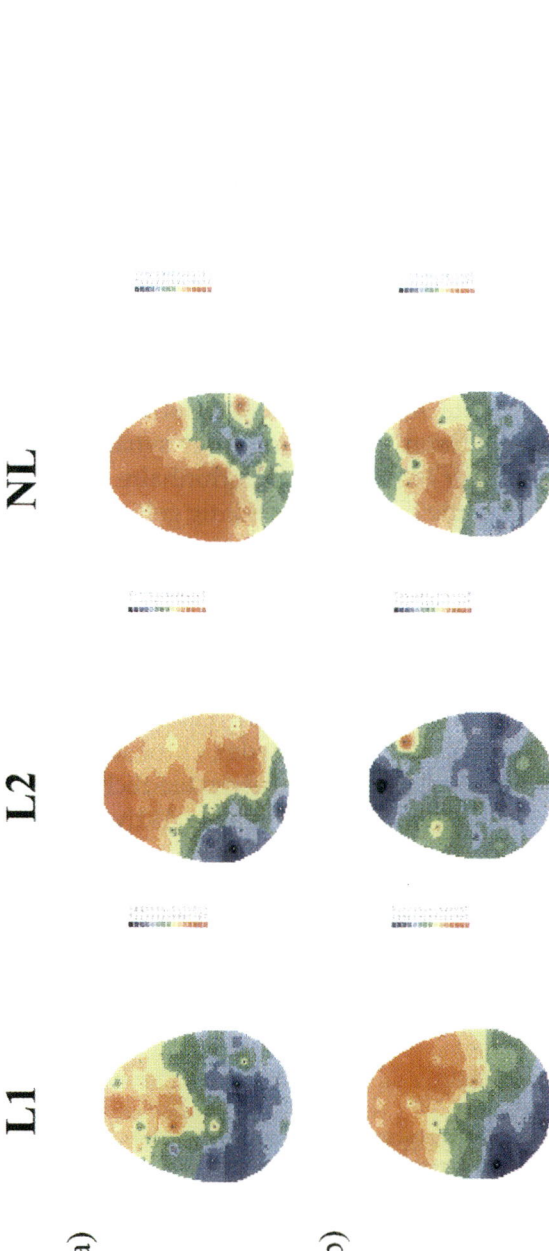

Abb.3.11: Übersicht über die corticalen Aktivierungsmuster in den verschiedenen Lerngruppen. Die sechs Köpfe zeigen die über beide Hemisphären verbreiteten Aktivierungsmuster von Versuchspersonen aus drei verschiedenen Gruppen: L1 und L2 repräsentieren zwei verschiedene Lernformen; NL (Nicht-Lerner) stellt die Kontrollgruppe dar. Der normalisierten Werte der EEG Ableitungen sind in Farben umcodiert: von grün bis dunkelrot zeigen sie die verschiedenen Grade der Aktivierungsstärke (μV) an, während blau keine Aktivität bedeutet. Die Stadien a und b bilden den Zustand vor (a) und nach (b) dem Lernen ab. Die Unterschiede zwischen den Lernformen sind bei L1 hochsignifikant ($p=0.007$) und bei L2 signifikant ($p=0.028$). (Messungen E. Altenmüller, Herstellung der Kopfdiagramme D. Parlitz)

reich sind aber die Unterschiede zwischen deklarativen und prozeduralen Lernern. Bei den Versuchsteilnehmern, die deklarativ gelernt hatten, kam es bei der zweiten Messung zu keinen neuen Musterbildungen, während prozedurale Lerner hochsignifikant veränderte Muster ausprägten. In der Verarbeitungsphase waren die neuronalen Vernetzungsmuster der deklarativen und prozeduralen Lerngruppe nicht mehr deckungsgleich.

Ansätze neurowissenschaftlicher Lernforschung

Die hier vorgestellten Befunde erlauben folgende Feststellungen:
1. Langzeitlernen führt zu einer Reduktion der neuronalen Gesamtaktivierung.
2. Die Art, wie man lehrt und lernt, wirkt unmittelbar auf die Verarbeitungsstrukturen der Großhirnrinde ein und schlägt sich unmittelbar in unterschiedlichen neuronalen Vernetzungsmustern nieder.
3. Die signifikanten Unterschiede zwischen den Lernergruppen legen die Vermutung nahe, dass es neuronale Korrelate für verschiedene Formen der musikalischen Repräsentation geben muss.

Besondere Aufmerksamkeit ist immer wieder dem instrumentalen Lernen gewidmet worden, weil dies mit einem langandauernden, intensiven Übvorgang verbunden ist. So hat Gottfried Schlaug in verschiedenen Studien dargestellt, wie strukturelle und funktionale zerebrale Veränderungen mit den Anforderungen praktischer Musikausübung einhergehen, wobei er offen lässt, ob solche Anpassungen ganz allgemein ein Ergebnis des Lernens sind oder ob sie sich bestimmten sensiblen Phasen der Gehirnentwicklung verdanken und somit biologisch bedingt sind (Schlaug, 2001). Dies gilt auch für das Absolute Gehör. Musiker, die diese Eigenschaft besitzen, zeigen eine deutliche Vergrößerung des planum temporale und eine stärkere Aktivierung dieser Region bei Tonhöhen-Aufgaben, und zwar je mehr, je früher sie mit dem Instrumentalspiel begonnen haben (Schlaug, 1995).

Spezifische Aktivierungseffekte wurden in einer Untersuchung nachgewiesen, bei der Nicht-Musiker einfache melodische Tonfolgen nach Gehör auf einem digitalen Keyboard nachzuspielen lernten (Bangert & Altenmüller, 2003). Nach der ersten und vor Beginn der sechsten und elften Übungseinheit wurden von den Probanden ereigniskorrelierte DC-Potentiale abgeleitet, und zwar unter zwei verschiedenen Bedingungen: bei stummen Fingerbewegungen auf ausgeschaltetem Keyboard und beim passiven Hören ohne Fingerbewegung. Dabei zeigten sich schon nach 20-minütiger Übzeit bei der passiven Hörbedingung eine breit gestreute Aktivierung in der Nachbarschaft der zentralen Furche, also im Bereich des motorischen Cortex. Nach zehn Übungseinheiten ergab sich eine deutliche Ko-Aktivierung im sensomotorischen Cortex.

Ähnliche Ergebnisse brachte die Auswertung der stummen Bewegungsbedingung. Auch hier zeigten sich bereits nach fünf Übungseinheiten zusätzliche Aktivierungen im fronto-lateralen und temporalen Cortex, also in Arealen, die der auditorischen Verarbeitung dienen. Dies bedeutet, dass man mit dem Erlernen der Fingerbewegungen am Instrument immer zugleich auch die damit korrespondierenden akustischen Ereignisse mitlernt. Das stumme Bewegen der Finger auf dem Instrument, ja sogar schon die bloß vorgestellte Bewegung auf dem (vorgestellten) Instrument können die dazugehörigen Klangvorstellungen erregen; das eine (die Bewegung) kann mit dem anderen (dem Ton) immer schon mitgelernt werden und umgekehrt. Das Gehirn vernetzt die einzelnen Fertigkeiten zu einer komplexen Fähigkeit. Und dabei – auch das haben die neurobiologischen Studien bisher gezeigt – sind die Effekte musikalischer Stimulation auf die corticale Repräsentation umso größer, je früher damit in der Kindheit begonnen wird (Trainor et al., 2003).

Die Feststellung, dass wiederholtes Üben, häufiges Hören und intensives Erleben zu Änderungen im Aufbau der jeweiligen musikalischen Repräsentationen führen, ist heute zum selbstverständlichen Alltagswissen geworden, obwohl die neurowissenschaftliche Bestätigung keineswegs trivial ist. Natürlich muss der Instrumentalschüler täglich üben, damit sich Bewegungsabläufe automatisieren und feinmotorische Reflexe ausbilden können; natürlich verfügt der Experte über ein anderes Repräsentationsnetz seines Wissens als der Laie. Dennoch sind die neurobiologischen Erkenntnisse darüber von großem Interesse und dürften auch (musik)pädagogisch von Belang sein, um die neuronalen Prozesse zu verstehen, die Lernen verursachen und Lernen ermöglichen, und damit genauer zu wissen, was Lernen ist, wie es funktioniert und welche Mittel diesen Vorgang unterstützen oder hemmen (Monyer & Markram, 2004).

4. Kapitel

Das Bild der Musik im Kopf
Musikverarbeitung in der Darstellung corticaler Aktivierungspotentiale

Dass wir Musik „im Ohr" haben, uns eine Melodie nicht „aus dem Kopf" geht, ist ein alltägliches Phänomen. Wichtiger, als zu verstehen, wie solche Klangvorstellungen zustande kommen, ist im alltäglichen Leben die Frage, wie man von ihnen wieder loskommt (Halpern, in: Reisberg, 1992, 1). Doch hier gilt unser Interesse gerade der Struktur der mentalen Vorstellungsbildung *(mental images, auditory imagery)*, um von dort aus Lernprozesse genauer bestimmen zu können. Denn wie wir bereits gesehen haben, beruhen Lernprozesse immer auf Veränderungen der mentalen Repräsentation.

Man weiß noch immer mehr über das visuelle Wahrnehmungssystem und seine Verarbeitungsmechanismen als über die neuronalen Prozesse bei der musikalischen Vorstellungsbildung, obwohl sich hier die neurologische, kognitions- und wahrnehmungspsychologische Forschung verstärkt mit dem Thema des *auditory* bzw. *tonal imagery* angenommen hat (Cook, 1990; Reisberg, 1992; Behrmann et al., 1995). Dabei geht es um die Lokalisation und Vernetzung der Areale, die an der konkreten Vorstellung musikalischer Gebilde (Melodien, Rhythmen, Klangfarben etc.) beteiligt sind. Besondere methodische Schwierigkeiten macht dabei die komplexe Reizstruktur musikalischer Beispiele, wenn man nicht auf Laborbedingungen reduzierte isolierte Töne oder Dauern, sondern reale musikalische Gebilde mit ihrem hohen Komplexitätsgrad an akustischer und ästhetischer Information als Untersuchungsreize verwenden möchte.

Was hören wir, wenn wir Musik hören?

Wir wissen aus unserer alltäglichen Erfahrung, dass jeder einen Gegenstand anders wahrnimmt oder auf anderes achtet je nach den eigenen Erfahrungen, Interessen und momentanen Bedingungen. So kann es sein, dass verschiedenen Bildhauer je nach dem Material, das sie bearbeiten, ihrem Können und ihren praktischen Erfahrung, nach ihrem Ausdrucksbedürfnis, der ästhetischen Haltung und der Intention, mit der sie ein Standbild herstellen, ganz verschiedene Skulpturen erzeugen, obwohl sie alle im Atelier dasselbe Modell vor sich haben. Sie sehen die Dinge verschieden, weil sie das, was sie sehen, erst in sich als Gebilde, als Wahrgenommenes erzeugen.

Dasselbe gilt für den Umgang mit Musik. Musiker und Laien hören verschieden und Verschiedenes, je nach dem, worauf sie ihre Aufmerksamkeit richten, d.h. ob sie auf den formalen Ablauf, technische Schwierigkeiten, harmonische Vorgänge achten oder sich absichtslos dem Strom der Töne hingeben. Ein Bratschist wird in einem Streichquartett, das er selber gespielt hat, ganz unbewusst stärker bestimmte Details der Violastimme beachten und deren Gelingen oder Misslingen wahrnehmen, während der zuhörende Quartettliebhaber natürlich die Melodie der ersten Violine als Hauptsache erkennt. Beide *hören* dasselbe Quartett und *empfangen* dieselben akustischen Reize, aber sie *nehmen* Unterschiedliches *wahr*, weil sie den empfangenen Schallreizen unterschiedliche Bedeutung geben.

Natürlich kann man bei entsprechendem Training – und Musiker haben ein solches Training (das im Englischen bezeichnenderweise *eartraining* heißt) durchlaufen – den Verlauf von Einzelstimmen in einem mehrstimmigen polyphonen Satz verfolgen, tonale Zusammenhänge und harmonische Fortschreitungen beachten, Intervalle und Rhythmen bestimmen, Formteile in Beziehung zueinander setzen etc. Aber all das geschieht normalerweise eben nicht beim „normalen" Hören, selbst dann nicht, wenn die Voraussetzungen dazu vorhanden sind. Auch der ausgebildete Musiker hört Musik unter den Bedingungen von Gehörbildung oder Formanalyse oder als Spieler in einer Probe oder Aufführung anders als in einer Konzertsituation. Hier taucht man je nach musikalischem Kenntnis- und Erfahrungsstand in einen Fluss von musikalischen Wahrnehmungen ein, die punktuell höchst präzise und konzentriert auf strukturelle Einzelheiten gerichtet sein können und im Rahmen des bereits Gewussten etwas als etwas erkennen (Motive, Themen, Akkordprogressionen, Instrumente etc.), die sich dann aber ebenso schnell wieder im Strom von pauschalen Empfindungen, Erinnerungen, Bildern und Assoziationen verlieren. Hören vollzieht keineswegs immer den unmittelbaren Bezug von präsentem Klang zum repräsentierten Wissen.

Doch eben diese Wissensrepräsentation ist oft Gegenstand psychologischer Untersuchungen, die nicht die musikalische Repräsentation an sich, sondern deren Niederschlag in einer theoretischen Wissensstruktur betreffen. Diese Tatsache hat Nicholas Cook zu der Feststellung gebracht, „there is, to put it mildly, a nonlinear relationship between the notes in the score and what people hear when they listen to a performance of it" (Cook, in: Aiello, 1994, 79). So besteht eine bemerkenswerte Kluft zwischen dem konstitutiven Sinn einer Komposition und ihrer rezipierten Wirkung, d.h. zwischen dem, was strukturell hör- und erkennbar ist, und dem, was tatsächlich in der Hörwahrnehmung Bedeutung erhält.

Vor diesem Hintergrund müssen die Versuche gesehen werden, das Vorhandensein tonaler Hierarchien in der Wahrnehmung festzustellen (Krumhansl, 1990) oder eine generative Theorie der Wahrnehmung tonaler Strukturen zu entwickeln (Lerdahl & Jackendoff, 1983), die aus den linguistischen Baumstrukturen von Chomskys Generativer Grammatik analoge Beziehungen für die rhythmischen und harmonischen Verhältnisse in tonaler Musik abgeleitet haben. Demgegenüber sind Jeanne Bamberger (1991) und Lyle Davidson (in: Peery & Peery, 1987; in: Sloboda, 1988; in: Aiello, 1994) von den realen Bedingungen bei Kindern ausgegangen, deren spezifische Repräsentationsformen sie beobachtet und beschrieben haben.

Verschiedene Untersuchungen aus der Rezeptionsforschung zeigen, wieweit musikalische Wahrnehmung von der Orientierung an den musikalischen Gegebenheiten entfernt ist – eine Feststellung, die auf die Rezeption von Sprache anscheinend nicht in gleichem Maße zutrifft, obwohl auch hier nicht das explizite Wissen um die grammatischen oder syntaktischen Strukturen das Hören und Verstehen bestimmt. Doch wird diese Kenntnis in weit größerem Umfang der Sprachkompetenz zugerechnet, als dies bei Musik der Fall ist. Zur ästhetischen Qualität der Musik glauben wir nämlich unmittelbaren Zugang zu haben, ohne über die grammatischen und syntaktischen Grundlagen und die internen Bezüge als Verstehensbasis zu verfügen.

Dies bezeugen Untersuchungen, die auf die innermusikalischen grammatischen Bezüge gerichtet sind und unterschiedliche Verhaltensweisen von Musikern und Laien wahrscheinlich machen. Irène Deliège (1987) spielte Musikern und Nicht-Musikern eine Reihe von Ausschnitten aus musikalischen Werken von Bach bis Strawinsky vor. Die Versuchspersonen sollten im notierten Melodieverlauf durch vertikale Linien die Gliederungsabschnitte markieren. Die gefundenen Lösungen wurden dann mit denen verglichen, die sich aus der *Generative Theory of Tonal Music*

(GTTM) von Lerdahl und Jackendoff ergeben hätten. Danach bestätigte sich die Theorie der GTTM bei den Musikern zwar deutlicher als bei den Nichtmusikern, aber dennoch erzeugte das musikalische Wissen der Musiker keine grundsätzlich anderen Ergebnisse der Gliederung als die der Nichtmusiker („musical training does not appear to induce the emergence of a grouping behavior radically different from one used by the naive listener", Deliège, 1987, 344).

Deutlicher noch zeigt sich die Unabhängigkeit musikalischen Hörens vom Wissen in einer Untersuchung von Alan Smith (1973), der einer Gruppe von Musikstudenten Sätze aus Haydn-Sinfonien unvollständig vorspielte und sie bat anzugeben, an welcher Stelle der formalen Entwicklung der Abbruch erfolgte. Im ersten Versuchsdurchgang waren die Resultate nicht anders, als es durch bloße Zufallstreffer zu erwarten gewesen wäre. Ähnlich verhielten sich die Versuchspersonen in einem Experiment von Vladimir Konečni (1984). Er spielte College Studenten bekannte klassische Werke in richtiger und falscher Satzfolge vor. Die Probanden zeigten dabei keine signifikante Präferenz für die originale Anordnung der Sätze.

Dem stehen allerdings Untersuchungen gegenüber, die die musikalische Wahrnehmung doch wieder in größere Nähe zur sprachlichen rücken. Denn in der Sprache bildet die Einhaltung von grammatischen und syntaktischen Regeln erst die Voraussetzung dafür, dass wir uns im Alltag verständigen und in poetischen Texten auch dessen ästhetische Qualität würdigen und interne symbolische Bezüge erkennen können. Das wird schon daran deutlich, dass fast alle Menschen in ihrer Muttersprache auf Regelverstöße in der Grammatik oder im Satzbau spontan mit Überraschung reagieren, weil sie den erwarteten Mustern zuwiderlaufen. Gleiches konnte Stefan Kölsch (2001; 2002; 2005) aber auch für Musik nachweisen. In einer Studie, bei der ereigniskorrelierte Potentiale (ERPs) während des Hörens von Akkordsequenzen bei Musikern und Nicht-Musikern gemessen wurden, zeigte sich bei unerwarteten Akkordfortschreitungen eine deutliche frühe, überwiegend rechtshemisphärische Negativität, sog. ERAN (Early Right Anterior Negativity) (Kölsch & Mulder, 2002). Entsprechende Ergebnisse brachten Untersuchungen mit Magnetenzephalographie (MEG). Hier konnten Kölsch und Mitarbeiter ebenfalls frühe magnetische Feldeffekte nachweisen, die der ERAN entsprechen. Den Versuchspersonen (alles Nicht-Musikern) wurde eine Folge von fünf Akkorden vorgespielt, die einen klaren tonalen Kontext erzeugten, bei denen aber zuweilen an dritter oder fünfter Stelle der erwartete Akkord durch einen unerwarteten Neapolitanischen Sextakkord ersetzt wurde (Abb. 4.1). Überraschenderweise zeigten sich die ERAN ähnlichen Effekte nicht im Schläfenlappen, wo die auditorischen Areale lokalisiert sind, sondern in dem Bereich des Broca-Areals und seiner rechtshemisphärischen Entsprechung, einem Bereich, der für die Sprachverarbeitung, insbesondere für die syntaktische Analyse zuständig ist (Kölsch et al., 2001). Damit liegt der Schluss nahe, dass wir – unabhängig davon, ob wir Musiker sind oder nicht – auf Grund der durch Enkulturation erworbenen musikalischen Hörerfahrungen musikalische Syntax wie sprachliche erkennen und verarbeiten.

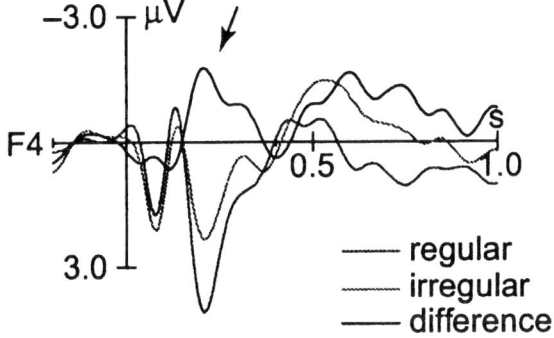

Abb. 4.1: Eine vom normalen ören abweichende plötzliche Negativierung (Early Rights Anterior Negativity, ERAN) beim Eintritt eines unerwarteten Schlussakkords (Kölsch & Siebel, 2005, 580)

Jeder Mensch erwirbt ein kulturell geprägtes Hör-Vokabular, das es ihm ermöglicht, bestimmte Laut- und Klangverbindungen als „besser oder schlechter als erwartet" einzustufen. Harmonische Abweichungen können so spontan als „nicht der Erwartung entsprechend" erkannt werden, was in der frühen (um 200 ms) Negativität sein neuronales Korrelat hat. Das Gehirn kennt die syntaktischen Grundmuster der vertrauten Musik und reagiert spontan auf Regelverletzungen bzw. Abweichungen. Das rückt Musik- und Sprachkompetenz wieder stärker zusammen.

Was wir tatsächlich hören und dabei wahrnehmen, wenn wir Musik hören, ist offensichtlich verschieden von dem, was wir wissen und gelernt haben. Musiktheoretische Kenntnisse allein gewährleisten noch kein Verstehen. Die hier verfolgte Hypothese lautet daher, dass nicht *was,* sondern *wie* wir gelernt haben, ausschlaggebend dafür ist, *was* und *wie* wir wahrnehmen. Wir müssen also danach fragen, wie musikalische mentale Repräsentationen im Gehirn zustande kommen und wie sie verarbeitet und gespeichert werden.

Mentale „Bilder" der Musik und ihre Repräsentation

Wenn wir von mentalen Bildern sprechen, so ist damit nicht wörtlich eine „Abbildung" der Musik in konkreten visuellen Vorstellungen gemeint. Vielmehr werden als *mental images* die neuronalen Strukturen bezeichnet, die klangliche Eindrücke in der bloßen Vorstellung ermöglichen. Diese hängen eng mit der Art der mentalen Repräsentation von Musik zusammen. Denn nur, was neuronal bereits repräsentiert wird, kann im Kognitionsvorgang aktiviert werden. Und die Form der Aktivierung kann im Musterabgleich *(pattern matching)* eines Verstehensversuchs oder in der Erzeugung einer klanglichen Vorstellung erfolgen. Beides hängt aber miteinander zusammen. Denn wir erkennen („verstehen") eine klangliche Folge nur dann *als etwas*, wenn dieses *Etwas* bereits in der Vorstellung repräsentiert ist. Edwin Gordon (1980) hat hierfür den Begriff der *audiation* (Audiation) geprägt, um den kognitiven Vorgang hervorzuheben, der für die verstehende Wahrnehmung und damit auch für jeden Lernprozess von entscheidender Bedeutung ist.

„Audiation is to music what thought is to speech. Audiation takes place when we hear *and comprehend* music for which the sound is no longer or may never have been physically present ... *Sound is not comprehended as music until it is audiated after it is heard*" (Gordon, [4]1993, 13). Audiation bezeichnet also die Aktivierung einer erworbenen mentalen Repräsentation in der Wahrnehmung von etwas als etwas, die wir Verstehen nennen. Während sich eine mentale Repräsentation in der neuronalen Struktur des Gehirns niederschlägt, bezeichnet Audiation die Fähigkeit zur Aktivierung dieser neuronalen Struktur. Durch Audiation geben wir den gehörten Klängen eine musikimmanente Bedeutung. Wenn man einen Rhythmus hört, kann man ihn auf einen Grundpuls mit regelmäßigen metrischen Schwerpunkten (den Macro-Beats) beziehen, die unterschiedlich unterteilt sein können. Dieses beziehende Denken, das die realen Impulsfolgen hörpsychologisch strukturiert, muss vom Hörer geleistet werden und geschieht in seinem Bewusstsein. Es handelt sich um eine vom Hörer zu leistende Aktivität, die die akustische Schlagfolge erst zu einer musikalischen Gestalt macht. Daher kann man sagen, dass Audiation ein Vorgang ist, bei dem wir gehörten Klängen nicht Information entnehmen, sondern ihnen Bedeutung hinzufügen. Um dies leisten zu können, müssen die elementaren Grundlagen musikalischer Bedeutung zuvor gelernt worden sein, d.h. die entsprechenden Repräsentationen müssen im aktiven Umgang erworben sein. Lernen dient somit der Befähigung zur Audiation, die durch die Aktivierung von Repräsentationen möglich wird.

Musikalische Repräsentationen beruhen auf gespeicherten Informationen in einzelnen Nervenzellen, die auf ganz spezielle Reize ansprechen (wir sagen auch: feuern und meinen damit die Reaktion durch elektrische Entladungen, mit denen wiederum andere Nervenzellen erreicht werden).

Jedes einzelne Neuron des Cortex kann mit bis zu zehntausend anderen Neuronen über synaptische Verbindungen kommunizieren. Auf diese Weise bildet sich von frühester Kindheit an ein dicht verschaltetes Netzwerk an neuronalen Verbindungen. Für die Informationsübertragung sind dabei hemmende Reaktionen (blockierte Synapsen) wichtiger als verstärkte synaptische Übertragung. Hemmende Reaktionen verhindern eine Überflutung des Gehirns mit Informationen, die gar nicht alle verarbeitet werden könnten. Vielmehr bedarf es einer permanenten Selektion und Bestätigung von Hypothesen, die das Gehirn auf Grund seines Vorwissens neu hervorbringt. Dabei ist es so, dass Nervenzellen auf bestimmte Eigenschaften, z.B. die Tonhöhe oder die Lautstärke oder die Bewegungsrichtung usw. reagieren. Die vielen verschiedenen von den Eigenschaftsdetektoren erzeugten Erregungen müssen zu einem einheitlichen Gesamteindruck, z.B. der Wahrnehmung eines lauten Oboen-Tones gis" zusammengefügt werden.

Musikalische Reize werden also nicht nur an die jeweiligen Verarbeitungsareale im auditiven Cortex weitergeleitet, sondern zugleich auch mit anderen Arealen verbunden. Dies entspricht im wesentlichen der Vorstellung des Psychologen Donald Hebb (1949), der davon ausging, dass Inhalte mit unterschiedlichen Merkmalen nicht in darauf spezialisierten einzelnen Nervenzellen repräsentiert werden, sondern durch Gruppen von Zellen, die über verschiedene Hirnareale verteilt sein können. Seine bis heute vertretene Lernregel besagt, dass sich die Synapsen einer Zellverbindung verstärken, je öfter sie gleichzeitig erregt werden. Dadurch werden die beteiligten Neuronen umso enger miteinander vernetzt.

Auf diese Weise entstehen Neuronenverbände *(cell assemblies)*, die die eigentlichen cerebralen Verarbeitungsmodule des Gehirns darstellen. Solche Zell-Ensembles werden nicht nur von äußeren Signalen beeinflusst, sondern erregen sich auch gegenseitig und treten dabei mit anderen kognitiven Erregungsmustern (Erinnerungen, Empfindungen, Vorstellungen) in Verbindung. Unser Gehirn arbeitet nicht nach dem Vorbild eines vorprogrammierten Rechners, sondern es funktioniert im Sinne eines selbstorganisierten Netzwerkes, das eher einer „Informations-Mischmaschine" als einem definierten Rechenprogramm gleicht (Braitenberg). Das konnektionistische Modell der cerebralen Reizverarbeitung geht daher von einer parallelen zeitlichen Verknüpfung neuronaler Vorgänge in verschiedenen Arealen aus *(parallel distributed processing)*. Dies hat den Vorteil, dass die gleichen Nervenzellen zu verschiedenen Zeiten an unterschiedlichen Repräsentationen beteiligt sein können. Die Frage ist nur, wie die gemeinsame Weiterverarbeitung der an einem Zell-Ensemble beteiligten Neuronen funktioniert, d.h. wie die einzelne Zelle „weiß", mit welchen anderen sie zusammenarbeiten muss. Hierzu müssen die an der gemeinsamen Weiterverarbeitung beteiligten Zellen in auffälliger Weise gekennzeichnet werden. Eine der heute am meisten diskutierten Thesen dazu besagt, dass die Markierung für die Zusammenarbeit von Zell-Ensembles in der Synchronizität ihrer Aktivität, d.h. in der gemeinsamen Frequenz ihrer Feuerrate liegt (Singer, 2002, 101 ff.). Auf diese Weise können Zellen und Zell-Verbände kommunizieren und sich in selbstorganisierten Regelkreisen beeinflussen. Damit gibt sich unser Gehirn als ein dynamisches System zu erkennen, dessen markanteste Eigenschaften interne Kommunikationsprozesse und adaptive Plastizität ausmachen.

Die einzelnen musikalischen Eigenschaften werden in verschiedenen Arealen der Großhirnrinde repräsentiert und können dort aktiviert werden (Abb. 4.2). Dieser Aktivierungsprozess ist Grundlage für Audiation. Musikalisches Lernen wäre somit auf die Erzeugung und Stabilisierung mentaler Repräsentationen im neuronalen Netz zu richten. Eine solche Repräsentation ist aber noch nicht identisch mit der Speicherung im Langzeitgedächtnis. Die Speicherung von repräsentierten Gehalten stellt demgegenüber einen eigenen Vorgang dar, der hier zunächst unberücksichtigt bleiben soll. Vielmehr wird Lernen hier ganz allgemein als der Aufbau mentaler Repräsentationen im neuronalen Netz und nicht mehr nur als eine bestimmte Gedächtnisleistung oder Verhaltensänderung verstanden.

Rhythmen – linke Hirnhälfte

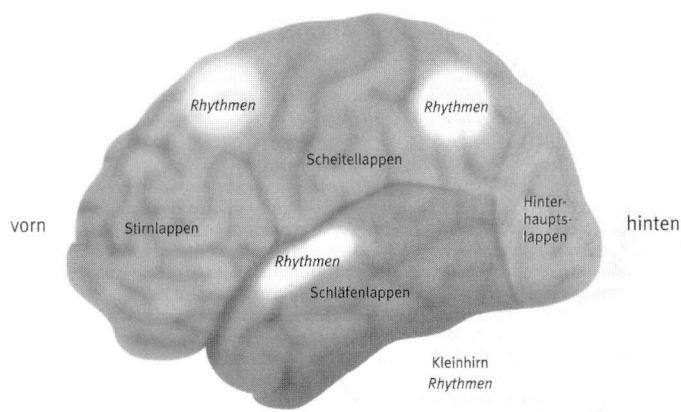

Tonhöhen und Melodien – rechte Hirnhälfte

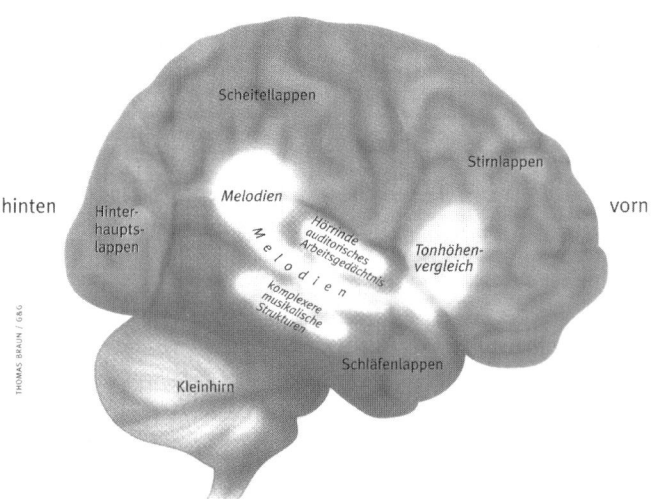

Abb. 4.2: Verarbeitungsareale musikalischer Eigenschaften in der rechten und linken Hirnhälfte. Aus: Gehirn und Geist 2002, Nr. 1, S. 22/23

Was heißt Musik lernen?

Wenn Kinder ein Instrument erlernen, beginnen sie häufig damit, bestimmte Bewegungsmuster wie Griffweisen, Handhaltung, Körperposition etc. zu üben. Dabei werden die motorischen Abläufe für das richtige Instrumentalspiel erworben, was aber solange einer mechanischen Konditionierung gleicht, wenn nicht zuvor eine entsprechende musikalische Vorstellung entwickelt wurde, die es dann mit Hilfe des Instruments umzusetzen gilt. Ein Musikinstrument ist immer nur *instrumentum* zur Erweiterung der eigenen stimmlichen Möglichkeiten, mit denen wir – wie bei der Sprache – unsere Vorstellungen ausdrücken. Es ist eigentlich eine Pervertierung musikalischer Fähigkeiten, wenn in unseren Bildungsinstitutionen (Musikschulen, Konservatorien, Musikhochschulen) in erster Linie die – technisch perfekte und virtuose – Reproduktion von Musik vermittelt wird, die in der Vergangenheit erdacht wurde, ohne sicher zu sein, dass man selber Musik denken und „sprechen" (improvisieren, komponieren) kann. Ein solches Verhalten wäre damit zu vergleichen, dass wir unsere Kinder in Hölderlin-Gedichte und Goethe-Balladen einführen, bevor sie ihre Muttersprache zu sprechen gelernt haben. Die technisch höchst virtuosen Leistungen mancher Wettbewerbspreisträger gleichen zuweilen der phonetisch korrekten Rezitation von fremden Texten, deren Bedeutung aber unverstanden bleibt, wenn man die Sprache nicht spricht.

Wenn musikalisches Lernen auf die Bildung genuin musikalischer Repräsentationen zielt, dann müsste jeder Ton, jede Melodie, jede harmonische Wendung, die auf dem Instrument gespielt wird, auch innerlich gehört und musikalisch auditiert, also mit musikalischer Bedeutung verbunden werden können, die man auf Grund des musikalischen Kontexts in der Vorstellung erzeugt. Anderenfalls wäre das Spiel leeres Memorieren. Tatsächlich wird die Notenschrift oft als eine Symbolschrift für Griffe, d.h. Bewegungen verwendet, nicht für musikalische Klänge oder Bedeutungen. So kann Notenlesen als Buchstabieren der Notennamen oder als assoziative Verknüpfung mit Griffen missverstanden werden (so wichtig diese automatisierte Verknüpfung beim Blattlesen auch ist). Aber Lesefähigkeit im allgemeinen wie im musikalischen Sinn bedeutet, den im Text verschlüsselten Sinn zu erfassen, indem die mit den einzelnen Begriffen und Aussagen verbundenen Bedeutungen im Bewusstsein aktiviert werden.[1] Um dies zu können, bedarf es einer mentalen Repräsentation der musikalischen Bedeutungen (Gehalte).

Die Bildung musikimmanenter Repräsentationen nennen wir genuin musikalisches Lernen. Dies geht immer von figuralen Vorstellungen aus. Lernfortschritte folgen dabei in der Regel nicht in einem linearen Prozess, bei dem allmählich immer mehr Wissen und Können angesammelt wird. Dies hat mit Gedächtnis und Wissensspeicherung zu tun, die wir vom eigentlichen Lernvorgang unterscheiden wollen. Vielmehr ist nach einer längeren Phase des Übens und Wiederholens figural repräsentierter Muster plötzlich eine Umcodierung der Vorstellungsform festzustellen; es erfolgt ein kognitiver Sprung von der figuralen zur formalen Vorstellung.

Lernen im engeren Sinne bezeichnet also eine qualitative Änderung in der Vorstellung. Dieser Entwicklungssprung, der hier bewusst als „Sprung" bezeichnet wird, weil der eigentliche Lernprozess nicht kontinuierlich verläuft, kann nicht durch methodische Mittel beschleunigt werden, bedarf aber einer pädagogischen Intervention immer dann, wenn das eigene Lernen alleine nicht mehr vorankommt und eine entsprechende methodisch geleitete Anregung nötig wird. Die methodische Anleitung zum Lernen sollte immer dazu dienen, Gelegenheiten zu bieten, damit sich musikalische Vorstellungen bilden können. Die Sicherung genügender Zeit und intervenierender Impulse kann dann dazu führen, dass figurale Vorstellungsformen eine formale übergehen. Ein Lehrer kann diese aber nicht mit Hilfe seines methodischen und didaktischen Wissens herstellen, sie muss sich im Lernenden bilden. In diesem aktiven, selbstorganisierten Prozess, der in dem intransitiven Verb „bilden" zum Ausdruck kommt, liegt der eigentliche Sinn der Bildung.

Corticale Aktivierung bei der Audiation

Die neuronale Aktivierung beim Hören und Verarbeiten musikalischer Reize kann heute mit bildgebenden Verfahren anschaulich dargestellt werden. Wenn Lernen als Änderung der mentalen Repräsentation aufge-

---

[1] Die in den PISA-Studien erhobenen Daten zur Lesefähigkeit und zum Leseverständnis zielten genau auf diese Fähigkeit. Die beunruhigenden Ergebnisse zeigten auch beim sprachlichen Textverständnis Mängel im Leseverständnis und damit einen Rückgang der Literalität.

fasst wird, müssen wir zuerst die Struktur dieser Änderung selbst verstehen. Daher richtete sich die Aufmerksamkeit in den frühen Experimenten zur musikalischen Reizverarbeitung zunächst auf die Änderung in den corticalen Aktivierungspotentialen, während eine musikalische Aufgabe gelöst werden sollte. Angeregt durch Aufgabentypen zur räumlichen Vorstellung in Intelligenztests, sollte in einem Tübinger Experiment[2] eine 5-tönige Tonfolge nach einmaligem Anhören von den Versuchspersonen in der Vorstellung umgedreht, d.h. in eine rückläufige (krebsgängige) Form gebracht werden sollte.

Bei den Versuchspersonen handelte es sich um musikerfahrene Jugendliche und Erwachsene im Alter zwischen 17 und 40 Jahren, die 60 Melodiepaare anhörten. Nach dem ersten Teil eines Melodiepaars sollten sie sich dieses rückwärts vorstellen (d.h. den Krebs bilden) und den vorgestellten Krebs dann mit dem zweiten Teil des Melodiepaars vergleichen und dabei entscheiden, ob die vorgespielte Version des Krebs richtig oder falsch war. Die beiden Teile der Melodiepaare bestanden jeweils aus dem gleichen Tonmaterial, lediglich die Reihenfolge von zwei Tönen wurde in 30 von 60 Beispielen vertauscht, woraus entweder inkorrekte Intervallverhältnisse oder eine falsche Richtung in der Kontur resultierten, der tonale Gesamteindruck aber immer erhalten blieb (Notenbsp. 4.1). Daraus ergab sich folgende Versuchsanordnung:

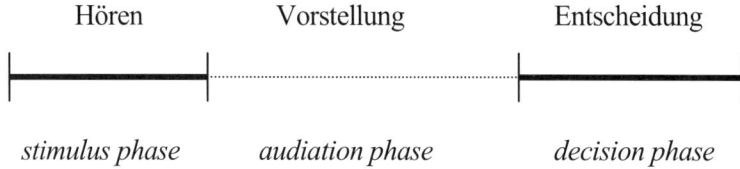

Während aller drei Phasen des Hörens *(stimulus)*, Vorstellens *(audiation)* und Entscheidens *(decision)* wurden die Potentiale der Hirnaktivitäten abgeleitet. Zusätzlich wurde mit Hilfe der *Advanced Measures of Music Audiation* (AMMA, Gordon, 1989) der Grad der Audiationsfähigkeit festgestellt. Im Anschluss an den Versuch wurden die Probanden über ihre Strategie beim Lösen der Aufgaben befragt.

---

[2] Die EEG Messungen fanden 1994 unter Leitung von Eckart Altenmüller in der Neurologischen Universitätsklinik Tübingen statt.

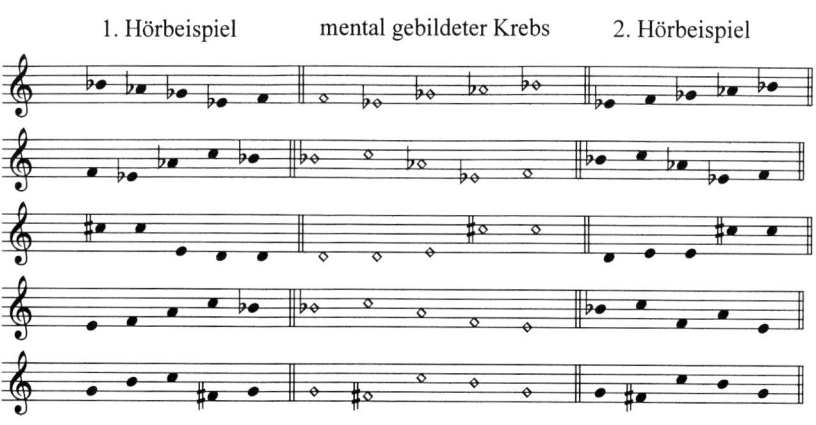

Notenbsp. 4.1: 5 von insgesamt 60 fünftönigen Melodien (1. Hörbeispiel), von denen die Versuchspersonen zunächst den Krebs in ihrer Vorstellung bilden und dann das 2. Hörbeispiel damit vergleichen sollten

Es zeigten sich deutliche Unterschiede zwischen den drei Verarbeitungsphasen, wobei die Aktivierung in der Entscheidungsphase deutlich höher war als in den beiden vorangehenden Phasen. Insgesamt war hier eine leichte Linkslateralisation der Hirnaktivierung zu beobachten. Dabei hob sich aber die *audiation*-Phase merklich von der Phase des Zuhörens und Entscheidens ab. In der Verschiebung der Lateralisation und Stärke der Aktionspotentiale deuten sich Unterschiede im Verarbeitungsmodus während der inneren Vorstellungsbildung an. Entscheidend ist dabei das deutliche Überwiegen der linken Hemisphäre beim Auditieren, während beim bloßen Zuhören die rechte Hemisphäre stärker aktiviert.

Vergleicht man die beiden Hör-Phasen (*stimulus*- und *decision*-Phase), so erkennt man eine deutliche Reaktion auf die fünf dargebotenen Töne eines jeden Melodiepaars (Gipfelausschläge im Kurvenverlauf insbesondere bei F3 und F4). Demgegenüber bleibt das Aktivierungspotential während der *audiation*-Phase nahezu stabil (Abb. 4.3).

Der Einfluss der Musik auf kognitive Fähigkeiten: Transfer-Effekte

Bei dem, was man mit kognitiven Transfer-Effekten bezeichnet, handelt es sich um die empirisch zu prüfende Hypothese, dass Musikmachen, aber auch bloßes Musikhören (vgl. den Mozart-Effekt) zu verbesserten kognitiven Leistungen oder erhöhtem sozialintegrativen Verhalten, verstärkter Problemsensibilität und Kreativität (Bastian, 2000), aber auch zur Stärkung bestimmter Persönlichkeitseigenschaften (Vanecek, 2003) beitragen könne. Hier muss man aber von unterschiedlichen Graden des Transfers ausgehen, je nachdem, ob er ähnliche Bereiche und Domänen betrifft, z.B. die Verbesserung der Wahrnehmung der prosodischen Information in der Sprache durch musikalisches Training (Thompson, Schellenberg, & Husain, 2004), oder sich auch auf entfernte Bereiche erstreckt, z.B. die Verbesserung mathematischer Leistungen (Vaughn, 2000). Barnett und Ceci (2002) haben daher eine Unterscheidung von „nahen" *(near)* und „entfernten" *(far)* Transfer-Effekten eingeführt; man könnte auch von „internen" und „externen" Effekten sprechen. Intern wirken Trainings-Effekte, die sich in der gleichen Domäne ereignen: melodisches Training kann auch auf die melodische Kontur der Sprache (Prosodie) übertragen werden; dem-

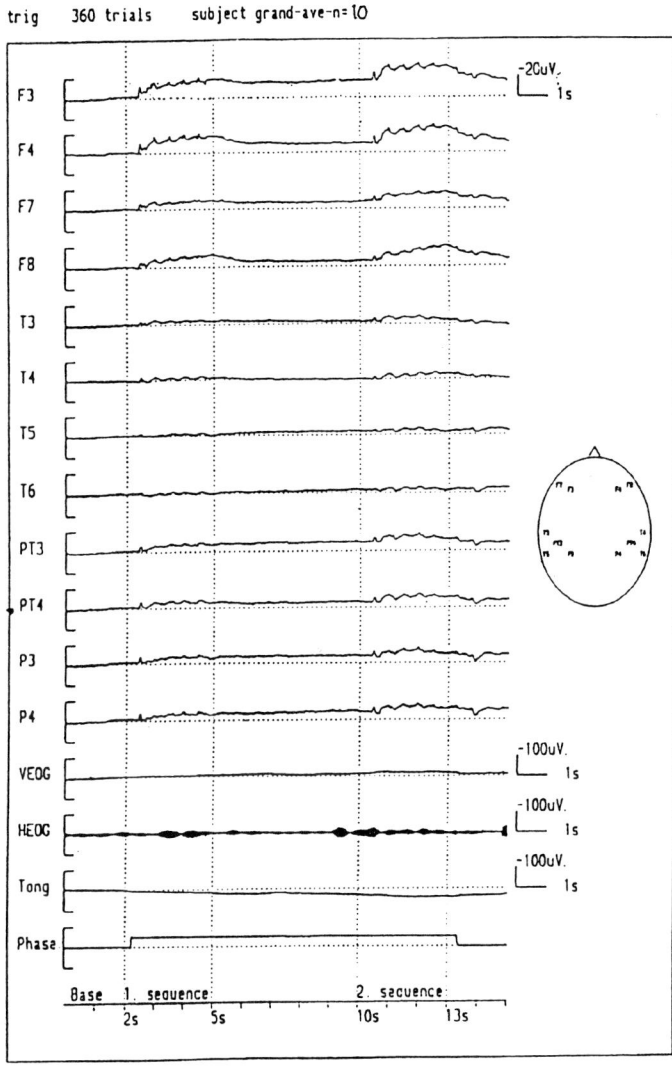

Abb. 4.3: Aufsummierte Werte aller Einzelversuche für alle Versuchspersonen
(© Altenmüller)

gegenüber wäre bei externen Transfer-Effekten durch das Training einer Domäne eine Übertragung auf eine ganz andere Domäne verbunden, z.B. auf das logische Denken, das Wortgedächtnis, den IQ.

Es scheint sich aber immer mehr herauszustellen, dass nur nahe, interne Effekte möglich sind, d.h. dass Trainingseffekte in einem Bereich immer nur zu Verbesserungen in demselben Bereich führen, weil immer nur die Areale aktiviert werden, die bei den entsprechenden musikalischen Tätigkeiten erregt werden. So bewirkt das Training der Finger der linken Hand von Geigern eine Vergrößerung der Repräsentationsareale im motorischen Cortex nur für diese, nicht aber für die andere Hand. Neurobiologisch führen Übung und Gebrauch zu strukturellen und funktionalen Veränderungen in der neuronalen Struktur des Gehirns. „Ferne" Transfer-Effekte müssten aber dazu führen, dass wie auch immer geartete Veränderungen der neuronalen Verschaltung oder Verarbeitung sich auch durch Tätigkeiten einer anderen Domäne hervorrufen lassen. Doch bisher haben sich keine musikfremden Fernaktivierungen nachweisen lassen. Allenfalls könnten Untersuchungen, die erkennen lassen, dass schon das Anhören einer Mozart-Sonate im Vergleich zu anderer Musik zu einer Verstärkung der Kohärenzen insbesondere im Alpha-Band führt (Jausovec & Habe, 2003), in diese Richtung weisen. Doch genau genommen betrifft dies nur den Einfluss bestimmter Musik auf den Grad der Erregung *(arousal)*, stellt also die Stimulation eines bestimmten Erregungspotentials dar, was noch nichts mit einem Transfer-Effekt zu tun hat.

Im Sinne einer Fernaktivierung könnte man gegebenenfalls auch die erste Mozart-Studie von Rauscher und Shaw (1993) verstehen: hier wurde eine neuronale Wirkung des Musikhörens auf die Feuerrate der Nervenverbindungen erkennbar, die für die räumliche Vorstellung zuständig sind. Es wurde also tatsächlich ein Effekt in einer externen Domäne erzielt, der allerdings nur eine kurzfristige neuronale Stimulation dieser Reizleitung betraf. Dabei gilt ganz allgemein, dass die Musikverarbeitung, insbesondere das Musizieren in hohem Maße multimodal verläuft, so dass viele verschiedene Hirnareale intern optimiert werden, so dass man durchaus annehmen kann, dass sie auch für andere Tätigkeiten genutzt werden können. Und dies ist den verschiedenen Studien mit ganz unterschiedlichem Erfolg überprüft worden.

Versteht man unter Transfer-Effekten solche Wirkungen, die sich als erwünschte oder beiläufige Nebeneffekte in nicht-musikalischen kognitiven Bereichen relativ dauerhaft einstellen und nicht nur eine vorübergehende Erregung hervorrufen, dann muss man einräumen, dass man auf der Grundlage der gegenwärtigen Forschungsergebnisse trotz der großen Fülle an wissenschaftlichen Arbeiten noch nicht von generellen, robusten kognitiven Transfer-Effekten der Musik sprechen kann. Vielmehr wäre es geboten, Fakten und Mythen, Wunsch und Wirklichkeit deutlich auseinander zu halten. Denn schon Wittgenstein beendete seinen *Tractatus logico-philosophicus* (1921/1959) mit dem Satz: „Wovon man nicht sprechen kann, darüber muss man schweigen."

5. Kapitel
Wie Kinder Musik lernen

Lernen in Alltagswelten

In seinem *Tagebuch über Bastiaan* teilt der holländische Mathematiker Hans Freudenthal folgende Beobachtung mit:

„13.8.74 bei der Mahlzeit, bei ihm zu Hause. Ein rechteckiger Tisch: Er gegenüber der – jüngeren – Schwester, sein Vater gegenüber seiner Mutter, sein Großvater gegenüber seiner Großmutter. Plötzlich beim Nachtisch – abgestreifte Johannisbeeren – erhebt er in größter Aufregung das Löffelchen und ruft aus: 'So viel sind wir.' Es waren in der Tat sechs Johannisbeeren auf dem Löffel. Ich fragte: 'Warum?', und er antwortete ernst: 'Ich sehe es so', um fortzufahren: 'Zwei Kinder, zwei Erwachsene, zwei Oma und Opa! ' ... So geschah es am nächsten Tage, 14.8.74, im Park. Er zeigte vier Schneebeeren auf der flachen Hand und sagte: 'So viele wohnen wir zu Hause.' Etwas später – ich weiß nicht wie lange – fing er an zu zählen." (Binneberg, 1994, 149)

Was hier beschrieben wird, ist das natürliche, „intuitive" (Gardner, 1993) Lernen einer mathematischen Grundfertigkeit: des Zählens. Sie wird aber nicht methodisch gelehrt, sondern im alltäglichen Umgang mit Personen und Dingen, die für das Kind bereits Bedeutung haben (die Gemeinschaft am Tisch, die Mitglieder der Familie), erworben. Und niemand wird bestreiten, dass Bastiaan etwas gelernt hatte, als er anfing zu zählen. Vielleicht kann dieses Beispiel einen ersten Hinweis auf die selbstverständliche Art natürlichen und zugleich wirklichen Lernens geben. Das Zählen tritt offensichtlich plötzlich auf nach einer längeren Phase der bewussten Auseinandersetzung mit Mengen („so viele sind wir", „so viele wohnen wir"). Und diese Auseinandersetzung wird konkret erfahren: Bastiaan sieht die Personen am Tisch und ordnet in einem Moment plötzlichen Erkennens („in größter Aufregung") die Anzahl oder die Anordnung der Johannisbeeren der Anzahl oder Anordnung der Personen am Tisch zu. Die bisher isolierte Wahrnehmung von sinnlich gegebenen Elementen (Menschen, Früchten) wird nun in Beziehung zueinander gebracht – das eine ist genauso viel wie das andere. Plötzlich wird eine innere Beziehung zwischen den Wahrnehmungsinhalten hergestellt. Dies erfordert eine neuronale Aktivität, die infolge der Anpassung der Wahrnehmung an die Gegebenheiten der Umwelt zustande kommt und eine kognitive Leistung darstellt.

Durch die Wahrnehmung ist das Gehirn veranlasst, immer neue Integrations- und Anpassungsreaktionen zu organisieren. Wenn ein Kind Fahrradfahren lernt, muss es durch die Bewegungen, die es dabei ausführt, sein Gleichgewichtsgefühl aktivieren. Es lernt dadurch seinen Körper, bestimmte Bewegungsabläufe und deren Folgen kennen. In der Anpassungsreaktion verbindet es Wahrnehmungen mit ausgleichenden Reaktionen. Wenn es sich außerhalb seines Schwerpunkts bewegt, besteht die Anpassungsreaktion in der Verlagerung des Körpergewichts durch eine Gegenbewegung, um wieder das Gleichgewicht herzustellen. Durch all diese sensorischen Anpassungsreaktionen erwirbt das Kind Wissen über sich und die Umwelt. Dieses Wissen wird in neuronalen Netzen im Gehirn gespeichert. „Sensorische Integration ist der Prozess des Ordnens und Verarbeitens sinnlicher Eindrücke (sensorischen Inputs), so dass das Gehirn eine brauchbare Körperreaktion und ebenso sinnvolle Wahrnehmungen, Gefühlsreaktionen und Gedanken erzeugen kann. Die sensorische Integration sortiert, ordnet und vereint alle sinnlichen Eindrücke des Individuums zu einer vollständigen und umfassenden Hirnfunktion" (Ayres, 1984, 37). Lernen und Verhalten sind somit „sichtbare Aspekte der Wahrnehmungsverarbeitung von Sinnesreizen" (Ayres, 1984, 36). Die entscheidende Frage allen Lernens ist daher, auf welche Weise Wahrnehmungsmuster im Gehirn repräsentiert werden.

Wenn heute Klagen aus den Schulen über lern- und verhaltensgestörte Kinder zunehmen, so hängt dies eng mit Wahrnehmungsstörungen und Störungen in den sensorischen Anpassungsreaktionen in früher Kindheit zusammen. Bereits in einer Studie von 1982 stellte Ingeborg Milz fest, dass 30 % der Kinder wahrnehmungsgestört seien; diese Tendenz dürfte sich bis heute eher noch verstärkt als abgeschwächt haben. Lehrer klagen über Lese- und Rechenschwäche, Verhaltensauffälligkeiten und Bewegungseinschränkungen. Die Fachliteratur ist voll von Beispielen, dass Grundschulkinder ein gestörtes Körperbewusstsein und Koordinationsprobleme haben, unsicher in Rechts-Links-Unterscheidungen sind etc. Gestörte Körpererfahrungen wirken sich bis in die Berufsausbildung und -ausübung aus, wo – insbesondere bei Musikern – immer häufiger die therapeutische Unterstützung von Körpertechniken (Feldenkrais, Alexander-Technik, Tai Chi u.v.a.) gesucht und gebraucht wird.

Die Gründe dafür sind naheliegend und einleuchtend. Die Umwelt und unsere Lebensbedingungen haben die spielerisch körperliche Erfahrung von Kindern auf ein Minimum nahe Null oder auf Null reduziert. Wo können Kinder noch in unseren Straßen auf dem Bordstein balancieren, um ihr Gleichgewicht zu üben? Wo lernen sie, geschickt zu fallen, wenn in TÜV-genormten Kindergärten alle Ecken und Kanten abgerundet und alle potentiellen Schwierigkeiten beseitigt sind? Wo hat ein Kind noch die Möglichkeit, selbst etwas auszuführen, wenn in der gehetzten Berufswelt alles schnell gehen muss, der gestresste Vater seiner kleinen Tochter, wenn er sie mittags vom Kindergarten abholt, den Mantel anzieht, damit es schneller geht, anstatt sie es selber tun zu lassen. Wo haben Kinder noch die Möglichkeit, im Haushalt zu helfen und dabei elementare Erfahrungen zu machen, etwa wie man eine Zitrone auspresst oder Gurken raspelt, wenn es für alles elektrische Maschinen gibt, mit denen Kinder – berechtigterweise – nicht hantieren dürfen. Das Zählen – vorwärts und rückwärts – wurde geübt, wenn in Kinderspielen, z.B. bei der Ballschule oder im Hickelhäuschen, eine Figur zehn Mal so, neun Mal so, acht Mal so ausgeführt wurde. Auch Wochentage und Monatsnamen wurden in Ballspielen kinästhetisch verinnerlicht.

Wenn Kinder heute im Durchschnitt nur noch sieben Gruppenspiele kennen, dagegen um die Jahrhundertwende noch mehr als 100 solcher Spiele in der Praxis lebendig waren, dann macht das auf eindringliche Weise deutlich, wie sich die Voraussetzungen für den Aufbau neuronaler Netze und mentaler Erfahrungsspuren dramatisch verschlechtert haben. Denn nur durch eigene Wahrnehmung und Erfahrung bauen sich Netze und Spuren auf, die miteinander verbunden werden und dann, je mehr sie gebraucht werden, umso leichter wieder aktiviert werden können. Wundert es da, dass Wahrnehmungsstörungen und folglich auch Lernstörungen immer mehr in Erscheinung treten müssen, wenn diese primären, taktilen – also durch bewussten Kontakt mit Hand und Fuß – kinästhetischen Muster nicht mehr erworben werden können? Die Sprache weiß, wovon sie spricht, wenn wir sagen, dass etwas „Hand und Fuß" hat, um damit auszudrücken, dass etwas wirklich auf einer soliden Grundlage beruht. Lernen, das auf die Ansammlung von Wissen oder die Fähigkeit zum Aufsagen von Namen reduziert ist, muss zu Problemen führen, die wir dann als Lernstörungen diagnostizieren.

Ein weiterer Faktor, der das Lernverhalten beeinflusst, ist in dem frühen Fernsehkonsum zu sehen. Wenn man bedenkt, dass in den USA schon Zweijährige etwa zwei Stunden vor dem Bildschirm verbringen, kann man ahnen, welche Spuren die tägliche TV-Erfahrung mit ihrer fiktionalen Bilderwelt und den rasanten Bildwechseln im Gehirn hinterlässt. Erst jüngst hat Manfred Spitzer (2005) auf die Auswirkungen dieser Erfahrungsbildung auf die Lernkonzentration hingewiesen. Eine amerikanische Studie hat einen deutlichen Zusammenhang zwischen frühem Fernsehkonsum und späterem Lernverhalten ergeben: „Je mehr die Kinder im frühen Lebensalter vor dem Bildschirm gesessen haben, desto größer ist die Wahrscheinlichkeit, dass sie in der Grundschule unter Aufmerksamkeitsstörungen litten" (Spitzer, 2005, 3).

Howard Gardner (1993, 18) hat auf die große Kluft aufmerksam gemacht, die zwischen dem schulisch gelernten Wissen und wirklichem Verständnis besteht. So hat nicht nur die amerikanische Unterrichtsforschung der letzten Jahrzehnte die alarmierende Erkenntnis zutage gefördert, dass selbst Schüler mit besten Schulzeugnissen „in der Regel kein entsprechendes Verständnis des Unterrichtsmaterials und der Begriffe zeigen, mit denen sie gearbeitet haben" (Gardner, 1993, 15). Man kann Formeln nennen und anwenden, Begriffe als Labels für alles Mögliche verwenden und Strukturen beschreiben, ohne ein wirkliches Verständnis für die Gegenstände entwickelt zu haben (man kann z.B. die Buchstabennamen einer notierten Melodie aufsagen, ohne wirklich Musik lesen zu können; man hat die Intervalle, den Quintenzirkel, die Sonatenform gelernt, ohne sie wirklich verstanden haben zu müssen). Hier stehen Schule und Pädagogik vor einer Herausforderung, neu über das Lernen nachzudenken. Auf diese Herausforderung wird die Lernforschung mit der Bereitstellung alternativer Strategien antworten müssen.

„Wir stehen vor einem weiteren Rätsel. Die Kinder, die so mühelos Symbolsysteme wie Sprachen und Künste wie die Musik meistern, dieselben Kinder, die komplexe Theorien über das Universum oder den Geist entwickeln, haben oft die größten Schwierigkeiten beim Schuleintritt. Es war unproblematisch, Sprache zu sprechen und zu verstehen, aber Lesen und Schreiben erweisen sich vielleicht als schwierige Herausforderungen; Zählen und Zahlenspiele sind vergnüglich, aber mathematische Verfahrensweisen zu erlernen, kann mühevoll sein, und die höheren Bereiche der Mathematik bleiben den Kindern manchmal für immer verschlossen. Auf eine Weise scheint das natürliche, universale oder intuitive Lernen, das in den ersten Lebensjahren zu Hause oder im näheren Umkreis vor sich geht, von einer völlig anderen Art zu sein als das Lernen, das in der ganzen schreib- und lesekundigen Welt mit dem Schuleintritt gefordert wird." (Gardner, 1993, 14)

Es zeigt sich, dass das „natürliche, universale oder intuitive Lernen" im familiären Umfeld der ersten Lebensjahre nicht mehr so verläuft, dass später darauf das formale schulische Lernen aufbauen kann, weil bereits die grundlegenden kinästhetischen Repräsentationen stark zurückgehen. Vielleicht kann uns der Prozess des Spracherwerbs als Modell sinnvollen Lernens dienen. Denn nur die Muttersprache, die – so kompliziert ihre grammatischen Strukturen auch sein mögen – sich Kinder in den ersten Lebensjahren so mühelos aneignen, lernen wir in einer umfassenden Tiefe und Sicherheit wie keine andere. Aber wir lernen sie auch anders als die Fremdsprache im späteren Sprachunterricht.

Sprache lernen

Kinder lernen sprechen, wenn sie in einer Sprachumgebung aufwachsen, in der sie gesprochene Sprache hören und selber unmittelbar angesprochen werden. Aus dem Reservoir aller in der Lallphase erprobten Laute stabilisieren sich die, die in der jeweiligen Sprache am häufigsten wahrgenommen werden. So bilden sich die neuronalen Lautrepräsentationen der Muttersprache, die im kommunikativen Umgang mit Personen immer mit Bedeutungen verbunden werden. So hört das Kind Sprache und beginnt zu sprechen. Es weiß nichts über seine Artikulationsprozesse und die einzelnen Vorgänge der Lautbildung. Es kümmert sich nicht darum, was Zunge, Zähne und Lippen tun, sondern es folgt dem Klangbild, das in der inneren Vorstellung gebildet wird. So formen Kinder erst einfache Worte, mit denen sie ihnen bekannte Dinge und Personen bezeichnen. Allmählich bildet sich ein immer größerer, differenzierter Wortschatz, mit dem sich Sachverhalte aussagen lassen. Wie die Wörter werden auch die grammatischen Formen und syntaktischen Muster mit der Wahrnehmung der Sprache erworben und im Gebrauch geübt, erprobt, verändert und erweitert, ohne dass die zugrundeliegenden Regeln bewusst werden. Vielmehr werden diese Strukturen aus vielen Einzelfällen verallgemeinert, so wie der eingangs erwähnte Bastian das Zählen lernte.

Erst, wenn wir die Sprache sprechen und verstehen können – und beides geschieht gleichzeitig in einem sich wechselseitig bedingenden Prozess: wir verstehen nur, was wir auch sagen können, und können nur sagen, was wir in seiner Bedeutung verstehen –, erst dann lernen wir zu schreiben und zu lesen. Die Grammatik (formale Theorie) unserer Muttersprache *können* wir (mehr oder weniger korrekt), aber *wissen* sie (meist) nicht. Hier wird der entscheidende Unterschied repräsentierter Regeln, die einen Sachverhalt definieren und erklären, und repräsentierter Bedeutungen deutlich. Man kann einen Sachverhalt repräsentieren oder Wissen *über* einen Sachverhalt speichern. Im anglo-amerikanischen Sprachgebrauch wird dies durch die Bezeichnung *knowing how* und *knowing about* ausgedrückt.

Wir müssen also eine sensomotorische Art der Wissensrepräsentation (prozedurale Repräsentation) von der symbolischen Form (deklarativen Repräsentation) unterscheiden. Lernen zielt auf die Verwirklichung möglichst vielfältiger (multipler) Repräsentationsformen. Aber beide Repräsentationsarten hängen miteinander zusammen, und es bestehen gute Gründe zur Vermutung, dass eine symbolische Repräsentation nicht ohne vorherige sensomotorische Repräsentation erfolgen kann.

Fallbeispiel 1
Unterrichtsbesuch in der Laborschule Bielefeld (1994)
Stufe I, Jahrgänge 0 - 2 (5-7 Jahre)

> B. ist „Einser", d.h. er gehört in seiner Stammgruppe zum 1. Jahrgang (6 Jahre). Er möchte schreiben. Er wählt sich vier Wörter, die ihm die Lehrerin auf ein Blatt vorschreibt: „Rechenmaschine", „Marienkäferchen", „Schwamm" und „Moritz II". B. schreibt diese Wörter ab und malt jeweils ein Bild dazu. Überraschend schwierige Wörter hat der Erstklässler sich da ausgesucht. Aber die Lehrerin findet nichts dabei. Moritz II heißt nämlich das Meerschweinchen, das auf der Fläche der Stammgruppe lebt und von ihr versorgt wird. Morgens war große Aufregung, als ein Marienkäferchen auf Moritz' Käfig krabbelte, natürlich auf die Finger eines jeden Kindes wanderte und schließlich davonflog.

Was lag also näher, als diese Wörter zu schreiben, die gerade so wichtig waren. B. schreibt die Wörter und malt das Marienkäferchen, den Moritz, den Schwamm und eine Rechenmaschine. Ich fragte ihn, ob er auch die geschriebenen Wörter noch wisse. Das Marienkäferchen war klar. Aber Schwamm und Rechenmaschine gingen durcheinander. „Zeig doch mal, was Du sonst schon geschrieben hast!" Gerne holt B. seinen Ordner mit all den Arbeitsbögen. Wir blättern zurück. Je weiter wir zurückgehen, umso sicherer kann B. seine selbst geschriebenen Wörter lesen.

Wie hat B. überhaupt lesen gelernt? Zuerst sind da die Wörter, die ihm besonders wichtig sind, die er versteht, die eine wirkliche Bedeutung für ihn haben. Es sind ganz und gar nicht nach didaktischer Systematik ausgewählte Wörter aus einem progressiven Schreib-Lehrgang: erst einsilbige, dann zweisilbige Wörter, erst ohne Konsonantverdopplungen, Dehnungen und Umlaut, allmählich schwieriger, komplexer werdend. Ganz im Wagenscheinschen Sinn lässt die Lehrerin B. mit komplexen Phänomenen beginnen: dem „Marienkäferchen" und dem, was er mit ihm erlebte. Diese erlebte Erfahrung gewinnt dann Gestalt im gemalten und geschriebenen Begriff. Und weil das Marienkäferchen nicht abstrakte Schreibübung, sondern erlebter Inhalt ist, prägen sich der Bedeutungsgehalt und das Schriftbild tief im Bewusstsein ein. Dort arbeitet es unbewusst weiter. So schleifen sich selbstorganisiert Verbindungen von Buchstaben und Lautkombinationen, Wörtern und Bedeutungen ein. Je länger dies geschieht, umso sicherer gelingt das Lesen. Auch hier geht dem Lernen ein langsamer Verarbeitungsprozess voraus, in dem sich neuronale Netzverbindungen aufbauen und durch den ihre synaptische Verbindung verstärkt wird.

Noam Chomsky (1980) setzt eine Art Spracherlernungsmechanismus voraus, der erklären soll, wie ein Kind allmählich die komplexen und abstrakten Strukturen der Sprache, die es aus allgemeinen Tiefenstrukturen generiert, zu beherrschen lernt. Und Steven Pinker (1996) geht sogar von einem angeborenen Mechanismus, dem Sprach-Instinkt, aus, der das Lernen der Sprache und ihrer grammatischen Strukturen erst ermöglicht. In dem Begriff „Instinkt" drückt sich die Vorstellung aus, „dass das Sprachvermögen des Menschen mehr oder weniger mit der Webkunst der Spinne vergleichbar ist. Die Herstellung eines Spinnennetzes wurde nicht etwa von irgendeinem in Vergessenheit geratenen Spinnengenie erfunden und ist unabhängig von einer soliden Ausbildung oder der Begabung zum Architekten oder Bauingenieur. Vielmehr spinnt eine Spinne ihr Netz, weil sie ein Spinnengehirn besitzt, das ihr den Drang zu spinnen weckt und sie befähigt, diesem Drang mit Erfolg nachzugeben" (Pinker, 1996, 21). Ebenso gibt es nach Pinker eine genetisch bedingte Fähigkeit (Grammatik-Gen), grammatische und syntaktische Strukturen zu bilden, die die Ausbildung einer vernünftigen Sprache ermöglichen. Demgegenüber hat Margaret Donaldson (1982) die besondere Rolle betont, die der Erfahrung von Sinn beim Erwerb sprachlicher Kompetenz zukommt. Kinder erlernen eine Sprache, weil sie Situationen und Sachen als bedeutungsvoll erfahren und diese mit Sinn erfüllen; sie geben dem, was sie bei anderen sehen und erleben und was sie selber erfahren, einen Sinn. Aus diesem Grund entsteht erst das Bedürfnis, erfahrene Bedeutungen begrifflich zu benennen und ihnen so eine wiederholbare Struktur zu geben.

Formales Lernen stellt den lernpsychologisch und -biologisch sinnvollen Prozess oft auf den Kopf. Wir folgen mit dem Lernen nicht dem psychologischen und physiologischen Entwicklungsverlauf des Kindes, sondern allzu oft der Systematik des Faches. Was dort grundlegend ist, kommt zuerst, ohne darauf zu achten, dass Lernen gerade nicht der Systematik einer Disziplin folgt, sondern diese sich erst aus dem Wissen des ganzen Gebiets im Nachhinein aufstellen lässt. So beginnen wir mit der theoretischen Erklärung z.B. der Notenschrift, bevor überhaupt musikalische Strukturen kinästhetisch erfahren und musikalisch repräsentiert sind. Musiklehrer erklären am Anfang, wie die Notennamen heißen, was die Vorzeichen # und b bedeuten, damit Schüler danach eine Melodie singen oder spielen können. Im Instrumentalunterricht zeigen sie Haltung und Griffe, um Töne hervorzubringen, anstatt Melodien zu singen, die nachgespielt werden können. Keiner Mutter aber fiele es ein, ihrem Kind zu erklären, wie es die Zunge stellen muss, um Laute wie <sch> oder <ts> zu bilden. Nie würde sie bei ihrem Kind nach der Systematik der Grammatik vorgehen und erst einige Wochen nur Adjektive oder Verben üben, dann zur Deklination von Substantiven übergehen etc. Umgekehrt imitiert ein Kind alles, was es hört, aber es versteht und spricht nur, was es auch denken kann, weil und sofern es Bedeutung hat.

Um etwas singen oder sagen zu können, muss das, was man singen oder sagen will, immer schon verstanden und im Bewusstsein als Denkinhalt vorhanden sein. Man muss eine innere Vorstellung von dem Klang, dem Laut, dem Wort haben, um diese richtig bilden zu können. Der amerikanische Lernpsychologe Edwin Gordon nennt diese innere Vorstellung von klanglichen Bedeutungen Audiation *(audiation)*. Diese bildet sich aber erst im praktischen Tun, in der kinästhetischen Erfahrung des Klangs und seiner Bedeutung.

Fallbeispiel 2
Unterricht in der 7. Klasse einer Secondary School in London (1994)
Im englischen Musikunterricht nehmen Schülerkompositionen einen wichtigen Platz im Curriculum ein. Die Schülerinnen dieser Klasse sollen in den nächsten Wochen ein dreistimmiges Musikstück komponieren. Sie haben alle ein Keyboard zur Verfügung, kennen die Taktarten und Grundakkorde und können die mit Buchstaben gekennzeichneten weißen Tasten in Notation übertragen. Als Erweiterung ihres musiktheoretischen Rüstzeugs lernen sie heute *flats* (b) und *sharps* (#). Zunächst müssen alle Schülerinnen ihre Keyboards ausschalten, damit es keinen unnötigen Lärm gibt, der die Anweisungen des Lehrers stören könnte. Dieser erklärt, dass ein b (engl. flat = platt, niedrig) den Klang herunterdrücke, was er plastisch an einer Schülerin vorführt, deren Kopf er sanft nach unten drückt. Dann soll jeder den kleinen Finger der rechten Hand auf das c der Klaviatur legen, zum h übergehen und von da den erniedrigten Ton b niederdrücken.

Eine Schülerin führt alles korrekt aus und bemüht sich, die Taste h so tief wie möglich herunterzudrücken. Der Lehrer beobachtet den „Spielfehler" und erklärt ihr, sie solle den Ton „tiefer" spielen. Sie versteht nicht und bemüht sich vergebens, die Taste „tiefer" zu drücken. Der Lehrer kann diese Begriffsstutzigkeit ebenfalls nicht verstehen und wird lauter und lauter: „Tiefer, tiefer!" Erst als ihr eine Mitschülerin die Taste b zeigt, versteht sie, dass sie die „links" neben der Taste h gelegene, nicht eine „tiefere" drücken muss. Wie sollte sie auch ohne Klang und Kenntnis des Tastensystems wissen, dass Musiker die Bewegung nach rechts und links auf der Klaviatur als „hoch" und „tief" bezeichnen.

Wie oft machen wir die Erfahrung, dass Schülerinnen und Schüler zwar wissen, was eine Moll-Tonleiter ist, also sagen können, wo die Halbtonschritte liegen und wie sie mit der parallelen Durtonleiter verwandt ist, aber keine Vorstellung von ihrem Klang haben. Welche Schüler können eine bekannte oder unbekannte Melodie, die sie in Dur hören, nach ihrer Klangvorstellung in Moll singen oder spielen? Wie oft lernen sie nur Namen, die sie wie Etiketten für un- oder halbverstandene Sachverhalte benutzen? Wie oft führen wir sprachliche oder grafische Symbole für Sachverhalte ein, die noch gar nicht gehört, geschweige verstanden sind?

Figurale und formale Vorstellungsformen beruhen auf verschiedenen Vorstellungs- und Erlebnisweisen musikalischer Gestalten. Alle unsere Handlungen folgen inneren Plänen. Wenn wir morgens aufstehen und uns überlegen, was wir im Laufe des Tages zu erledigen haben, machen wir Pläne. Wir bewegen uns im Geist wie auf einer kognitiven Landkarte *(cognitive map),* in der alle unsere Erfahrungen eingetragen sind: das Wissen über den Ort, an dem wir leben, die Verrichtungen unseres Berufs, die Personen unserer Umgebung etc. So können wir uns frei in diesem Plan bewegen: wir organisieren den günstigsten Ablauf unserer Erledigungen oder planen um, wenn uns eine neue Idee kommt.

Kinder orientieren sich oft ganz anders. Sie merken sich ihren Weg zum Kindergarten oder in die Schule, indem sie sich an bestimmte Orientierungsmarken erinnern: die blaue Garage an der Ecke, dann die Ampel, weiter durch den Park usw. Ein solcher Ablauf ist nicht ohne weiteres umkehrbar. Versperrt eine Baustelle den gewohnten Gang, ist das Ausweichen auf einen anderen Weg nicht selbstverständlich. Die Vorstellung solcher Orientierungsmarken verweist auf Referenzobjekte; dagegen sind kognitive Pläne eher auf Referenzsysteme bezogen und stellen einen höheren Abstraktionsgrad dar.

Die bisherigen Beobachtungen haben einen ersten Einblick in die Art, wie Kinder Musik lernen, erlaubt. Dabei ist deutlich geworden, dass es einen Unterschied macht, ob wir – überspitzt formuliert – ein *Instrument* lernen bzw. unterrichten oder *Musik.* Zu oft betrifft Instrumentalunterricht, aber auch schulischer Musikunterricht nur die technische Seite: das Lernen von Griffen und Haltungen, die Kenntnis von Notennamen und Fakten der Musiktheorie. Lernen sollte aber auf die Bildung musikalischer Repräsentationen hinwirken und die bereits vorhandenen verfeinern und erweitern. Methodisch sollte es also darauf ankommen, musikalische Vorstellungen aufzubauen, die mit Sinn gefüllt sind.

Musikhören und Verstehen bedeuten dann die Aktivierung der in neuronalen Netzen gespeicherten Repräsentationsmuster. Wichtig wäre also, dass vor dem Wissen der Halbtonstufen in einer Molltonleiter der Klang von Moll deutlich vorhanden ist. Selbstverständlich müsste es sein, dass man, bevor man die Notennamen einer Melodie buchstabiert, ihren Grundton erkennen und singen kann. Notwendig wäre, dass man, bevor arithmetische Merksätze über das Verhältnis von Auftakt und Schlusstakt memoriert werden, einen Auftakt als Körperspannung erfahren hat und darstellen kann, z.B. indem Kinder sich zu einer gesungenen Melodie bewegen, abspringen und auf der Eins landen. Das körperliche Gefühl des Absprungs auf die Eins hin ist eine wichtige Anbahnung zur Erfahrung der Gestaltqualität eines Auftakts. Richtig wäre es, das Metrum zu einer Melodie erst gehen zu können, bevor komplizierte Sachverhalte des Bruchrechnens vermittelt werden. (Kein vernünftiges Kind vermag einzusehen, dass ein Dreivierteltakt ein ganzer Takt sein soll, wo er doch nur zu drei Vierteln ausgefüllt ist.) Alle diese Beispiele sollen deutlich machen, dass immer erst eine konkrete figurale Vorstellung vorhanden sein muss, damit sich daraus dann eine formale entwickeln kann.

Die kognitive Psychologie geht heute davon aus, dass ein enges Wechselverhältnis zwischen Lernen und Repräsentation besteht. Denn die verschiedenen Modelle, die der Informationsverarbeitung zugrunde liegen, machen immer auch implizit Aussagen über die Art der Wissensrepräsentation, also über die Prozesse und Strukturen, die zur inneren Vorstellungsbildung führen, mit deren Hilfe es dann möglich wird, einen Sachverhalt oder Gegenstand (z.B. einen Rhythmus oder einen Stuhl) nicht nur in der unmittelbaren Wahrnehmung wiederzuerkennen, sondern auch bildhaft in der Vorstellung zu sehen oder abstrakt symbolisch zu denken (Formen ikonischer, symbolischer und formaler Repräsentation).

Über Wissen verfügen wir erst, wenn ein Sachverhalt als Struktur mental repräsentiert werden kann. Wir können andererseits nur wahrnehmen und erkennen, was bereits mental repräsentiert ist. Den Integrationsvorgang einer wahrgenommenen in eine repräsentierte Struktur nennen wir Verstehen im Sinne von *Erkennen von etwas als etwas*. Darin vollzieht sich nichts anderes als die Aktivierung der Spuren und Bahnen im Rahmen vorhandener Repräsentationen. *Mentale Repräsentation* bezeichnet dabei eine spezifische Bahnung im neuronalen Netz. Und *Lernen* wird hier verstanden als die Veränderung (Differenzierung, Erweiterung) im Aufbau innerer Repräsentationen.

Im Rahmen der Möglichkeiten dieses Netzes finden schon auf der untersten Ebene der physiologischen Reizleitung Entscheidungen statt. Die Rezeptoren leisten eine selektive Aufnahme von Wahrnehmungen (psychischer Mechanismus), und die Weiterleitung erfolgt selbstorganisiert, d.h. es liegt nicht von vorneherein fest, welche Reize über welche Synapsen weitergeleitet werden, wieviele Zell-Ensembles aktiviert werden und welche vorhandenen Verbindungen blockiert bleiben. Auf diese Weise bildet sich ein dynamisches Muster von aktivierbaren Bahnen. Werden miteinander verbundene Nervenzellen gleichzeitig aktiv, verstärken sich die Synapsen zwischen ihnen, und die so vernetzte Gruppe bildet ein Zell-Ensemble. So entsteht eine ungeheuer dichte Vernetzung, in der viele Prozesse gleichzeitig ablaufen. Zudem kann die einzelne Nervenzelle (Neuron) gleichzeitig an verschiedenen Ensembles beteiligt sein. Dabei werden Synapsen in kürzester Folge (Millisekunden) an- und abgeschaltet, was zu einer Schwankung der Kopplungsstärke zwischen den Neuronen führt. Diese zeitliche Verknüpfung neuronaler Vorgänge (vgl. v. d. Malsburgs Korrelationstheorie) erhöht einerseits die Zahl der verfügbaren, aktivierbaren mentalen Repräsentationen und erklärt andererseits, dass auch neue Zell-Ensembles kurzfristig durch die Erhöhung der synaptischen Stärke eine stabile Struktur erhalten können, so dass wir auch nach einmaligem Hören an einer neuen Melodie etwas Bekanntes erkennen und sie uns merken, sie repräsentieren können.

Wahrnehmen und Denken verlaufen in parallelen, sich selbst organisierenden Bahnen im Rahmen der zuvor ausgebildeten Möglichkeiten (Verschaltungen). Die Dichte der Vernetzung und die über viele Hirnregionen verteilte (distribuierte) Verarbeitung ist der Grund dafür, dass wir das Hören von Musik immer mit anderen Wahrnehmungen, mit Erinnerungen und Gedanken, Assoziationen und Bildern verknüpfen, dass wir im selben Vorgang empfinden und erkennen, identifizieren und vergleichen, pauschale Ausdrucksvaleurs annehmen und detaillierte Beobachtungen machen können.

Während die Lateralisationsforschung sich lange Zeit darauf konzentriert hat, die auf bestimmte Leistungen spezialisierten Hirnregionen zu erforschen, macht es die neuronale Vernetzung plausibel, warum Informationen (Wahrnehmungsreize) *cognitive maps* zwischen den Zell-Ensembles herstellen, in denen dann die Reize distribuiert verarbeitet werden. Aufgrund der besonderen Architektur der mentalen Prozesse hat Valentin Braitenberg das Gehirn bildhaft als „Informations-Mischmaschine" beschrieben, in der ganz unterschiedliche Prozesse der Erregung von Zell-Ensembles gleichzeitig ablaufen.

Die Architektur neuronaler Netze liefert auch die Bedingung für die musikalische Wahrnehmung. Die Aktivierung vorhandener Repräsentationen in diesen Netzen wird dabei umso komplexer sein, je komplexer die Reizstruktur der Musik ist. Eintreffende Reize (einzelne Klänge, Melodien, Stücke, Formverläufe etc.) erregen also zunächst die zuständigen Bereiche des Gehirns, die aber sofort Informationen (Energie) an beliebige andere Zellen weitergeben und andere Zell-Verbände erregen. Auf diese Weise werden bestimmte Ensembles aktiviert, die untereinander in Netzen zusammenwirken. Dabei werden synaptische Verbindungen, die häufiger benutzt wurden, künftig auch leichter und eher wieder reaktiviert. So schleifen sich Wahrnehmungsspuren ein, in denen musikalische Strukturen repräsentiert werden.

Lernen bedeutet demnach je nach der zugrundegelegten kognitiven Strategie eine Konzentration auf bestimmte Verarbeitungsareale bei gleichzeitiger Verdichtung des Netzes durch die Zuschaltung rechter und linker Aktivitäten. Anders ausgedrückt: wenn im Musikunterricht weniger erklärt und dargestellt und dafür mehr musikalische Vorstellungsbildung betrieben wird, könnte Lernen musikalisch sinnvoller und vermutlich langfristig wirkungsvoller stattfinden. Die pädagogische Kunst bestünde dann im Arrangement von Lernsituationen und der Vermittlung von Anregungen, die zu wirklich musikalischen Vorstellungen führen. Musik muss dabei als Musik und nicht als Begriff, als konkretes klangliches Gebilde und nicht als abstraktes Schema erfahren werden. Begriffe und Schemata, die bestimmte Phänomene bezeichnen, treten erst viel später in den Lernprozess ein, nämlich dann, wenn sie als Symbol einen bereits erkannten und verstandenen Sachverhalt betreffen.

Lernen und Aufmerksamkeit

Musikalische Laien richten ihre Aufmerksamkeit auf andere Merkmale als Fachleute. Ob man etwas als „gleich" oder „verschieden" erkennt, hängt davon ab, auf welche Merkmale man dies Urteil bezieht. So ist es für Kinder zunächst keineswegs einsichtig, warum Töne, die immer eine bestimmte Funktion in einer Melodie haben, nach ihrer abstrakten Tonhöhe unterschieden werden sollen und diese räumlich als „hoch" und „tief" bezeichnet wird (wo man doch sieht, dass man auf dem Klavier von links nach rechts spielt oder auf dem Cello die Griffhand von oben nach unten bewegt, um „höher" zu spielen). Hier ist die erste Voraussetzung, dass wir verstehen, was und wie der „ungeschulte Kopf" (Gardner) denkt, welche

Repräsentationen in ihm bereits vorhanden sind und welche erst noch gebildet werden müssen. Wo aber *musikalische* Repräsentationen fehlen, werden andere *außermusikalische* Repräsentationen meist assoziativer Art aktiviert.

Musikalisches Lernen müsste nun den Weg von diesen vorhandenen Repräsentationen zu den musikalischen, schließlich vom figuralen Einzelfall zur Generalisierung in einer formalen Vorstellung suchen. Dies wird umso besser gelingen, je dichter wir an den bereits vorhandenen Bedeutungen ansetzen, um von dort aus möglichst unterschiedliche Umgangs- und Zugangsweisen zu erproben. Wie stark die eigene, bereits vorhandene Denkwelt die Wahrnehmung wie die Begriffsbildung prägt und sich allen Erklärungseinsprüchen der Erwachsenen widersetzt, zeigt der Dialog zwischen dem vierjährigen Konrad und seiner Mutter Susi:

„Konrad: 'Statt Eiszäpfle kann mer doch auch Schneezäpfle sagen.' Ich erkläre ihm, warum Eiszäpfle besser passt. Eine Weile ist er zufrieden. Dann: 'Susi, aber mer *kann* doch Schneezäpfle sagen.' – Ja, mer kann schon. 'Aber mer *darf* doch auch Schneezäpfle sagen.' – Ja, mer darf auch. 'Ja, mer *will* doch auch Schneezäpfle sagen.' Meinst? 'Ja, mer will.' Pause. Konrad für sich: 'Mer kann, mer darf, mer will– was gibt's noch? Nix mehr. Also sagt mer's auch'." (Binneberg, 1994, 152)

Von solcher Bedeutungsgebung aus kann sich ein bewegliches Begriffsnetz bilden. Das gilt auch im musikalischen Bereich, wo wir zunächst musikalische Bedeutungen erwerben müssen, damit wir etwas haben, was wir benennen können. Erklärungen und Merksätze formen ein *Wissen über* Sachen, das nutzlos bleibt, solange die Sachen selber nicht verstanden sind. Das Verständnis von Lernen, das hier entwickelt wurde, zielt demgegenüber auf ein *Wissen und Können von* etwas ab. Diesen Repräsentationsformen des Wissens entsprechen zwei Modi der Erfahrungsbildung, die nicht beliebig austauschbar sind, die erst miteinander in einem Erfahrungsnetz verbunden werden. Dem expliziten, begrifflichen Lernen müsste immer ein erfahrungsbezogenes Lernen vorgeschaltet sein, bei dem mentale Repräsentationen erworben werden können. Im einen Fall lernen wir von anderen, nehmen teil an deren Erfahrung, die zu Wissen geworden ist; im anderen Fall aber lernen wir selber, indem wir in uns die

Erfahrung bilden, die man nicht vermitteln, sondern nur selber machen kann.

Das Bewusstsein hinter der Wahrnehmung

Über die Art, wie Kinder sich Musik vorstellen, was sie beim Hören und Machen über sie denken, wissen wir wenig. Die im vorigen Abschnitt beschriebenen Beispiele machten schon deutlich, dass sich unser Fachvokabular nicht mit den Phänomenen, die sie bezeichnen, deckt und schon gar nicht zu den Vorstellungen passt, die sich Kinder davon machen. Was soll sich ein Kind unter den Tonhöhenangaben „hoch" und „tief" vorstellen? Von sich aus sagt es „hell" und „dunkel", weil es den Klang so erlebt. Doch was wir aus Konvention als der Tonlage nach „hoch" bezeichnen, ist auf dem Klavier „rechts", auf dem Cello „unten", auf der Geige „nah am Körper" etc. Hoch ist lediglich die Zahl der Frequenz, also eine ganz abstrakte Größe, die sinnlich nicht als Größe, sondern als Qualität erfahren wird.

Ähnliches gilt für das Taktzählen. Jedem Musiker ist klar, dass man im Dreiertakt 1- 2 - 3, 1- 2 - 3 usw. zählt. Aber wie soll ein Kind verstehen, warum ein Erwachsener immer wieder nach „drei" mit „eins" anfängt? Warum zählt man nicht weiter: 1 - 2 - 3 - 4 - 5 - 6 - 7 etc.? So sang ein Schüler, der aufgefordert wurde, zur Melodie von *Ah, vous dirai-je maman* zu zählen, wie selbstverständlich

– was auch einen guten musikalischen Sinn ergibt, weil so die motivische Gliederung betont wird. Aber das ist nicht das Anliegen unseres Zählens, das nur auf das Messen der Abstände – also wieder auf einen abstrakten Vorgang – bezogen ist und daher nur schwer von einem Laien als sinnvoll anzusehen ist:

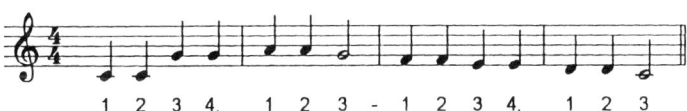

Abb. 5.1: Montessori-Glocken sind äußerlich alle vollkommen identisch, in ihrer Tonhöhe aber chromatisch gestimmt. Der Bau von Melodien mit Montesori-Glocken erfordert also eine klare Hörvorstellung und erlaubt keine optische Orientierung.

Und es dürfte gar nicht leicht fallen, eine plausible, dem Kind einleuchtende Erklärung für das zu geben, was uns selbstverständlich ist. Wie das obige Beispiel zeigt, verfügt der entsprechende Schüler ja bereits über eine genaue Vorstellung (nämlich die der motivischen Gliederung), nur achtet er beim Zählen auf andere Eigenschaften als der Erwachsene oder Fachmann.

Den Prozess der Vorstellungsbildung, die ein Bewusstsein hinter der Wahrnehmung betrifft, hat die amerikanische Musikpädagogin Jeanne Bamberger (1991) in mehreren Arbeitsphasen mit Kindern beobachtet. Sie verwendet dazu Montessori-Glocken (Abb. 5.1), die chromatisch gestimmt, aber in ihrem Aussehen völlig identisch sind und keine Tonhöhenkennzeichnung tragen. Man kann sie allein an ihrem Klang unterscheiden. Will man sie ordnen, muss man sich allein auf sein Gehör verlassen. Und eben das macht ihren pädagogischen Wert aus.

Fallbeispiel 3[1]
Jeffs Arbeit an „Twinkle, twinkle, little star"

> Jeff, ein achtjähriger Schüler, hat bereits am Computer aus einzelnen Bausteinen („tuneblocks") Melodien zusammengestellt und ist gewohnt, selbständig zu arbeiten Als neue Aufgabe soll er diesmal das Lied „Twinkle, twinkle, little star", das er kennt und singen kann, mit Glocken spielen. Dazu stehen ihm alle diatonischen Glocken von C bis C^1 (weißer Fuß) sowie je eine zusätzliche C, E und G Glocke (brauner Fuß) für mehrfach auftretende Töne zur Verfügung.
>
> Bei seinem ersten Konstruktionsprozess verfolgt er eine figurale Strategie. Er beginnt mit der Glocke C, singt den nächsten Ton, sucht die passende Glocke und stellt sie neben die erste. Für jeden neuen Ton der Melodie benötigt er eine neue Glocke, lediglich bei Wiederholungen von benachbarten Tönen schlägt er dieselbe Glocke zweimal an.

---

[1] Das folgende Fallbeispiel ist J. Bambergers Buch „The Mind Behind the Musical Ear" entnommen und wird dort ausführlich dokumentiert, lernpsychologisch analysiert und kommentiert (Bamberger, 1991, 177 – 263).

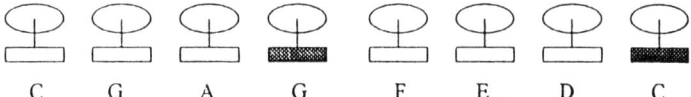

C G A G F E D C

Jede Glocke erhält ihre Bedeutung aufgrund ihrer Stellung im Zusammenhang der Melodie. Dass der erste und letzte Ton dieselbe Tonhöhe haben, ist ihm gar nicht bewusst; als Anfangs- und Schlusston erfüllen beide Töne eine unterschiedliche Funktion in der Melodie und erfordern daher je eine eigene Glocke. Die Aufstellung der Glocken geschieht so, dass sie genau dem Verlauf der Melodie und der eigenen Spielweise (von links nach rechts) entsprechen: die Reihenfolge der Glocken gleicht der Reihenfolge der Töne, die wiederum der Handlungsfolge (Folge der Spielbewegungen) entspricht:
Glocken = Töne = Handlung

Jeff stellt die Glocken so vor sich hin, wie er sich die Melodie innerlich „vorstellt" – als raum-zeitliche Abfolge von Bewegungen und Handlungen gemäß dem Melodieverlauf. Dieser wird als Spielfolge, d.h. „figural" gedacht. Insofern steht Jeffs Lösung mit seiner Vorstellung im Einklang. Schwierig wird es erstmals, als er wiederum die Melodie bauen soll, diesmal jedoch ohne die doppelten Glocken. In seinem Glockenvorrat stehen nur solche mit weißem Fuß.

Diese Aufgabe bringt ihn in erhebliche Schwierigkeiten, die er zu lösen sucht. Zunächst beginnt er wie gewohnt mit der Aufstellung. Beim Erreichen des zweiten G („twinkle, twinkle, little <u>star</u>") ist er ratlos: er braucht eine weitere Glocke, die er dann beim Suchen zufällig findet, als er auch die Glocken anschlägt, die bereits in seiner Melodieaufstellung vorkommen. Sofort nimmt er diese G-Glocke und stellt sie neben das A (....<u>little</u>...).

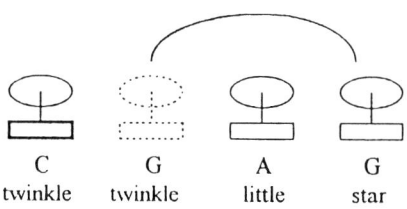

Doch dies löst das Problem nicht, sondern schafft für den Fortgang nur neue Schwierigkeiten. Denn nun stimmt auf einmal auch der Anfang nicht mehr (*c c a a g g* ?). Jeff ist völlig irritiert, weil nun die Glockenaufstellung nicht mehr der Abfolge der Melodietöne entspricht. Etwas ist in Unordnung gekommen, das er ordnen muss. Die Lösung, die er findet, besteht darin, die alte Glockenaufstellung zu belassen, aber den Bewegungsablauf umzustellen und nach dem A zurück zum G zu springen.

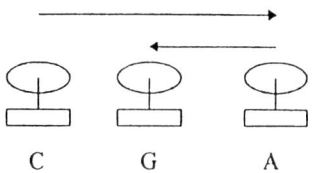

Und dann muss er erneut springen, um mit der F Glocke („.... how I wonder") fortfahren zu können.

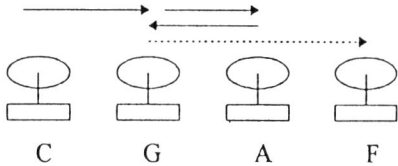

Auf diese Weise baut er allmählich seine innere Vorstellung um. Hatte er die erste Aufstellung einmal fertiggestellt, konnte er gewissermaßen mechanisch die Melodie abspielen. Nun muss die Spielfolge mit ihren Sprüngen erinnert werden, was nur gelingt, wenn er sich den Ablauf der Melodie genau vorstellen kann. Nun gilt nur noch eine ungefähre Entsprechung zwischen der Reihenfolge der Glocken, der Reihenfolge der Töne und der Handlungsfolge (Folge der Spielbewegungen):

Glocken ≈ Töne ≈ Handlung

Bedeutsamer für den Umbau seiner Vorstellung ist aber, dass er nun den Glocken eine Eigenschaft zuerkennt, die unabhängig ist von ihrer Stellung in der Melodie: ihre absolute Tonhöhe. Eine Glocke ist nun nicht mehr Anfangston eines Melodieteils oder Schlusston, sondern eine Glocke „besitzt" eine Tonhöhe, die überall eingesetzt werden kann. Erst diese Entdeckung ermöglicht ihm den nächsten Schritt auf eine „formale" Repräsentation zu.

Jeff soll nun versuchen, dieselbe Melodie aus der Tonleiteraufstellung der Glocken zu spielen, also von einem neuen Ordnungsprinzip ausgehen. Dies erzeugt wiederum heftige Irritationen. Wie kann er die Melodie spielen, wenn die Glocken so „falsch" stehen. In einer ersten Reaktion greift er zu den Glocken der ersten beiden Töne (C und G) und stellt sie nach alter Gewohnheit nebeneinander auf. Erst allmählich gelingt es ihm, die Strategie der Modifizierung seiner Spielbewegungen auf die neue Situation zu übertragen und sich durch Vor- und Zurückspringen die „richtigen" Glocken zu suchen. Dies erfordert eine klare abstrakte, an den absoluten Tonhöhen orientierte „formale" Vorstellung der Melodie, bei der nun Glocken, Töne und Handlung in ihrer Anordnung nicht mehr übereinstimmen:

Glockenaufstellung ≠ Reihenfolge der Töne ≠ Handlungsfolge

Die Aufstellung der Glocken fungiert als ein „Instrument" zur Erzeugung von Melodien dieses Tonvorrats. Damit werden dann auch viele andere formale Operationen möglich: Jeff kann auf der gleichen Aufstellung auch andere Dur-Lieder spielen. Sein Handlungsablauf wird nun allein von seiner Tonhöhenvorstellung geleitet. Die „figurale", an der realen Abfolge der Ereignisse in der Zeit ausgerichtete Vorstellung, die nur auf einen Einzelfall anwendbar ist, hat nun eine Umformung in eine „formale" Vorstellung erfahren, die an den absoluten Tonhöhen in einer abstrakten, auf viele andere Fälle übertragbaren Ordnung orientiert ist.

Lernen zeigt sich in diesem Fall, den Jeanne Bamberger dokumentiert, als eine „aktivitätsabhängige Veränderung von Funktionsabläufen im Gehirn" (Schmidt, 1991, 27), durch die eine Änderung in der Art der mentalen Repräsentationsform hervorgerufen wird. Solche Änderungen ergeben sich aus Modifikationen der Wechselwirkung zwischen Nervenzellen innerhalb neuronaler Gruppen. Diese neurobiologischen Vorgänge benötigen eine bestimmte Zeit. Lernvorgänge, die auf derartigen Modifikationen beruhen, entwickeln sich langsam und vollziehen sich in qualitativen Schüben oder Sprüngen. Jeffs Arbeit mit den Glocken erstreckte sich über mehr als fünf Monate, bis er eine neue Repräsentation zu entwickeln begonnen hatte. Unterrichtssituationen, bei denen ein gegebenes Ziel in einer bestimmten, in Minuten oder Unterrichtsstunden ausgedrückten Zeiteinheit erreicht sein muss, sind lernbiologisch unmöglich. Auch kann ein Außenstehender niemanden „lernen machen"; Lernen ist vielmehr ein interner Prozess der Änderung cerebraler Funktionsabläufe, für den die geeigneten Bedingungen geschaffen, genügend Zeit gelassen und eigene Erfahrungsbildung zugelassen werden muss. Stimuliert wird ein solcher Prozess häufig durch Interventionen von außen, die eine Irritation bewirken, die nach einer Lösung verlangt. Pädagogik ist der Versuch, die Bedingungen für lernbiologisch und neuropsychologisch sinnvolles Lernen bereitzustellen und, wo nötig, durch Intervention den Lernprozess, d.h. den Umbau der mentalen Repräsentationen in Gang zu setzen.

Erleben und Notieren zeitlicher Strukturen

Einen Einblick in die kindliche Vorstellungswelt, also in die Art, wie Musik in ihrem Bewusstsein mental und in ihrem Körper figural abgebildet wird und wie sich solche Vorstellungen von denen der Experten unterscheiden, geben uns Notationsversuche, die Kinder ohne Kenntnis der traditionellen Notenschrift unternehmen. In diesem Abschnitt wollen wir uns mit der zeitlichen Dimension von Musik beschäftigen und fragen, wie der „ungeschulte Kopf" (Gardner) metrische Verhältnisse und Dauern repräsentiert, um zu erfahren, wie sich rhythmische Verläufe in der Vorstellung und im Kognitionsprozess darstellen.

Musik ist eine Darstellungsform, die sich in der Zeit verwirklicht und dadurch die Zeit in eine sinnlich erfahrbare metrische Ordnung bringt. Rhythmus ist ein zentrales Element aller biologischen Prozesse. Eingespannt in größere und kleinere Zyklen (Folge der Jahreszeiten, Tag-Nacht-Wechsel, systolischer und diastolischer Puls etc.) verläuft unser Leben in rhythmischem Wechsel von Spannung und Entspannung, Aktivität und Passivität. Das rhythmische Pulsieren in Mikro- und Makrozyklen ordnet die biologischen und psychischen Abläufe, indem die einzelnen Tätigkeiten und Ereignisse segmentiert und in zyklischen Phasen wiederholt werden, deren Abfolge sie erst als Struktur erfahrbar machen. Rhythmische Muster bilden – wie wir heute wissen – auch die Basis kognitiver Prozesse der Reizverarbeitung. Ein bestimmter „Zeittakt" (als aussichtsreichster Kandidat gilt heute die Frequenz der Gammawellen) liefert das Baumaterial für das Bewusstsein (E. Pöppel). Rhythmen ordnen also die chaotische Ansammlung von Ereignissen zu strukturierten Folgen.

Biologische Rhythmen (Wachen und Schlafen; Zyklen organischer Aktivität etc.) bilden ebenso die Grundlage für kulturelle Rhythmen (Arbeitsrhythmen, Mahlzeiten, Tages- und Wochenplan, Rituale von Fest und Feier etc.). Sie gliedern den Ablauf aller notwendigen, immer wiederkehrenden Tätigkeiten und Handlungen im sozialen und kulturellen Leben und machen dieses überschaubar, planbar, vorhersehbar. Im musikalischen Rhythmus finden elementar vitale Prozesse (Puls, Systole-Diastole) ihren unmittelbaren Niederschlag, sind zugleich aber ästhetisch wirksam und kulturell zu Artefakten umgewandelt. So wird Rhythmus zu einem zentralen Phänomen menschlicher Erfahrung und Ausdrucksform, das in Musik, Sprache, Bild und Tanz ästhetisch überformt erscheint, aber noch mit der elementaren Physis des Menschen wie mit universalen Ordnungen in Verbindung steht und dadurch bis in die Lernprozesse hinein wirkt.

Grundlage jeder rhythmischen Erfahrung und Darstellung ist die Bewegung. Im Rhythmus verdichtet sich der Fluss der Zeit (griechisch: rhein = fließen, rheuma = Fluss, rhythmos = Zeitmaß) in räumlicher Ausbreitung. Der Zeitabstand wird in der räumlichen Distanz sichtbar und dadurch messbar, das flüchtige Fließen der Zeit wird fixierbar. Erwachsene sind an messbaren Größen, an *Zeit* und *Raum* interessiert; Rhythmus wird als quantifizierbare Größe im abstrakten Taktschema festgehalten, als mensuriertes Zeichen codiert, in metrischen Zahlenwerten ausgedrückt. Kinder erleben anders und anderes. Für sie sind Übergänge und Verlaufsformen des *Fließens* und die Erfahrung von Unterschieden des *Gewichts* (der Gewichtung) von entscheidender Bedeutung. Rhythmuslernen beginnt daher mit der Erfahrung vom Fließen und Gewicht einer Bewegung. Kinder erfahren Rhythmen auf ganz elementare Weise, in der die in fließender Bewegung schwingenden Arme den Zeitstrom in den Raum projizieren. In dem Moment, in dem wir einen Akzentpunkt einem anderen folgen lassen, denken wir von einem Impuls zum nächsten, der an einer bestimmten Stelle im Raum-Zeit-Gefüge erscheinen muss. Rhythmus entsteht aus Akzentuierungen im Fluss einer Bewegung, die die Zeit gliedern. Diese Gliederung wird körperlich erfahren und im und durch den Körper dargestellt. Dies hat bereits Emile Jaques-Dalcroze erkannt und zur Kernidee seiner rhythmischen Erziehung gemacht (Dalcroze, 1921/1977). Kein Kind wird lernen, „im Takt" zu gehen oder einen beständigen Puls (Metrum) zu halten, wenn es nicht zuvor fähig ist, kontinuierlich fließende Bewegungen mit dem ganzen Körper zu einem rhythmisch musikalischen Geschehen auszuführen. Das mechanische Üben (Klatschen, Gehen, Zählen) metrischer Werte eines Taktes verfehlt den Kern des Rhythmus als kontinuierlichen Bewegungsstrom. Dies gilt auf allen Stufen des Lernens und Musizierens und kann ebenso bei kleinen Kindern wie bei großen Musikern studiert werden, wenn man beobachtet, wie sie sich zur Musik bewegen.

Die Bildung des Zeitbegriffs ist von Jean Piaget (1946; 1955) bei Kindern beobachtet und beschrieben und in neuerer Forschung dann experimentell untersucht worden (Faßbender, 1993, Peery & Peery, 1987, Pouthas, 1985, 1996). Schon im Mutterleib macht der Fötus rhythmische Grunderfahrungen, indem er den Herzschlag der Mutter hört und ihre Bewegungen mit vollzieht. Der Säugling erfährt seine Umgebung immer wieder in periodisch gegliederten Reizfolgen, sei es *auditiv* durch die an das Kind gerichtete Sprechweise, bei der sich häufige Silbenwiederholungen mit entsprechenden Bewegungen und Gesten verbinden (mamamam, dada da), sei es *motorisch* durch schaukelnde und wiegende Bewegungen, in die der Säugling versetzt wird, sei es *taktil* durch äußere Empfindungen, die das Kind beim Streicheln und anderen wiederholten Formen der Berührungen erlebt, sei es schließlich *visuell* durch die Wahrnehmung der gliedernden Bewegungen (vgl. M. Papoušek, 1996, 101). So erwirbt der Säugling mit den Strampelbewegungen bereits erste Muster zeitlicher Gliederung. Mit drei Jahren haben Kinder eine klare sprachliche Vorstellung von zeitlicher Abfolge (vorher - nachher) und können vorgemachte Handlungsfolgen auch korrekt reproduzieren (Pouthas, 1996, 130).

Aber Kinder zählen nicht, wenn sie bestimmte Dauern aushalten oder Abstände messen wollen. Sie zeigen zwar rhythmische Bewegungen mit Händen oder Füßen, aber erst mit 11 Jahren wird das Zählen systematisch benutzt (Pouthas, 1996, 132). Viel eher werden – wie Bamberger (1991) gezeigt hat – Zahlen zur Darstellung verschiedener Gewichtung oder Betonung verwendet, oder sie zeigen einfach die Reihenfolge oder Anzahl von Schlägen an. Was Kinder zählen (wenn sie zählen), sind Mengen konkreter Gegenstände oder Tätigkeiten, nicht jedoch abstrakte Einheiten wie zeitliche Dauern. In der „bildlichen" Darstellung des rhythmischen Verlaufs einer Melodie werden daher zunächst auch nicht metrische Werte, sondern wird die Anzahl von Einzelereignissen oder motivische Gruppierungen dargestellt (Abb. 5.2).

Notation von Rhythmen

Mit einfachen Strichen hat ein 7-jähriges Kind einen ihm bekannten Liedanfang so dargestellt, dass es das Wichtigste des Melodieverlaufs festhält:

Kaum wird man daraus den „wirklichen" Verlauf erkennen können. Vertraut mit rhythmischer Standardnotation wird man einen Dreiertakt mit einer Viertelnote und zweimal zwei Achteln vermuten. Tatsächlich handelt es sich aber um die Wiedergabe des refrainartig wiederkehrenden Einleitungs- und Schlussmotivs aus dem englischen Kinderlied „Row, row, row your boat", das im wiegenden Sechsachteltakt steht.

Betrachtet man diese Lösung unter einem rein fachlichen Aspekt, wird man zu dem Schluss kommen, dass hier der Takt nicht erfasst und auch die rhythmische Einheit ♩♪ falsch dargestellt sei. Doch ist sie

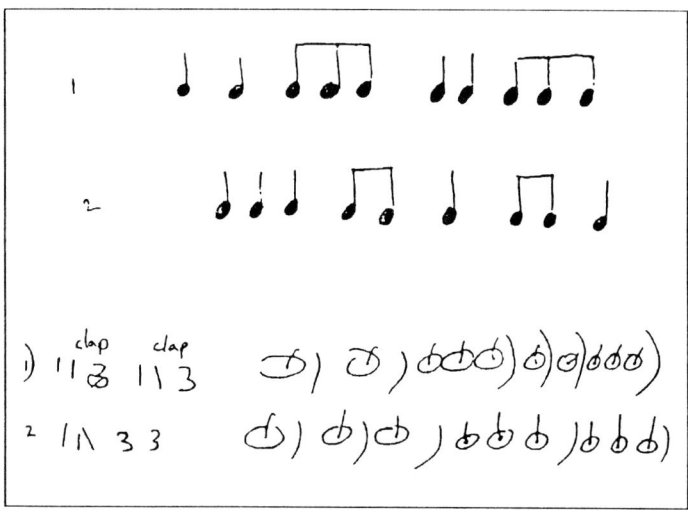

Abb. 5.2: Darstellung zweier Rhythmen durch ein 10- und ein 11-jähriges Mädchen. Die obere Darstellung verwendet traditionelle Notenzeichen, jedoch nicht in ihrer metrischen Bedeutung. Die untere Zeichnung gruppiert die einzelnen Abschnitte durch Kommata und bezeichnet zusätzlich die Schlagfolgen (aus: Deliège & Sloboda, 1996, S. 160).

wirklich „falsch" dargestellt oder steht die graphische Version nur im Konflikt mit der orthographischen Konvention der traditionellen Notation? Das Kind hat durchaus etwas Richtiges erfasst und dargestellt: es hat die fünf Töne des Melodieabschnitts erkannt und so wiedergegeben, wie es sie in der Vorstellung zu Einheiten verbunden erlebt, nämlich in einer Gruppierung von 1 + 2 + 2 Tönen. Es hört also eine bestimmte Phrasierung, bei der jeweils die kurze Note mit der folgenden langen verbunden ist, was metrisch möglich und musikalisch vollkommen plausibel ist. Dabei schenkt es allerdings den proportionalen Verhältnissen (lang, kurz - lang, kurz - lang) des schwingenden 6/8 Takts (den es nicht kennt) keine Beachtung. Die rhythmische Struktur ist mit dem Liedtext gegeben und muss nicht zusätzlich festgehalten werden. Aber die erlebten musikalischen Sinneinheiten ♩ ♪♩♪ ♩. sind wichtig, und diese werden notiert. Gar nicht beachtet ist dagegen der fallende Tonhöhenverlauf. Der ist aber in der Vorstellung ebenfalls fest mit dem Liedtext verknüpft und wird daher nicht besonders festgehalten.

Wenn man davon ausgeht, dass das Kind das darzustellen versucht, was ihm besonders wichtig erscheint und worauf es daher besonders achtet, kann man hier bereits erkennen, dass das musiktheoretisch unerfahrene Kind auf andere Eigenschaften des Melodieverlaufs achtet und andere Kriterien für die Notation anlegt als der musikalisch Geschulte, der musikalischen Konventionen folgt. Dabei ist das Resultat der Kindernotation genauso unvollkommen wie das der Standardnotation; denn es können jeweils immer nur einzelne Eigenschaften schriftlich festgehalten werden. Eine Lösung ist dabei nicht besser oder schlechter als die andere.

Zugleich erhalten wir mit diesem Notationsbeispiel einen ersten Hinweis darauf, wie das Kind die Melodie innerlich repräsentiert. Da es noch keine Viertel und Achtel, keine Proportionen und Taktarten, auch noch keine Notennamen und diastematische Tonhöhenunterscheidung kennt, kann es solche Repräsentationen nicht aktivieren, sondern orientiert sich an dem Gestaltprinzip der Gruppierung zeitlich eng benachbarter Ereignisse, das auch in anderen Bereichen der Wahrnehmung wirksam ist, und notiert ein einzelner Ereignis, gefolgt von je zwei miteinander verbundenen.

Dieselbe Melodie schreiben zwei andere Kinder (6 Jahre) unter Berücksichtigung anderer Aspekte ganz anders auf. Ein Mädchen notiert beispielsweise, nur das, worauf es besonders achtet, und das ist bei einem Lied der Text (Abb. 5.3). Er steht im Mittelpunkt der Aufmerksamkeit.

Dies kann man auch beim Erlernen einer Melodie beobachten: wird die Melodie zusammen mit dem Text dargeboten, achten Kinder auf ihn, d.h. auf die im Text erzählte Geschichte und verlassen dann meist ihre Singstimme und verfallen in die Sprechtonlage zurück. Die Melodie ist bei einem Lied also gewissermaßen im Text enthalten. Sie braucht nicht eigens notiert zu werden, mit dem Text „hat" man auch die Melodie. Interessanter ist die zweite Lösung (Abb. 5.4). Dieses Mädchen malt zunächst gekräuselte Wellen und einige Wolken am Himmel und dann das Boot im Wasser. Es „malt", was es im Text erfahren hat, und bildet den Inhalt ikonisch ab. Als es dann aufgefordert wird, das Lied nach dieser „Notation" zu singen, bemerkt es, dass es noch nicht fertig sei, wendet das Blatt und beginnt zu schreiben, „was in ein Notenheft gehört" (Davidson & Scripp, 1988, 204).

Man kann allgemein feststellen, dass Rhythmen, wie Jeanne Bamberger (1982; 1991) und Rena Upitis (1987) gezeigt haben, entweder ikonisch abgebildet oder bereits mit 4 und 5 Jahren auch schon symbolisch dargestellt werden. Davidson und Scripp (1988) stellten bei Kindern zwischen fünf und sieben Jahren folgende Hierarchie der Repräsentation musikalischer Merkmale fest (Abb. 5.5).

Eine Langzeitstudie über die Entwicklung der Fähigkeiten musikalischer Wahrnehmung ließ die generelle Tendenz erkennen, dass „children at ages five and six were able to represent the song only at the level of musical units. At age seven, however, there is a dramatic increase in representational skills as children demonstrate higher levels of rhythmic structure (that is, grouping or pulse) or pitch relations hip (...) in their notations of song." (Davidson & Scripp, 1988, 214).

Eine bipolare Typologie fand Jeanne Bamberger (1982, 1991) in einer Untersuchung mit 186 vier- bis achtjährigen Kindern, die den Rhythmus

zu klatschen gelernt hatten und dann so aufschreiben sollten, „dass ihr euch morgen wieder an den Rhythmus erinnern könnt und ihn auch jemand anderer klatschen kann, der heute nicht da ist" (Bamberger 1982, 193). Aus der Vielzahl der Darstellungen schälten sich zwei grundsätzlich verschiedene Auffassungsarten der Kinder heraus, die Bamberger „metrisch"

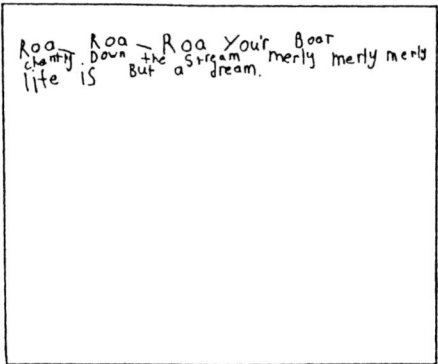

Abb. 5.3: Eleanors Notation des Liedes „Row, row, row your boat"
(aus: Davidson & Scripp, in: Sloboda, 1988, S. 207)

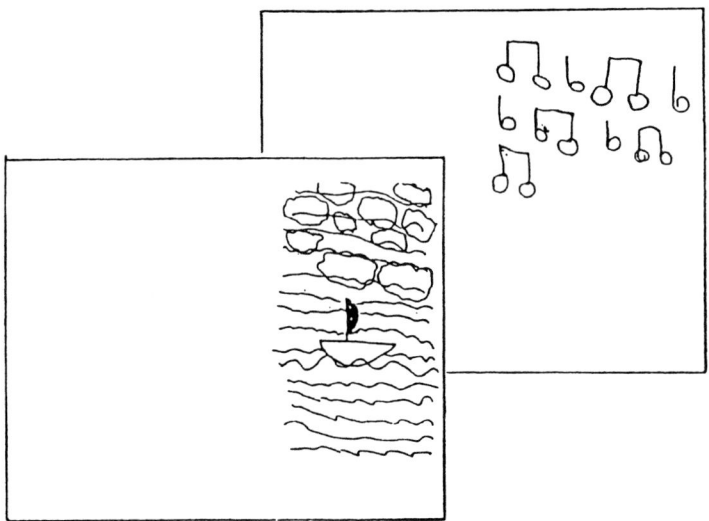

Abb. 5.4: Emilys Notation desselben Liedes in zwei aufeinanderfolgenden Versionen (aus: Davidson & Scripp, in: Sloboda, 1988, S. 205)

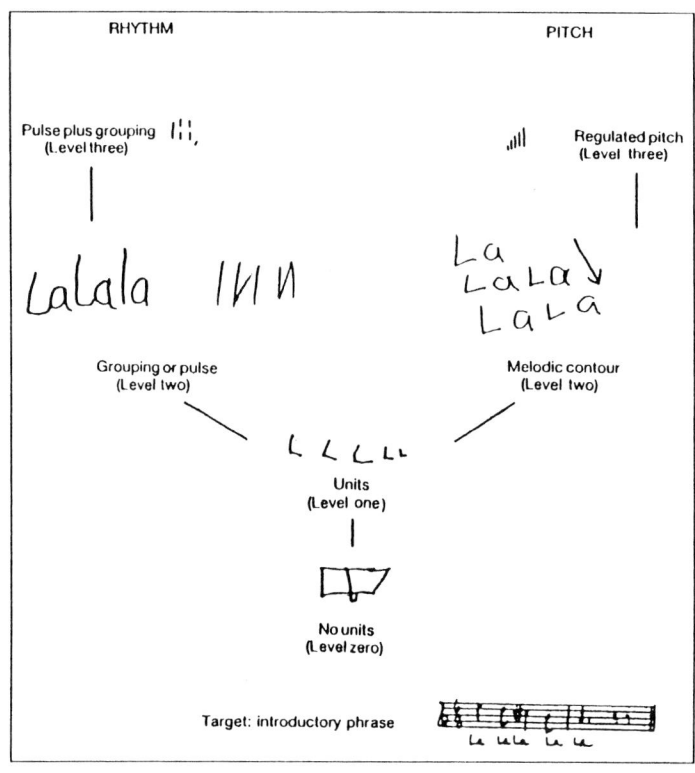

Abb. 5.5: Typologie der Rhythmus- und Tonhöhendarstellungen im Lied „Row, row, row your boat" (nach Davidson & Scripp, in: Sloboda, 1988, S. 213)

und „figural" nennt, je nachdem, ob die (metrischen) Einzelereignisse festgehalten werden oder bereits eine Gruppierung zu (figuralen) Gestalten erfolgt (Abb. 5.6).

Typus 0 fasst die frühesten Kritzelzeichnungen vier- bis fünf jähriger Kinder zusammen. Zunächst zeigen sie eine unmittelbare Umsetzung ihrer körperlichen Erfahrung: die Abbildung der den Rhythmus ausführenden Hand oder die kontinuierliche Bewegung von Arm und Händen beim Klatschen (Spirale) bzw. deren Ergebnis in den aufs Papier gebrachten Punkten. Beachtung verdient hier, dass nicht die zeitliche Gliederung in kurze und lange Werte dargestellt (also: erlebt) wird, sondern der im gleichmäßigen Metrum gefasste Strom der Zeit. Auch die klatschenden oder klopfenden Hände bewegen sich in einem kontinuierlichen Fluss. Am deutlichsten repräsentiert hier die spiralige Form – typisch für frühe Kinderzeichnungen – den körperlichen Bewegungsablauf beim Klatschen. Dabei beobachtete Bamberger, dass die Kinder nicht im Schwung des Rhythmus zeichneten, sondern dass sie die spiralförmige Zeichnung in einer gleichmäßig fließenden Bewegung ausführten.

> „I saw the children moving their hands continuously but also with a regular *pulsing* motion – each circular scribble keeping a steady beat. That is, as the children moved their hands, they did not copy the rhythm of the Class Piece the longs and shorts that they had previously clapped; instead they seemed to be responding to the pulse that was also going on in the background" (Bamberger, 1991, 48).

Die Spirale ist also keine ikonische Abbildung der Bewegung des Rhythmus, sondern die unmittelbare Umsetzung der fließenden Körperbewegung beim Klatschen, aber nicht des geklatschten Rhythmus selber. Auf dieser Stufe findet noch keine distanzierte Auseinandersetzung mit der zeitlichen Gliederung des Rhythmus statt, sondern die Kritzelzeichnung ist unmittelbarer Ausdruck des Flusses der körperlichen Bewegung.

Obwohl die Punkte eine andere Form der Repräsentation darstellen, liegt ihnen ebenfalls ein konkret körperliches Erfahrungsschema zugrunde. Auch hier wird der Rhythmus unmittelbar umgesetzt, indem er diesmal mit dem Bleistift aufs Papier geklopft wird, ohne dass eine visuelle Übertragung der zeitlichen Verhältnisse oder einer Gruppierung versucht oder

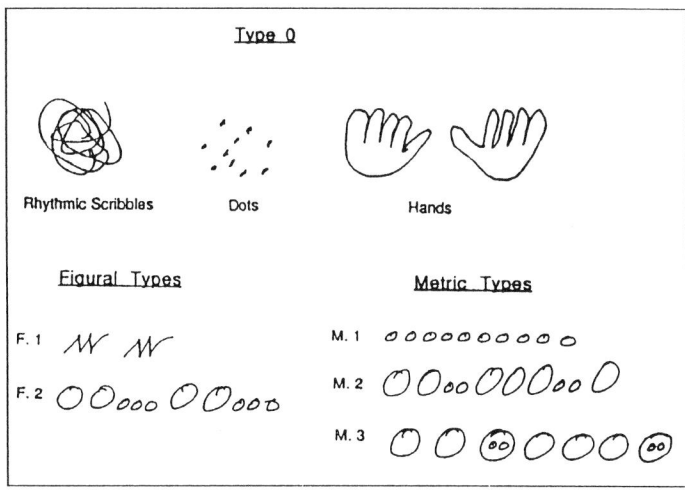

Abb. 5.6: Typologie rhythmischer Notationsformen bei Kindern im Alter von 4 bis 8 Jahren. Dabei werden metrische und figurale (d.h. gestalthaft abbildende) Formen unterschieden, die sich mit zunehmendem Alter differenzieren.
(aus: Bamberger, 1991, 46)

beabsichtigt ist. Bamberger spricht in beiden Fällen von einer „reflection-in-action".

Erst auf der nächsten Stufe (Typus 1) ist in der *figuralen* Gruppierung (F. 1) wie in der *metrischen* Reihung (M. 1) eine erste Darstellung des Rhythmus gelungen, wobei je verschiedene Eigenschaften bzw. Aufmerksamkeiten die Form bestimmen. Im ersten Fall beobachtet Bamberger, wie im unterschiedlichen Schwung der Auf- und Abstriche der Rhythmus selber repräsentiert wird, bei dem die Gruppierung musikalischer Einheiten im Mittelpunkt der Wahrnehmung steht, während im zweiten Beispiel die Kette der Einzelereignisse gezählt wird. Die „reflection-in-action" ist zur „reflection-of-action" geworden. Damit hat sich aber etwas Grundlegendes geändert. Die verinnerlichte Handlung des Klatschens ist vom Modus der Erfahrung zum Gegenstand der Darstellung geworden. Die innere Repräsentation hat sich erstmals zur Repräsentation des Rhythmus anstelle der Repräsentation einer Tätigkeit gewandelt.

Besonders aufschlussreich ist der Vergleich der Versionen M2 und F2.

F 2   M 2
O O o o o O O o o o   O O o o O O O o o O

Korrekt wird in beiden Fällen die Anzahl der einzelnen Impulse oder Ereignisse wiedergegeben. Erkennbar ist ebenfalls die jeweils vorgenommene Gruppierung, die aber im Detail anders ausfällt. In der ersten Lösung (F2) ist die Zweiteilung des Rhythmus unmittelbar erkennbar; eine weitere Binnendifferenzierung ergibt sich aus der Zweiergruppe, die von einer Dreiergruppe gefolgt wird. Bezogen auf die metrische Standardnotation, die Dauerverhältnisse angibt, ist die zweite Lösung (M2) genauer; denn sie zeigt an, dass der erste, zweite und fünfte Impuls gleich lang sind (Viertel), weil die messbare Dauer vom Eintritt des ersten Impulses bis zum Eintritt des zweiten genauso lang ist wie die Dauer zwischen fünftem und sechstem Impuls.

Das erste Kind erlebt den Rhythmus jedoch ganz anders; es misst nicht Dauern, sondern erlebt eine Zweiergruppe von schweren Schlägen, gefolgt von einer eng zusammengehörigen Dreiergruppe. Und dies ist musikalisch auch vollkommen richtig. Das Kind orientiert sich an dem, was es hörend wahrnimmt; und es hört drei dicht aufeinanderfolgende Impulse, die eine musikalische (rhythmische) Einheit bilden; danach gibt es eine Zäsur (atmen), nach der wieder zwei schwere Schläge einsetzen. Diese Erfahrung resultiert daraus, dass das Kind einen Klang immer auf den soeben gehörten zurückbezieht, während unsere Standardnotation genau umgekehrt verfährt und den Abstand von einem Ereignis bis zum nächst folgenden misst. Genau dieses Messen spiegelt die zweite Notationsart. Hier ist als fünftes Ereignis ein großer Kreis gesetzt, weil die Atemzäsur mit eingerechnet wird. Der letzte Schlag dieses Motivs braucht also die gleiche Zeitstrecke bis zum Einsatz des nächsten wie der erste zum zweiten Schlag. Vollends im Typus 2 ist eine Wahrnehmungsform erreicht, die es erlaubt, dass nun der Rhythmus selber wiedergegeben werden kann. Das Bild der Zeichnung entspricht dem erlebten Klangbild, das es darstellt. Dies ist die Voraussetzung dafür, dass die graphischen Zeichen symbolische Bedeutung annehmen können (Typus 3); ein Kreis kann für ein längeres oder zwei kürzere Ereignisse stehen. Damit ist die *metrische* Vorstellung in einer *formalen* (symbolischen) Codierung möglich geworden, die der traditionellen Standardnotation am nächsten kommt.

In der Ausprägung solch unterschiedlicher Vorstellungsformen erblickt Bamberger zwei grundsätzliche Arten der Repräsentation, die nebeneinander vorkommen und voneinander unabhängig bestehen können. Ihre Typologie der mentalen Repräsentation rhythmischer Strukturen wurde später auch von einer nachfolgenden Untersuchung (Upitis, 1987) prinzipiell bestätigt (Abb. 5.7).

Kindernotate – Fenster zum Verstehen

Als Musiker müssen wir uns immer wieder bewusst machen, dass die traditionelle Notenschrift – sei sie Aktionsschrift oder Klangschrift – in keinem unmittelbaren Bezug zur mentalen Repräsentation der gehörten Strukturen steht. Vielmehr handelt es sich um durch Konvention standardisierte Symbole, die in der Regel keine Ähnlichkeit mit dem Klang, den sie bezeichnen, haben. Noten sind zwar im zeichentheoretischen (semiologischen) Sinn die einzigen echten musikalischen Zeichen mit Verweischarakter auf etwas, was sie selbst nicht sind: Klang. Wenn man aber etwas über die tatsächliche mentale Repräsentation, also über die Art der inneren Vorstellung rhythmisch organisierter Zeitstrukturen erfahren will, geben bildliche oder verbale Reaktionen oft mehr Auskunft. Traditionelle Notenschrift stellt demgegenüber ein System konventioneller Normen dar, das erst gelernt werden muss. Insofern hat die traditionelle Notation keine

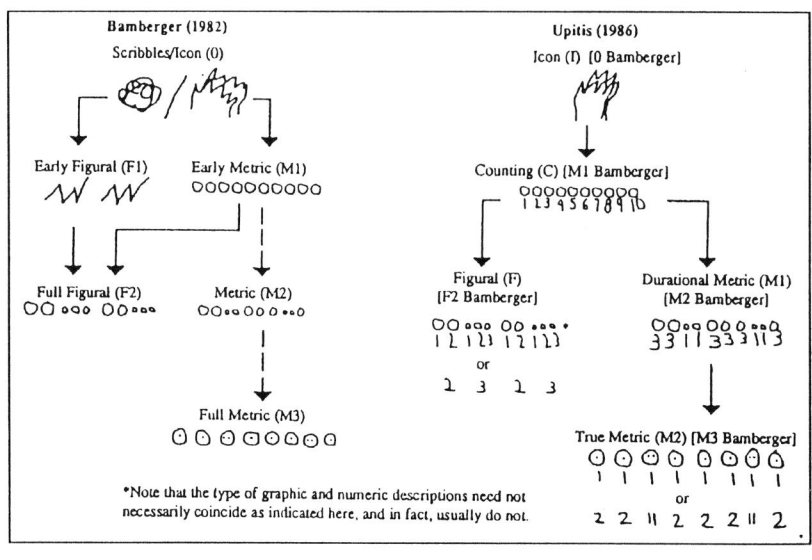

Abb. 5.7 Typologie graphischer Notations- und Vorstellungsformen (aus: Upitis, 1987, 50)

abbildende Darstellungsfunktion, sondern ähnelt Sprache und Schrift gerade darin, dass es keine Ähnlichkeit mit dem Vorstellungsbild der Inhalte, die sie repräsentieren, gibt (vgl. Walker, 1981).

Für ungeschulte Laien (Kinder ebenso wie Erwachsene) ist die traditionelle diastematische Notation daher zunächst nichts anderes als ein abstraktes System von Zeichen, die nichts bedeuten als allenfalls Buchstaben (*c, d, e* etc.). Musikalische Laien unterscheiden sich daher in der Art ihrer musikalischen Repräsentation signifikant von musikalischen Experten. Aufbau und Veränderung (Erweiterung) der Repräsentationsformen stellen folglich eine zentrale Aufgabe der Musikpädagogik dar. So neigen Kinder dazu, ihre Vorstellung unmittelbar darzustellen. Deren graphische Darstellung kommt in der Regel der erlebten musikalischen Gestalt viel näher und drückt sie viel unmittelbarer aus als die konventionelle Standardnotation. Daher ist es auch nicht verwunderlich, dass spätere Ausführungen nach der eigenen Notation in der Regel einen hohen Grad von Übereinstimmung mit der ursprünglichen Darstellung aufweisen (Barrett 1997, 9); denn die gefundene schriftliche Lösung stellt nichts anderes dar als die Fixierung der inneren Vorstellung, die mit dem Klangverlauf verbunden ist. Dieser wird nicht symbolisch codiert, sondern figural abgebildet.

Rena Upitis, die 1987 Bambergers Typen der figuralen und metrischen Repräsentation erneut überprüft hat, fand dabei, dass der figurale Modus auf allen Altersstufen und bei den verschiedenen Begabungsformen auffallend deutlich hervortritt. Dennoch vermutet sie nicht eine sequentielle Entwicklung, sondern erkennt vielmehr eine parallele Entwicklung der figuralen und formalen Repräsentationsform, die die Möglichkeit einschließt, dass Kinder, je größer ihre musikalische Erfahrung ist, sie desto leichter zwischen beiden Formen hin und her wechseln können (Upitis, 1987, 55).

Grundsätzlich kann man davon ausgehen, dass Kinder mit musikalischer Erfahrung ebenso wie Erwachsene eher zur metrischen Vorstellung neigen, während musikalisch nicht ausgebildete Personen gleich welchen Alters figurale Darstellungen bevorzugen. Dies hängt ganz offensichtlich damit zusammen, dass traditionelle Musikerziehung von der metrischen Notationsweise ausgeht und die figuralen Aspekte eher ausblendet, obwohl sie einen wichtigen Bestandteil der musikalischen Erfahrung darstellen. Dies hat dann zur Folge, dass man einen angemessenen Verstehensmodus verfehlt und über abstrakte, formale Phänomene spricht, die in der mentalen Repräsentation noch gar nicht ausgebildet und als Bedeutung verankert sind und daher noch gar nicht verstanden werden können. „By stressing the metric mode, teachers not only underplay the equally important figural aspect, but may also be speaking to children in terms that they cannot really understand" (Upitis, 1987, 59).

Kehren wir nun noch einmal zu dem Lied „Row, row, row your boat" zurück und betrachten die Notation einer 6-jährigen Schülerin (Abb. 5.8). Zunächst fällt daran auf, dass der Rhythmus des Liedes in der Notation gar nicht berücksichtigt wird, weil er bereits durch den Text im Gedächtnis verankert ist. Im Gespräch über ihre Aufzeichnung teilt die Schülerin Janet mit, dass die Länge (Höhe, Größe) der senkrechten Striche, die die einzelnen Melodietöne bezeichnen, der Tonhöhe entsprechen: kleine Striche meinen hohe Töne, längere Striche desto tiefere. Die Notation bildet also auf ihre Weise die melodische Kontur der Melodie nach. Aber wenn Janet aufgefordert wird, an einer bestimmten Stelle der von ihr aufgeschriebenen Melodie mit dem Singen anzufangen, muss sie immer erst das ganze Lied von vorn beginnen, um die betreffende Stelle zu finden. Beim wiederholten Singen der fünften und ersten Melodiezeile bemerkt sie plötzlich: „They're twins!" Und auf die Frage, warum sie dann nicht beide Abschnitte gleich aufgeschrieben habe, sagt sie, dass sie das bisher gar nicht gemerkt habe (Davidson & Scripp, 1922, 399).

Was Erwachsenen aufgrund struktureller Merkmale als „gleich" erscheint, kann für Kinder, weil sie auf anderes achten, durchaus „verschieden" sein. Und sie haben recht darin, denn die Anfangszeile hat einen anderen Text, sie eröffnet das Lied, indem sie zum rhythmisierten „row, row, row your boat" hinführt, während die letzte Zeile das Lied abschließt – „life is but a dream". Wenn das nicht völlig unterschiedliche Dinge sind! Nur wenn man dies alles außer Acht lässt und einzig auf zwei formale Eigenschaften, Tonhöhe und Tondauer, schaut (hört?), kann man sagen, dass Anfang und Schluss „gleich" seien. Das ist aber eine von der tatsächlichen Erfahrung abgehobene Abstraktion.

Die Art der schriftlichen Umsetzung von Janets Melodievorstellung verweist deutlich auf die Art ihrer Repräsentation. „Janet's knowledge of the song sterns from her kinesthetic actions, and her notation functions as a window into her understanding of the song" (Davidson & Scripp, in: Colwell, 1992, 401). Die melodische Repräsentation ist dabei wesentlich von ihren stimmlichen Erfahrungen bestimmt, sie repräsentiert weniger die Melodie selber als deren Ausführung *(kinesthetic actions)*. „The nota-

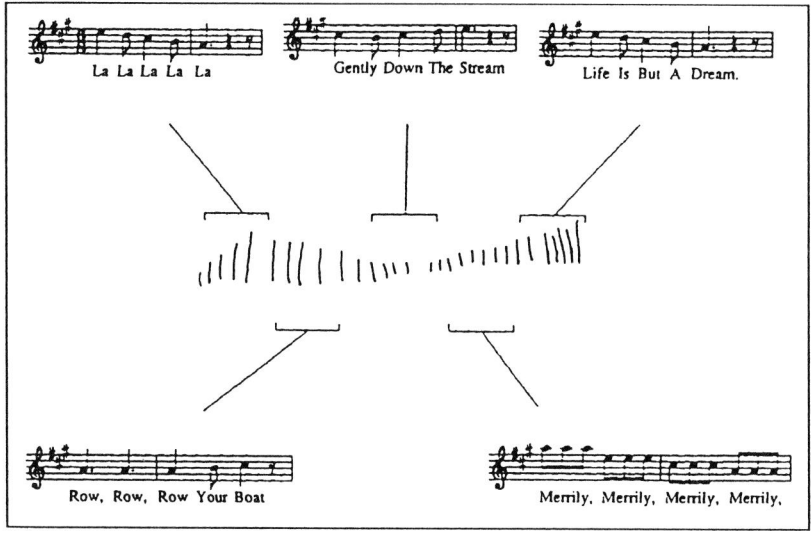

Abb. 5.8: Janets Notation des Liedes „Row, row, row your boat"
(aus: Davidson & Scripp, in: Colwell, 1992, 399)

tion she constructs is itself a production" (Davidson & Scripp, in: Colwell 1992, 399).

Ikonische und verbale Repräsentation

Die Untersuchungen von Davidson und Scripp legen die Vermutung nahe, dass musikalische Repräsentationen sich bei Kindern in einer bestimmten Folge entwickeln, nämlich von einer kinästhetischen über eine ikonische zur symbolischen Form. Dies wird durch Bambergers Beobachtungen relativiert, indem sie eine Interaktion von ikonischen (figuralen) und symbolischen (formal metrischen) Formen für wesentlich hält und gerade die multiple Repräsentationsweise verschiedener Möglichkeiten betont. Neuere Untersuchungen zur ikonischen und verbalen Repräsentation bestätigen diese Wechselbeziehung. Joyce Gromko (1995) forderte musikalisch unerfahrene College Studenten auf, zu einer Reihe von Musikausschnitten der klassischen Musik kurze ikonische Darstellungen und verbale Beschreibungen zu finden, die später zur Wiedererkennung der Musikstücke führen sollten. Die Ergebnisse wurden danach ausgewertet, inwiefern sie musikalische Elemente oder rein stimmungshafte Assoziationen bzw. körperliche Aktionsmuster oder musikalische Parameter enthielten. Dabei zeigte sich, dass bei der ikonischen Darstellung etwa die Hälfte aller Repräsentationen (48 %) im Bereich der außermusikalischen bildlichen Vorstellungen liegen und bei der verbalen Beschreibung fast vier Fünftel (78 %) nur stimmungsbezogene Assoziationen äußern. Bezüglich des Informationsgehalts dieser Darstellungen bestehen innerhalb derselben Probandengruppe durchaus Unterschiede in der Art, wie ikonische oder verbale Repräsentationsmodi in der Vorstellung eingesetzt und zum Wiedererkennen genutzt werden (Abb. 5.9).

Diese Beobachtung erlaubt aber noch nicht, eine feste Stufenfolge zwischen ikonischer und verbaler Darstellungsform anzunehmen, sondern weist vielmehr auf individuelle Akzentuierungen in der Wahrnehmung hin. Doch hängt die qualitative Beschaffenheit der musikalischen Wahrnehmung ganz wesentlich vom Stand musikalischen Verstehens ab, und zwar so, dass die verbal oder ikonisch mitgeteilte Repräsentationsform den Stand der vorhandenen musikalischen Kenntnisse spiegelt. Dies hatte bereits Janets einfacher Notationsversuch gezeigt. „In this representation of her musical knowledge, she invents a way to depict what she under-

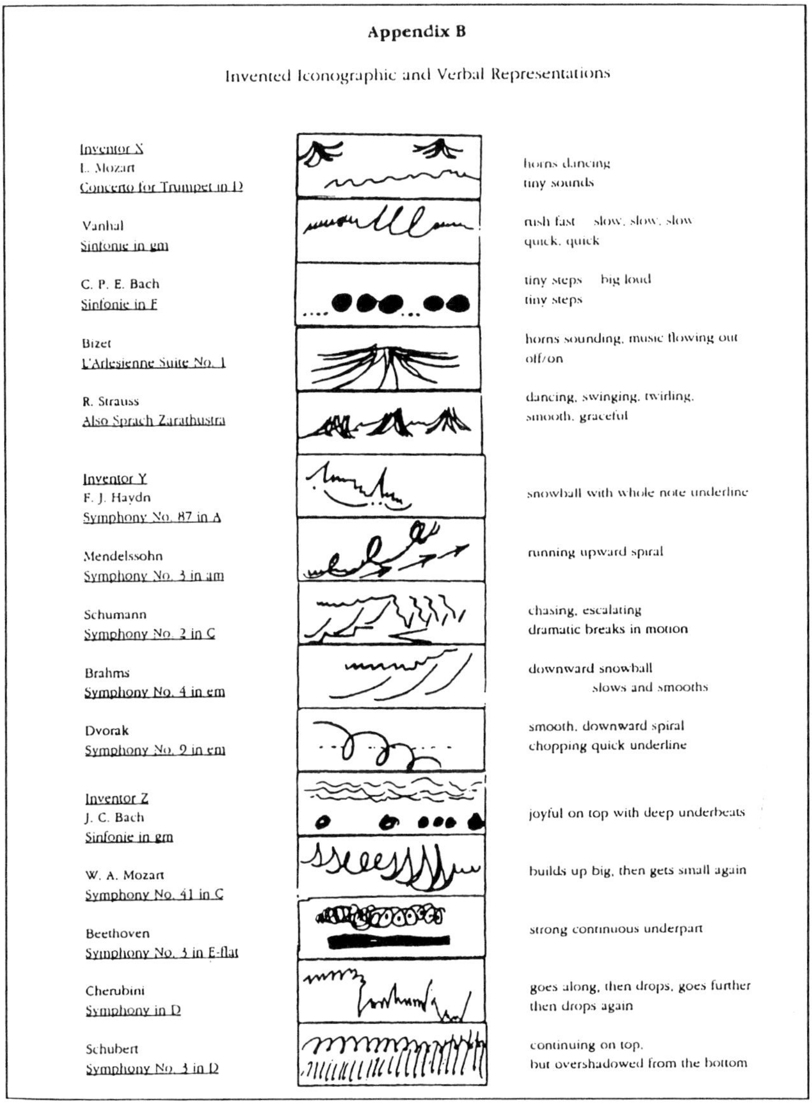

Appendix B

Invented Iconographic and Verbal Representations

Inventor X L. Mozart Concerto for Trumpet in D		horns dancing tiny sounds
Vanhal Sinfonie in gm		rush fast slow, slow, slow quick, quick
C. P. E. Bach Sinfonie in F		tiny steps big loud tiny steps
Bizet L'Arlesienne Suite No. 1		horns sounding, music flowing out off/on
R. Strauss Also Sprach Zarathustra		dancing, swinging, twirling, smooth, graceful
Inventor Y F. J. Haydn Symphony No. 87 in A		snowball with whole note underline
Mendelssohn Symphony No. 3 in am		running upward spiral
Schumann Symphony No. 2 in C		chasing, escalating dramatic breaks in motion
Brahms Symphony No. 4 in em		downward snowball slows and smooths
Dvorak Symphony No. 9 in em		smooth, downward spiral chopping quick underline
Inventor Z J. C. Bach Sinfonie in gm		joyful on top with deep underbeats
W. A. Mozart Symphony No. 41 in C		builds up big, then gets small again
Beethoven Symphony No. 3 in E-flat		strong continuous underpart
Cherubini Symphony in D		goes along, then drops, goes further then drops again
Schubert Symphony No. 3 in D		continuing on top, but overshadowed from the bottom

Abb. 5.9: Ikonische und verbale Darstellungsformen bei unbekannten Musikausschnitten (aus: Gromko, 1995, 42)

stands the song to be (or for the more cautious, which features of the song she considers important to show using pencil and paper)" (Davidson & Scripp, in: Colwell, 1992, 399).

Rhythmus in der musikalischen Wahrnehmung

Was nun die Wahrnehmung rhythmischer Elemente angeht, haben die empirischen Untersuchungen von Edwin Gordon (1980) gezeigt, dass sie unabhängig von der Notationsweise erfolgt. In seiner lernpsychologischen Taxonomie rhythmischer und melodischer patterns geht er von der einfachen wahrnehmungspsychologischen Tatsache aus, dass die rhythmische Wahrnehmung auf der Unterscheidung gerader und ungerader Metren basiert. Dabei ist zu unterscheiden, auf welcher Ebene wir Aussagen machen, auf einer übergeordneten Ebene des Pulses *(macro-beat)* oder auf der diesen Puls gliedernden Metren *(micro-beat),* die dann in kleinere Unterteilungen aufgeteilt werden können. So kann ein Rhythmus im 6/8 Takt als gerader Takt *(macro-beat =* ♩. *)* mit ungeraden Unterteilungen *(micro-beats =* ♪♪♪*)* gehört werden. Die Wahrnehmung des *macro-beat* stellt aber ebenso wie die Beziehungen zwischen Puls und Unterteilung ein hörpsychologisches Phänomen dar, das weitgehend unabhängig ist von der Notation. Diese folgt orthographischen Konventionen, die musikalisch sinnvoll sein mögen, aber nicht unmittelbar auf Wahrnehmungsphänomene zurückzuführen sind. Wo ein Musiker oder Hörer im Thema von Mozarts A-Dur Sonate KV 331 den *macro-beat* empfindet, ist Sache seines deutenden Bewusstseins, das dem harmonischen Gefälle oder den metrischen Akzenten der Notation folgen kann. Völlig offen bleibt überdies, ob ein Hörer *macro-beats* halbtaktig, ganztaktig oder gar alle zwei oder vier Takte erlebt.

Um diese hörpsychologische Tatsache darstellen zu können, hat James Froseth ein Rhythmus-Solfege entwickelt, das der tatsächlichen musikalischen Repräsentation der rhythmischen Strukturen viel eher entspricht als die Abstraktion der absoluten Notenwerte und das aus diesem Grund Eingang in Gordons Lerntheorie gefunden hat. Darin bezeichnet die Silbe „du" den jeweils erlebten Grundschlag *(macro-beat),* der dann unterschiedlich in zwei (du - dei) oder drei (du - da - di) *micro-beats* gegliedert werden kann. Die rhythmische Unterteilung in kleinere Werte erfolgt mit der angehängten Silbe -ta. Die Silbe „du" bezeichnet also nicht einen Notenwert, sondern markiert die Stelle, an dem der Grundschlag gefühlt wird. Die Metren „du-deï" und „du-da-di" können je nachdem als Viertel, Halbe, Achtel etc. notiert werden. Denn was man hört, sind nicht Werte, sondern Verhältnisse und Funktionen. Auf diese Weise sind alle rhythmischen Erscheinungen nicht als Abbilder von Notation, sondern als rhythmisierte Impulsfolgen phänomenologisch fass- und darstellbar.

Dies gilt für alle Fälle, in denen die *macro-beats* alle gleich lang sind, was in einer regelmäßig hin und her pendelnden Bewegung zum Ausdruck kommt. Sind die als *macro-beat* empfundenen Pulsschläge aber verschieden lang (z.B. im Fünfertakt 2 + 3), dann wechselt die Solmisationsbezeichnung von *du-deï* und *du-da-di* zu *du-beï*, bzw. *du-ba-bi*. Daraus ergibt sich folgendes Solmisationssystem (nach Gordon, 1980).

METREN

1. **gerader / ungerader Takt** (Zweier, Dreier)

2. **regelmäßig zusammengesetzt** (Vierer = 2 + 2; Sechser = 3 + 3; etc.)

Grundpuls (Füße)	du
Taktmetrum (Hände)	-deï [de] -da -di
Unterteilung	-te [-ta]
Rhythmus (Mund)	du da-te di-te / du –te di / du da di / du etc.

3. **unregelmäßig zusammengesetzt**
(Fünfer = 3 + 2; Siebener = 3 + 2 + 2; Achter = 3 + 2 + 3 etc.)
    du-beï du-ba-bi; du-beï du-beï du-ba-bi etc.

Multiple Repräsentation

Die Wahrnehmung musikalischer Strukturen hängt von dem Entwicklungsstand mentaler Repräsentationen ab. Diese sind zunächst bei musikalisch ungeschulten Laien gleich, d.h. Kinder unterscheiden sich in ihrer Repräsentationsform nicht prinzipiell von Erwachsenen. Durch musikalische Unterweisung, Hörerfahrung und Umgang mit Musik entwickeln sich die Wahrnehmungsschemata und bilden sich neue, veränderte Repräsentationen. Ziel musikalischer Unterweisung müsste dabei sein, möglichst viele unterschiedliche Repräsentationsformen zu entwickeln (multiple Repräsentationen). Erst sie erlauben uns, ein Klanggeschehen auf vielfältige Art zu hören, z.b. unterschiedlich zu gliedern, verschiedene Möglichkeiten, den *macro-beat* zu erleben, variable Zuordnungen und Beziehungen herzustellen. Zugleich ist ein musikalisches Phänomen umso fester verankert, je dichter das Netz seiner Repräsentationen geknüpft ist.

Mit der Übernahme der Normen der traditionellen Standardnotation trennen sich dann die Wahrnehmungsmöglichkeiten von Laien und Experten und entwickeln sich mit zunehmender formeller musikalischer Unterweisung auseinander. Doch zunächst werden in der kindlichen Entwicklung zeitliche Strukturen als kontinuierliche Bewegung oder als eine Kette diskreter Einheiten wahrgenommen, aber nicht als eine Folge von Dauerwerten, die in bestimmten Proportionen zueinander stehen. „… subjects of all ages do show that the musically untrained tend to hear rhythm in series of patterns, each containing a few sounds, rather than in proportion to a continuous series of equidistant pulses" (Davidson & Colley, 1987, 108).

Dabei müssen wir bedenken, dass es erst eine Leistung unseres Bewusstseins ist, wenn wir kontinuierliche Impulsfolgen oder Salven von Frequenzen in Abschnitte *(chunks)* gliedern. Die Art, wie diese Gliederung erfolgt, sagt etwas über die Art aus, wie wir rhythmische Folgen repräsentieren. Und das Wissen darüber liefert nicht nur Einblicke in die mentalen Prozesse musikalischer Wahrnehmung, sondern ist auch unerlässlich für ein besseres Verständnis musikalischen Lernens und Verstehens.

Hören und Verstehen werden umso intensiver und lebendiger sein, je mehr unterschiedliche Repräsentationen aktiviert werden können. Aber es muss sich um musikalische Repräsentationen handeln. Visuelle Hilfen verhindern die Bildung auditiver Wahrnehmung, wenn sie vor der Bildung musikalischer Repräsentation eingesetzt werden. Pädagogische Ungeduld verführt allzu oft dazu, den langwierigen Prozess des Hören-Lernens mit einer visuellen Hilfe scheinbar zu beschleunigen (z.B. mit der Verwendung von Notensymbolen oder graphischen Formschemata vor der Festigung einer Bedeutung von dem, was diese symbolischen graphischen Systeme vertreten). Die Vernachlässigung musikalischer Repräsentationen ist eine direkte Folge des Bestrebens, Lernwege zu verkürzen, und geht mit dem Verlust wirklichen Verstehens zugunsten gespeicherten Wissens einher (vgl. Hentig, 1993). Verstehen setzt tatsächliche musikalische Repräsentationen voraus, die nicht ein Wissen über *(knowing that),* sondern ein Wissen und Können der Sache selber *(knowing how)* einschließen. Das Ziel musikalischen Lernens müsste also darauf gerichtet sein, multiple Repräsentationen zu ermöglichen und verschiedenartige Spuren und Pläne anzulegen (vgl. Gruhn, 1994b), damit Musik als Musik auf vielfältige Weise erfahren und verstanden werden kann.

Kindliche Lernwelt Musik

Informeller Beginn

Kinder werden mit einem bestimmten Potential zu lernen geboren, das wir „Begabung" nennen. Entsprechend den Bedingungen ihrer Lernumgebung, der Lernwelt, in der sie aufwachsen, können sich ihre Fähigkeiten entwickeln. So lernen Kinder sprechen, indem sie Erwachsene sprechen hören. Gleichzeitig erproben sie mit ihrer Stimme alle erdenklichen Laute; sie quieken und juchzen, grummeln und grunzen, summen und näseln, schnalzen und quaken. Dabei erbringen ihre Gehirne eine erstaunliche statistische Leistung: sie prägen sich die Laute und Lautverbindungen, die am häufigsten in ihrer Umgebung vorkommen, auch am ehesten und am tiefsten ein. Dabei lernt das Ohr durch Erfahrung und Gewöhnung, selbst feinste Unterscheidungen zu registrieren und sie im sprachlichen Kontext mit verschiedenen Bedeutungen zu assoziieren. So erwirbt der Mensch die Fähigkeit, bis zu 30 phonetische Sprachsegmente pro Sekunde aufzunehmen, während die normal gesprochene Sprache acht bis zehn Segmente überträgt. Aber das menschliche Hörsystem ist in der Lage, feine Frequenzänderungen und dichte Impulsfolgen wahrzunehmen. Die physiologische Auflösungsdichte des Ohres liegt bei ca. 30 - 50 Millisekunden, d.h. 20 - 33 Impulsen pro Sekunde. Während dies in einer beherrschten Sprache auch tatsächlich erreicht wird, werden nichtsprachliche Geräusche, die mit fünf Segmenten pro Sekunde auftreten, bereits als diffuses, unstrukturiertes Summen wahrgenommen. Mit Bedeutung geladene Sprachlaute werden also in besonderer Weise im Gehirn erkannt und kategorisiert.

Die Silben /ba/, /da/ und /ga/ unterscheiden sich nur in ihren anlautenden Konsonanten. Diese zeigen gegenüber dem stabilen Frequenzband des Vokals in allen Formantbereichen, die den Sprachlaut charakterisieren, unterschiedliche Ausprägungen (Abb. 5.10). Diese Klangunterschiede ermöglichen es, den kontinuierlichen Sprachfluss zu segmentieren und zu strukturieren. Segmentierung und serielle Sequenzbildung bilden ein wesentliches Merkmal der syntaktischen Sprachentwicklung, die erst in dieser Form Bedeutungen annehmen und vermitteln kann.

Die phonetischen Segmente werden cortical repräsentiert und sind wiederum neuronal mit assoziativen Bedeutungselementen vernetzt. Durch einen wahrgenommenen Reiz kann dann das Repräsentationsnetz „anspringen" – ein Element des Netzwerks wird aktiviert und interagiert über synaptische Verbindungen gleichzeitig mit dem gesamten Ensemble. All dies geschieht nicht durch extern entworfene Übprogramme, sondern durch Erfahrung und feste Integration in eine sprachliche Kommunikationsgemeinschaft.

Der Erwerb musikalischer Kommunikations- und Ausdrucksfähigkeit vollzieht sich auf analoge Weise. Wir wollen dabei zunächst nicht den Umgang mit musikalischen Werken ins Auge fassen, die, auch wenn sie ganz kurz und vermeintlich „einfach" zu sein scheinen, immer schon hochkomplex sind, sondern uns zunächst mit elementaren Prinzipien des Lernens metrischer und melodischer Grundformen befassen.[2]

Auch hier führt der Weg vom hörenden Umgang über die explorative Erkundung und Übung zur Bildung klanglicher Repräsentationen, die mit musikalisch funktionaler Bedeutung verbunden werden. Schon als Säugling lernen Kinder, jedoch zunächst nur informell, indem ihnen eine musikalische Umwelt geboten wird, in der sie sich bewegen, d.h. sie hören Musik unterschiedlichster Art: gesungene Lieder, Rhythmen, Instrumentalstücke in möglichst unterschiedlichen Ausprägungen. Dabei erleben sie

---

[2] Auf die für den pädagogischen Umgang notwendige Unterscheidung zwischen Musik und Kunst hat zuerst Heinrich Jacoby in seinem Vortrag „Voraussetzungen und Grundlagen einer lebendigen Musikkultur" (1924) hingewiesen: „Noch verwirrender... wirkt die Verquickung von Musik und Kunst". Er geht vielmehr davon aus, „dass Musik in erster Linie ein allgemeines menschliches Ausdrucksmittel ist", das man benutzen lernen muss wie das Verständigungsmittel der Sprache (Jacoby, 1924, 32 f.). Die Metapher des muttersprachlichen Erwerbs liegt auch der Pädagogik Kodálys und der Lerntheorie Gordons zugrunde.

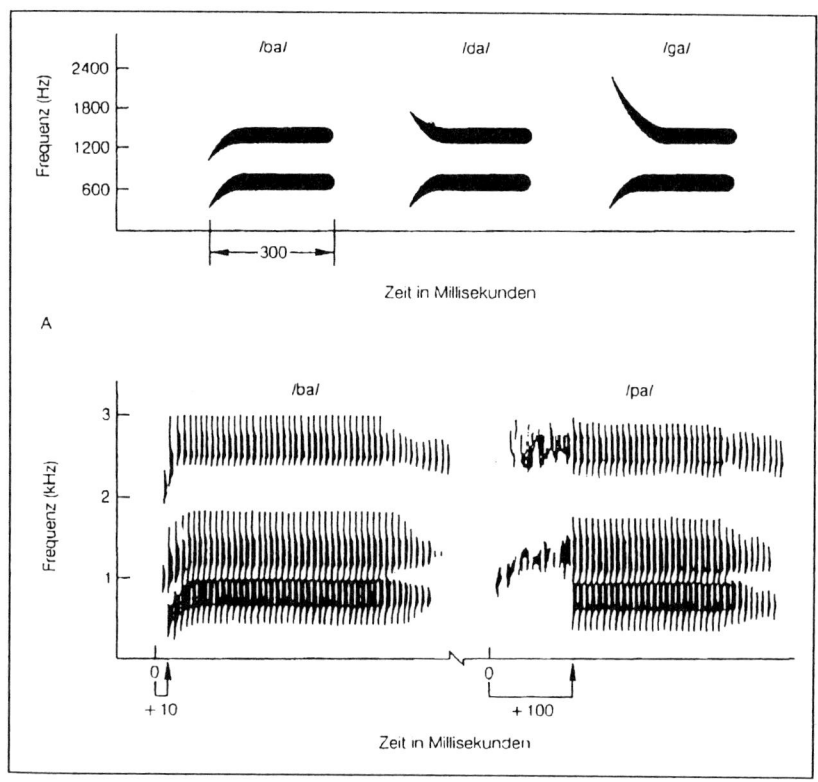

Abb. 5.10: Spektrogramm der Silben „ba", „da", „ga" in zwei Formantbereichen. Die unterschiedliche Lautgestalt ergibt sich aus den anlautenden Konsonanten, deren Frequenzspektrum sich nach Startfrequenz, Ausdehnung und Verlaufsstruktur unterscheidet.
(aus: Kolb & Whishaw, 1996, 246)

die reale Erzeugung der Musik vor ihren Ohren und Augen. Früher oder später werden sie sich bewusst den Klängen zuwenden, zunächst starr zuschauend, dann auch mehr und mehr mit eigenen Lauten und Klängen antwortend. Das Kleinkind, das allmählich seine Bewegungen zu koordinieren gelernt hat, wird dann beginnen, rhythmischen und melodischen *patterns,* die stimmlich und mit Bewegungen dargeboten werden, zuzuhören. Es tritt in eine musikalische Lallphase ein, in der es alles, was es hört, auch selber erprobt. Aus dieser Phase führt dann das bewusste Imitieren heraus. In diesem Prozess des dem Klang Ausgesetztseins, des Horchens und Produzierens erwirbt das Kind erste Repräsentationen von Klängen und Strukturen, die im darauf folgenden gerichteten Singen und Sprechen von *patterns* gefestigt werden. Noch unbewusst bilden sich so Konfigurationen mehrerer klanglicher Segmente (Töne, Dauern), die eine immanente „Bedeutung" erlangen: es bildet sich ein Gefühl für einen Grundton oder eine tonale Klanglichkeit (die natürlich noch nicht namentlich als Dur oder Moll oder Modal bewusst ist), für ein pendelndes Zweiermetrum oder einen schwingenden Dreierpuls. Allmählich stellt sich die Fähigkeit musikalischen Denkens ein. Sie beruht auf der inneren Vorstellungsbildung, die sich mit einer Bedeutung verbindet. Dies hat Edwin Gordon als Audiation bezeichnet. Sie bezeichnet die Fähigkeit, in Gedanken musikalische Vorgänge nachzuvollziehen, sie nach dem inneren Ohr (nicht nach der Notation) zu realisieren, also den Grundton in einer angefangenen Melodie zu „hören" (d.h. zu singen), einen Rhythmus aufzugreifen und im gleichen Metrum weiterzuführen.

Solch musikalisches Denken, Denken in musikalischen Einheiten, ist ganz eng der Art des Denken in der Sprache verwandt: „Audiation is to music what thought is to speech" (Gordon, [4]1993, 13). Denn so, wie wir Sprache nur verstehen, wenn wir dem Sprecher gedanklich folgen, ihm sogar im Denken voraus eilen, indem wir Erwartungen bilden und die Lautfolgen, die wir vernehmen, im Kontext der erwarteten Bedeutungen interpretieren, so „verstehen" wir auch Musik innermusikalisch nur dann, wenn wir die innermusikalischen „Bedeutungen"[3] erfassen können. Die-

---

[3] Die Begriffe „verstehen" und „Bedeutung" sind hier in Anführungszeichen gesetzt, weil es nicht um ein sprachanaloges Verstehen von Bedeutungen geht, auf die die Sprachzeichen verweisen. Musik hat in diesem Sinne keine durchgehende, allgemein verbindliche Bedeutung. Aber es gibt inner-

ses Erfassen muss nicht immer und wird zunächst auch überhaupt nicht in Form musiktheoretischer Begriffe geschehen. Aber schon dann, wenn wir einen Schluss zu einer angefangenen Melodie innerlich hören und beim aktuellen Verlauf der Melodie latent mithören, begleiten wir unser Hören durch denkendes Mit- und Nachvollziehen sowie erwartendes Vorausnehmen. Nicht die Struktur der Musik, sondern der Prozess des Verstehens ist der Sprache vergleichbar. Ein Satz, der mit „Es war einmal ein ..." beginnt, erfordert für jeden mit der deutschen Sprache Vertrauten die Fortsetzung mit einem Prädikatsnomen, das evtl. noch mit einem oder mehreren Attributen erweitert sein mag (Es war einmal ein alter, böser Wolf ...); die Fortsetzung mit einem Objekt (Es war einmal *einen Wolf* ...) oder mit einem präpositionalen Attribut (Es war einmal unter der Bank ...) werden instinktiv aufgrund grammatischer Muster, die die Erwartung leiten, ausgeschlossen. Zugleich konnotiert dieser Beginn für uns aber auch den formelhaften Einstieg in ein Märchen; die Erwartungshaltung für kommende Bedeutungen – eben Handlungen und Ereignisse im Rahmen eines Märchens – ist bereits gelenkt.

Nicht anders ist es im musikalischen Bereich. Eine Anfangsphrase lässt im Rahmen der durch sie gesetzten Bedingungen (Tonalität, Metrum, Tempo) nur eine bestimmte Auswahl möglicher Fortsetzungen zu; solche, die aus dem Metrum oder der Tonalität oder einem rhythmischen Strukturprinzip herausfallen, werden von unserem Hörbewusstsein – sofern es an entsprechenden klassischen Mustern orientiert ist – ausgeschlossen (Notenbsp. 5.1).

Beginn

mögliche Fortsetzung

nicht zu erwartende Fortsetzung

---

musikalische Beziehungen, die einem Ton eine bestimmte musikalische „Bedeutung" oder Funktion (z.B. als Grundton einer Phrase) zuweisen.

Dies bedeutet nicht, dass Musik notwendig oder gar ausschließlich an solchen Normen orientiert ist. Aber da, wo quasi-grammatische Normen vorliegen, die einen hohen Allgemeinheitsgrad für sich beanspruchen können (wie in der grammatisch kodierten Sprache oder der sogenannten klassischen und populären Musik), funktioniert Musikverstehen auf der Grundlage dieser Mechanismen: *etwas* – ein Schall, ein klangliches Segment oder auch eine komplexe Gestalt – wird wahrgenommen und *als etwas,* das es aufgrund von Konventionen und Erfahrungen oder von physikalischen bzw. hörpsychologischen Bedingungen repräsentiert – etwa ein Motiv, ein Trugschluss, ein Choral etc. – erkannt. Bei diesem Vorgang des Erkennens *von etwas als etwas* werden immer bereits erworbene Repräsentationen aktiviert. Der Erwerb solcher Repräsentationen erfolgt auf vielfältige Weise, indem wir wahrgenommene Einheiten kategorisieren und zu Mustern verdichten, durch Wiederholung festigen und durch Anwendung üben. All diese Vorgänge, die dem Aufbau mentaler Repräsentationen in ihren verschiedenen Formen dienen, werden hier als *Lernen* im eigentlichen Sinne bezeichnet.

Fallbeispiel 4

Acht Kinder im Alter von 3 - 4 Jahren sitzen im Kreis. Der Lehrer singt Melodien ohne Text auf neutrale Silben (bah). Die Melodien sind kurz und verwenden verschiedene Takt- und Tonarten. Unterschiedliche Tempi und melodische Charaktere wechseln miteinander ab.

Notenbsp. 5.2: Melodische patterns

Eine Melodie kehrt immer wieder. Der Lehrer bewegt dazu seine Arme, steht gelegentlich auf und bewegt den ganzen Körper in ruhig fließenden Bewegungen. Er vermeidet dabei, im Takt zu „marschieren", mit den Händen zu taktieren oder den Rhythmus mitzu-

Abb. 5.11: Arbeit in einer Eltern-Kind-Gruppe mit ein- bis zweijährigen Kindern. Die Tücher regen zu fließenden Bewegungen an, die die melodischen und rhythmischen Patterns begleiten.

klatschen. Das Erreichen des Grundtons am Schluss einer Melodie verzögert er, indem er eine kleine Pause macht. Auf dem Grundton selber kommen alle zur Ruhe (keine Bewegung, Lauschen).

Unvermittelt wechselt er zu Rhythmen über, die ebenfalls auf neutrale Silben, aber immer mit sprechendem musikalischen Ausdruck (z.B. fragend, klagend, lustig, überrascht etc.) deklamiert werden.

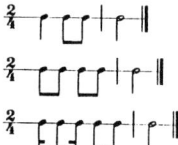

Notenbsp. 5.3: Rhythmische patterns

Refrainartig kehrt ein Rhythmus dabei immer wieder. Die Kinder, die bisher nur zugehört haben, fallen spontan in diesen Rhythmus ein und übernehmen (imitieren) die dazu ausgeführte Bewegung. Der Lehrer führt nun mit seiner Assistentin, die immer den Unterricht begleitet, ein musikalisches Gespräch, bei dem die Assistentin entweder die rhythmische Frage wiederholt oder eigenständig beantwortet.

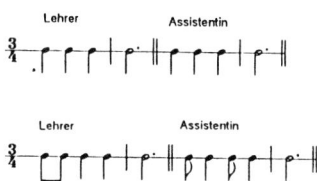

Notenbsp. 5.4: Rhythmischer Dialog

Lehrer und Assistentin bilden ein Modell, das zum Mitmachen einlädt, ohne dass den Kindern ausdrücklich erklärt wird, was sie zu tun haben. Allmählich werden sie mit musikalischen und gestischen Aufforderungen einbezogen, zusammen und einzeln eine Frage zu wiederholen oder allmählich mit eigenen Rhythmen zu beantworten. Nach mehreren Versuchen singt der Lehrer wieder eine der anfänglichen Melodien, spart aber durch Verzögerung den Grundton aus, in den die Kinder nun gemeinsam einfallen. Er löst den abschließenden Quintfall (Dur: V – I = so - do) heraus und fordert einzelne Kinder zum Nachsingen auf. Ebenso geschieht es mit anderen Formeln *(patterns)*, die entweder aus dem tonalen Bestand der Tonika oder der Dominante gebildet sind.

Im Anschluss an die Gruppenstunde mit Vorschulkindern, aus der diese Phase stammt, unterhalten sich einige Eltern (E) mit dem Lehrer (L) und seiner Assistentin (A) über den gerade beobachteten Unterricht.

E: Ich fand die Melodien, die Sie den Kindern vorgesungen haben, eigentlich recht schwierig. Ich habe mir die nicht alle merken können.

E: Ja, und vor allem waren es zu viele, ich meine, es kamen ja immer wieder neue Melodien.

A: Können Sie sich denn noch an eine erinnern?

E: Vielleicht die: [summt den ungefähren Anfang der mehrfach wiederholten Melodie] ... oder so ähnlich.

L: [singt die korrekte Version]. Ja, Sehen Sie, das war die Melodie, die ich am häufigsten gesungen habe, die sich bei Ihnen und vermutlich auch bei den Kindern am besten eingeprägt hat. Aber darauf kam es mir gar nicht an.

E: Ich dachte, die Kinder sollen Lieder lernen und mit Ihnen die Melodien singen!

A: Ich verstehe Ihre Frage gut. Anfangs kam mir das auch alles so unsystematisch, ja richtig chaotisch vor. Die Kinder hören zu, manche laufen herum, und niemand fordert sie auf, still zu sitzen, zuzuhören und etwas nachzusingen – jedenfalls zuerst nicht. Und überhaupt dachte ich, müsste man nicht erst mit den kleinen Bausteinen anfangen und diese dann erst zu längeren Melodien zusammensetzen.

E: Genau, das fiel mir auch auf; es herrschte keine Disziplin. Kinder brauchen doch Ordnung. Und sie wurden viel zu wenig gefordert.

L: Moment, jetzt kommen ganz verschiedene Dinge zusammen. Lassen Sie uns das mal im einzelnen nacheinander durchgehen. Also: Disziplin, Ordnung, Forderung. Wir machen hier keinen Unterricht im Sinne von Belehrung und Training. Sie haben auch nicht dadurch Sprechen gelernt, dass sich Ihre Eltern eine halbe Stunde am Tag zu Ihnen gesetzt haben und mit Ihnen systematisch Silben oder Wörter zu artikulieren geübt haben. Niemand hat Ihnen gesagt, wie Sie beim „sch" oder „ch" den Gaumen, die Lippen oder ihre Zunge stellen müssen. Sie haben das gemacht, weil Sie den Klang im Ohr hatten und ihn nachmachten; d.h. das Ohr sagte den Sprechorganen, was sie zu tun haben, nicht ein Lehrer. Erst bei pathologischen Störungen bemühen wir den Logopäden.

Auch hat niemand mit Ihnen, als Sie zwei Jahre waren, gesagt, dass Sie nun alt genug seien, Präpositionen zu lernen – nein, sie kamen einfach in der Sprache, die sie hörten, vor. Mit der Zeit haben Sie so ein sprachliches Vokabular und ein Repertoire an Satzbauplänen erworben, das Sie anwenden und weiter entwickeln konnten – ohne einen Sprachlehrer. Lehrer in einem erweiterten Sinne von Vorbild, Anreger waren alle, die informell mit und zu Ihnen gesprochen haben. Genau das tue ich bei den Kindern. Ich spreche zu ihnen, allerdings nicht mit Worten – Sie werden bemerkt haben, dass in unserer Musikstunde überhaupt nicht gesprochen wird –, sondern musikalisch. So erwerben die Kinder allmählich ein musikalisches Vokabular mit vielen formalen Mustern der Melodiebildung und Rhythmusformung. Wir belehren nicht, sondern leiten die Kinder nach unseren lernpsychologischen Erkenntnissen an, hörend Vorstellungen aufzubauen und einzuschleifen. Ob sie dabei bewusst zuhören oder unbewusst den Klängen ausgesetzt sind, während sie herumlaufen, ist dabei gar nicht so wichtig. Das Herumlaufen zeigt doch nur, dass sie noch nicht bereit sind, die musikalische Information aufzunehmen, oder sagen wir, sie interessieren sich noch nicht dafür, und da hilft dann auch keine Ermahnung oder Aufforderung, still zu sitzen. Denn dann sitzen sie vielleicht still, aber lernen deswegen doch nicht mehr. Lassen wir sie doch herumlaufen, solange sie nicht die anderen damit stören. Wir haben immer wieder beobachtet, wenn es sie zu interessieren beginnt, dann kommen sie zurück in den Kreis und hören zu oder machen mit.

E: Eigentlich ist das ja beim Spielen zu Hause auch so. Unser Tim kann sich ganz alleine beschäftigen, während ich mich mit den anderen unterhalte, und plötzlich fragt er etwas, was er so beiläufig aus unserem Gespräch aufgeschnappt hat.

L: Sehen Sie, da haben Sie auch nicht gesagt: „So Tim, nun hör mal gut zu!" Etwas, wofür er bereits offen ist und was in einem vertrauten Bedeutungskontext erscheint, nimmt er so nebenbei auf. Und deshalb unterhalten Sie sich ja auch bei Tisch miteinander, ohne ständig zu erwarten, dass der kleine Tim auch wirklich zuhört. Das meiste versteht er eh noch nicht, aber er lernt trotzdem dabei: er hört Sätze, Wörter, Kommunikationsformen (Fragen, Antworten, Zwischenbemerkungen). Also, uns kommt es hier nicht auf Disziplin an, sondern auf die Bereitstellung einer vielfältigen, reichhaltigen musikalischen Umgebung, in der Melodien in modalen Tonarten ebenso vorkommen können wie Rhythmen im unregelmäßigen Fünfertakt. Synkopen z.B. sind erst schwer, wenn man sie abstrakt (theoretisch) erklären und im Notenbild schriftlich festhalten soll. Im unbewussten Vollzug ist nichts Schwieriges daran zu erkennen. Also bieten wir doch erst einmal Muster *(patterns)* an, damit die Kinder verschiedene Klangmöglichkeiten von Rhythmen und Melodien kennen lernen und so in ihre Vorstellungswelt integrieren können.

E: Dabei fällt mir jetzt auf, dass die jüngere Schwester von Sebastian, die manchmal hier mit mir zuhört, die Rhythmen und melodischen *patterns* der Kinder zuhause alle viel selbstverständlicher singt und vor sich hinspricht als ihr Bruder, der in die Kindergruppe geht.

L: Das ist genau die informelle Anleitung, die wir den Kindern bieten wollen. Der Wechsel der angebotenen Beispiele soll der Aufmerksamkeit immer wieder neue Anreize bieten. Wir sprechen ja auch zuhause nicht immer nur einen Satz und wiederholen ihn immer wieder, sondern erzählen z.B. Geschichten, bieten also recht komplexe Texte. Darin allerdings wollen Kinder, wie Sie alle wissen, immer den gleichen Wortlaut hören. Der Inhalt ist ganz fest mit der sprachlichen Form verknüpft. Wehe, der Vater wählt eine andere Formulierung als die Mutter. Das Kind wird sofort reklamieren, dass es aber so und so heiße. Es hat nämlich ganz bestimmte sprachliche Repräsentationen aufgebaut, die mit einem bestimmten Inhalt verknüpft sind. Erst später wird es in der Lage sein, solche Aussagen zu generalisieren und verschiedene sprachliche Aussageformen auf den gleichen Inhalt anwenden können. Auch das müssen wir beim Singen der Melodien und beim Deklamieren der Rhythmen – oder sagen wir nun allgemeiner: beim Aufbau musikalischer Repräsentationen beachten. Die Melodien werden immer in der gleichen Gestalt (Tempo, Tonart, Tonfolge) dargeboten. Das geht soweit, dass Kinder manchmal die Melodien mit uns Lehrern identifizieren. Haben Sie beobachtet, dass Ihre Kinder gar nicht wollen, dass Sie „unsere" Melodien singen?

E: Ja, die Hanna achtet strikt darauf, dass diese *patterns* „ihre" Lieder sind.

E: Aber warum müssen es denn so viele verschiedene Melodien sein? Verwirrt das nicht die Kinder? Ich könnte mir das nicht alles merken.

A: Das ging uns anfangs nicht anders. Erst als wir mit ihnen durch wiederholten Umgang vertraut wurden, fiel es leicht, zwischen ihnen hin und her zu pendeln. Es ist wie mit den Wörtern, mit denen wir sprachlich jonglieren können, wenn sie uns vertraut sind und wir ihre Bedeutung kennen. Wörter einer fremden Sprache, die wir nicht verstehen, kann man nur stur auswendig lernen.

L: Das ist richtig. Die vielen verschiedenen Rhythmen und Melodien bieten den Kindern ein reichhaltiges Vokabular. Und wenn Sie Stunde für Stunde zuhören, werden Sie feststellen, dass wir ein bestimmtes Repertoire immer wiederkehrender Melodien haben.

E: Und warum singen Sie nicht „richtige" Lieder und Songs, die die Kinder sonst doch auch hören? Das ewige „bah, bah" ist doch kindisch und langweilig!

L: Kindisch ist es nicht; aber wenn es langweilig wird, müssen wir eben etwas ändern: Bewegungen hinzufügen, die *patterns* in ein Spiel (z.B. Motive zuwerfen, weitergeben etc.) einbauen. Aber kindisch ist es nicht, eher lerngerecht. Auch das ist eine leicht zu beobachtende Erfahrung. Kinder haben heute sehr wenig Singgelegenheiten. Die meisten kommen daher zu uns mit ihrer Sprechstimme. Die Singstimme ist davon aber verschieden. Also müssen wir die Singstimme erst wecken. Wenn wir nun einen Text bieten, hören die Kinder natürlich auf die Geschichte, die das Lied erzählt – und sofort fallen sie in ihre Sprechstimme zurück. Wir wollen aber, dass sie in dieser Musikstunde die musikalische Sprache lernen, oder ich sollte besser sagen: ein musikalisches Sprechvermögen erwerben und üben. Also versuchen wir, die Aufmerksamkeit auf das Musikalische zu lenken und nicht etwas zu bieten, von dem wir wissen, dass es die Aufmerksamkeit ablenkt. Sie können – und sollen – zuhause so viele Lieder wie möglich singen. Dann hören die Kinder ja Ihre Singstimme und entwickeln eine Klangvorstellung. Hier bei uns sollen sie aber melodische und rhythmische Grundmuster erwerben.

A: Sie sollen musikalisch hören und denken lernen, also das, was sie hören und singen, mit einer Bedeutung verbinden – nicht einer außermusikalischen Bedeutung, dass ein bestimmtes Motiv etwa mit einer Farbe oder einem Wort assoziiert wird, sondern mit einer innermusikalischen Bedeutung.

L: Ist klar, was wir meinen? Nehmen Sie z.B. den Grundton. Dass jede Melodie einen Grundton hat, muss man nicht wissen (im Sinne von sagen können, wie der Grundton hier heißt), aber die meisten spüren, wo er liegt.

Dabei ist es in manchen Liedern gar nicht so einfach, ihn innerlich mitzuhören, nämlich dann, wenn er selber gar nicht in der Melodie enthalten ist. Aber er ist wichtig für den harmonischen Bezug, etwa wenn man eine Begleitung hinzu erfinden will. Wir müssen ja auch in einem Satz, der kein reales, sondern nur ein grammatisches Subjekt enthält, dieses sinngemäß aus dem Kontext erschließen und hinzudenken, wenn wir den Satz richtig verstehen wollen. Wir sagen zum Beispiel: „Nun schreie doch nicht immerzu. Das hat doch keinen Sinn!" Hier vertritt „das" im zweiten Satz das Verb „schreien"; aber das wird nicht ausgesprochen, sondern muss denkend ergänzt werden. „Das hat doch keinen Sinn" hätte für sich allein genommen ohne diesen Bezug keinen Sinn.

Haben Sie bemerkt, wie wir vorgehen? Wir erstellen erst einen musikalischen Kontext mit den Melodien. Die häufig wiederholte stabilisiert hier in unserem Fall Moll. Dazwischen stehen andere Melodien in anderen Tonarten. Die verwirren aber nicht, sondern machen durch ihre Unterschiedlichkeit erst das Besondere der Moll-Melodie deutlich. Ohne die Kenntnis von Unterschieden könnten wir nichts erkennen. Die Wörter „Licht" oder „Kälte" bekommen erst Bedeutung, wenn man sie unterscheiden kann von „Dunkelheit" und „Wärme". Die gleiche Funktion haben die verschiedenen Melodien. Die eine, die wir mehrfach wiederholt haben, stabilisiert die Moll-Tonalität. Und dann haben Sie beobachtet, dass ich den Schlusston, der hier zugleich der Grundton ist, verzögere. Dieses Ritardando ist keine geschmackliche Manier, sondern verfolgt eine bestimmte pädagogische Absicht. Was passiert bei Ihnen, wenn ich singe [L singt]:

Notenbsp. 5.5

Sie haben hier vielleicht den Grundton singen wollen, stimmt's? Warum wollen Sie das? Weil sie so ähnliche Schlüsse schon so oft gehört haben, dass Sie die Erwartung haben, diesmal müsse es auch so gehen. Aber ich mache eine Verzögerungspause. Was tun Sie in der Pause? Sie hören bereits den Grundton, den ich – noch – nicht singe. Und wenn Sie ihn innerlich hören, können Sie ihn auch singen, aber erst dann! Wir nennen diesen Vorgang „Audiation".

Audiation ist etwas grundsätzlich Anderes als Imitation. Haben Sie bemerkt, dass wir vor dem Beantworten der *patterns* immer eine kleine Pause machen? Sie werden denken, wenn ich ein vorgesungenes *pattern* wiederhole, imitiere ich den Lehrer und lerne durch Imitation. Dem ist aber nicht so. Wenn ich Ihnen etwas vorsinge und Sie auffordere, mir unmittelbar nachzusingen, dann reproduzieren Sie nur den Klang, der als Nachhall noch in Ihrem Kurzzeitgedächtnis kreist, aber gleich wieder verschwinden wird. Wenn Sie die Struktur nicht verstanden haben, sondern sich bloß die Tonhöhenfolge mechanisch merken, wird das *pattern* schnell vergessen werden, weil Sie sich nach kurzer Zeit nicht mehr an die genaue Tonhöhenfolge erinnern können. Versuchen Sie einmal, sich einen Satz in einer fremden Sprache, die Sie nicht sprechen – sagen wir in Hebräisch –, zu merken. Wenn die Lautfolge eine bestimmte Anzahl von Segmenten (+/- 7) überschreitet, kann sie nicht mehr gespeichert werden.

Nun haben wir beim Singen ein harmonisches Bezugssystem geschaffen, d.h. wir haben eine Tonalität gefestigt, auf die die einzelnen Melodietöne bezogen sind. In der Pause zwischen Frage und Antwort kann sich das Kind nun die gehörte Folge noch einmal vorstellen. Allerdings ist unsere Pause kürzer als die reale Tonfolge, so dass sie nicht vollständig imitiert werden kann. Vielmehr soll das Kind sie als Struktur auditieren, um dann das *pattern* richtig singen zu können.

Hat es die Struktur verstanden (z.B. als Tonfolge einer Tonika erkannt – nicht begrifflich, sondern musikalisch klanglich), dann kann es sie auch singen, und zwar so, dass es auf der elementarsten Stufe die Tonfolge einfach nachsingt, aber später auch improvisierend damit umgeht. Kann es auditieren, zeigt es damit, dass es eine mentale Repräsentation erworben hat. Wir können jetzt auch sagen: es hat etwas gelernt. Wir unterrichten also eigentlich nicht *patterns,* sondern bauen die Fähigkeit zur Audiation auf, die eine unverzichtbare Voraussetzung dafür ist, Musik musikalisch verstehen zu können.

E: Dann heißt das also, dass bloßes Imitieren noch keinen Lerneffekt hat?

L: Das kann man so sagen. Allerdings müssen wir dabei „Lernen" auf solche Prozesse der Vorstellungsbildung einschränken, die mit Bedeutungen verknüpft und nicht alleine auf die Einübung motorischer Abläufe gerichtet sind. Sehen Sie, was wir hier versuchen, ist doch nichts anderes, als ein musikalisches Denken anzuregen. Beim Imitieren muss ich noch nicht denken. Nehmen Sie ein ganz einfaches Beispiel. Ich führe mit meinem Arm eine große, kreisende Bewegung aus. Nun setze ich im Verlauf dieser Bewegung einzelne Akzente. Sie erkennen sie als Impulse, die regelmäßig den Fluss meiner Bewegung gliedern. Und schon beginnen Sie, den nächsten Impuls vorauszuahnen, ihn erwartend in der Vorstellung zu denken. Der Fluss der Zeit ist gegliedert, und in dem Maße, wie wir den Puls in uns spüren, können wir die Akzente im rechten Moment setzen. Das ist bereits Audiation. Die Akzente kommen nicht irgendwann, überraschend, unkontrolliert, sondern werden durch unser Bewusstsein eines regelmäßigen Pulses kontrolliert. Dies ermöglicht es, den Grundschlag zu auditieren.

Wenn die Kinder diese Form der rhythmischen und melodischen Audiation beherrschen, führen wir relative Tonsilben ein (Solfège: *do re mi fa so la ti do*). Sie helfen, Tonbeziehungen untereinander zu verstehen und zu auditieren. Ein Ton allein bedeutet soviel oder sowenig wie ein einzelner Buchstabe. Erst in der Kombination ergeben sich Wörter und Bedeutungen. So ist es auch in der Musik. Nehmen wir einen einzelnen Ton (z.B. *a*). Er teilt nur einen isolierten Klang mit. Tritt ein zweiter Ton hinzu (z.B. *fis*), entsteht eine einfache Beziehung. Ich kann mich nun fragen, wie ich diese Verbindung erlebe: als *so - mi,* d.h. als obere Terz eines Dur-Dreiklangs oder als *do - la,* d.h. als untere Terz eines Moll-Akkords. Im ersten Fall höre ich innerlich einen Grundton *d,* im letzteren ist die Terz auf *fis* als Grundton bezogen; im ersten Fall erlebe ich Dur, im letzteren Moll. Ohne all diese theoretische Kenntnis kann bereits ein Kind, das mit den Tonsilben vertraut ist, mir zu verstehen geben, wie es diese Terz musikalisch hört. Es braucht dabei überhaupt nicht zu wissen, dass dieses Intervall eine kleine Terz ist; aber mit Hilfe der Tonsilben kann es mir sagen, was es hört.

E: Aber ist das nicht viel zu schwierig, all die Tonsilben zu lernen?

L: Ich meine nicht. Lernen heißt ja, eine Repräsentation aufbauen. Wenn wir musikalisch eine Repräsentation für eine Dur-Terz bilden und diese dann mit den Silben *do - mi* verknüpfen, bildet sich eine Struktur, die als Struktur gespeichert wird, weil sie Bedeutung hat (nämlich *do - mi).* Und so erwerben wir allmählich immer mehr Repräsentationen für musikalische Elemente. Die relative Solmisation verhilft dazu, die allgemeingültigen Strukturbeziehungen zu erkennen und zu benennen, ohne auf Notennamen und Vorzeichen achten zu müssen. Denn Tonsilben benennen die gehörten Klänge, Notennamen die notierten Zeichen. Ein Kind hört nun – sagen wir – eine Dur-Skala. Da ist es schon ziemlich verwirrend, wenn der Anfang einer Dur-Skala einmal *d – e - fis - g - a,* ein andermal *c - d - e - f - g* und wieder ein andermal *e -fis - gis - a - h* lautet. Es wird ja auch nie Notennamen auditieren, sondern immer nur den Klang, und der ist immer gleich, wo immer wir beginnen: *do - re - mi - fa - so.* Die Solmisation ist also ein lern psychologisches Hilfsmittel zur Benennung der Klänge und vereinfacht das komplizierte Zeichen system unserer Notenschrift (wir denken nämlich immer von der Notation, also vom Ende des Lernprozesses her).

A: Wenn man die Solmisation von Anfang an betreibt, wird sie ganz spielerisch und selbstverständlich erworben und bald mühelos auch auf die Notation und die traditionellen Notennamen übertragen. Ein Ton *bedeutet* dann z.B. „do" oder „la" und *heißt* „c" oder „cis" oder „d" usf. Und das Tolle ist, wenn man mal begriffen hat, wie *so - la - so - mi* klingt, dann kann man auch verstehen, warum diese Struktur von jedem neuen Ton andere Familiennamen braucht. Aber das funktioniert erst, wenn die Strukturen gefestigt sind. Und dazu verhelfen uns die Solmisationssilben.

E: Aber was mache ich, wenn ich mit Tim zuhause singen will? Ich kenne mich doch mit all den Silben nicht aus.

L: Sie singen ganz unbekümmert wie bisher – auf Text oder Lala. Und vielleicht wird eines Tages Tim Ihnen dann beibringen, wie die Melodie „Ist ein Mann in' Brunn' gefallen" auf Tonsilben geht und wie dort der Grundton heißt; und wenn Sie dann herausfinden, dass Sie das ganze Lied mit den Tönen *da* und *so* begleiten können, haben auch Sie angefangen zu auditieren. Wäre das nicht schön?

***

Was geschieht, wenn wir zu auditieren gelernt haben? In der Audiation aktivieren wir die in einem neuronalen Netz gespeicherten Repräsentationen. Diese werden zunächst durch eine Folge von Handlungen – z.B. Singen – erworben. Durch wiederholtes Singen entstehen mentale „Bilder" in Form aktivierter Nervenzellen bzw. Zell-Ensembles. Diese für eine Repräsentation charakteristischen Nervenverbindungen werden umso stärker, je häufiger sie zusammen erregt werden.[4] So entstehen innere Hörvorstellungen von Intervallen, Tonarten (Tongeschlechtern), Akkorden etc. In die Repräsentation integriert können dann Bezeichnungen werden, die die strukturelle Bedeutung unterscheidbar machen. Die älteste und am weitesten verbreitete Form der sprachlichen Assoziation ist die relative Solmisation. Hier bezeichnen Tonsilben die funktionale Stellung eines Tones im Verbund einer Tonart (Tonleiter). Da etwa bezeichnet immer den Grundton einer Dur-Tonleiter, *la* den einer Moll-Tonleiter, *re* den einer dorischen Skala, zwischen *mi* und *la* befindet sich ein Halbtonschritt usw.

Wenn nun in einem konnektiven Netz Tonverbindungen mit ihren Solmisationssilben repräsentiert sind, wird es möglich, eine Tonfolge auf neutralen Silben oder auf einem Instrument gespielt zu hören und dabei die zugehörigen Solmisationssilben, die in demselben Netz gespeichert sind, hinzu zu assoziieren. Der gehörte Reiz (z.B. die Leierformel g - a - g - e) aktiviert nicht nur die klangliche Repräsentation, sondern die den Klang registrierenden Nervenzellen erregen über die fest eingeschliffenen Bahnen auch die im selben Netz gespeicherten Solmisationsbezeichnungen, die wiederum musikalische Funktionen enthalten. Wenn ich also die erwähnte Leierformel als *so-la-so-mi* auditiere, ist automatisch ein tonaler Bezug (Stellung des *do*) hergestellt. Mit den auditierten Gestalten kann nun auch improvisiert werden, d.h. die einzelnen Elemente können in freier Kombination umgestellt *(so-so-mi-la-so-mi)* und innerhalb dieses Bezugssystems fortgeführt werden *(so-fa-mi-so-do-do)*.

Solmisationssilben können dazu beitragen, ein Bezugssystem aufzubauen, das als Klang bereits repräsentiert wird. Sie ermöglichen damit eine Erweiterung des Repräsentationsnetzes und führen zugleich eine Stufe höher zur Bewusstmachung der spontan gesungenen Folgen. Töne und Tonverbindungen, die bislang nur als Folge von Stimmbewegungen repräsentiert waren, können nun abstrakt, d.h. unabhängig von ihrer Realisierung Ton für Ton als Struktur gedacht werden. Es hat ein wichtiger Lernsprung stattgefunden: die sequentielle, an den Vollzug in der Zeit gebundene, immer Ton für Ton der Melodie folgende Vorstellung (wir nennen sie wegen ihrer konkreten, gestalthaften Art „figural") ist plötzlich einer allge-

---

[4] Die Hebbsche Lernregel besagt, dass immer dann, wenn miteinander verbundene Nervenzellen gleichzeitig aktiv werden, sich ihre synaptischen Verbindungen verstärken (Hebb, 1949, 50).

meinen, abstrakten Vorstellung eines Klangs oder einer Klangfolge gewichen, die nicht mehr als Figur ausgeführt werden muss, sondern in einer formalen Operation symbolisch gedacht werden kann (wir sprechen daher auch von „formaler" Vorstellung).

Diese Veränderung der Vorstellungs- oder Repräsentationsart, die in der Regel keinen kontinuierlichen Übergang bildet, sondern sprunghaft erfolgt, erlaubt nun, gehörte Klänge in ein System einzuordnen und Klangerfahrungen zu generalisieren. Reines Unterscheidungslernen *(discrimination learning),* bei dem nur Gleichheit und Verschiedenheit als Unterscheidungskriterien herangezogen werden, hat sich zu selbständigem, schlussfolgerndem Denken und kreativem Eigenlernen *(inference learning)* weiterentwickelt. Einen solchen qualitativen Erkenntnissprung zeigt die Geigenschülerin in dem folgenden Beispiel.

Johanna spielt seit einigen Monaten Geige. Sie ist gewohnt, einfache Melodien zu singen, zu verändern, zu erfinden und dann auch auf ihrer Geige zu spielen. Sie improvisiert mit den Tönen des D-Dur Dreiklangs:

Notenbsp. 5.6

Und plötzlich singt sie:

Notenbsp. 5.7

und fragt, sich vergewissernd: „Das geht doch auch, oder? Das ist doch auch dasselbe." Sie singt auf Silben *so-do-do-mi-mi-do* und findet die Töne auch schnell auf ihrer Geige.

Hier war eine formale Repräsentation des Dreiklangs aktiviert, den sie in Gedanken umstellen, in eine neue Form bringen konnte, ohne ihn dadurch substantiell zu verändern. Entscheidend ist dabei, dass sie erkannte, dass beides – die fallende Quinte und die anspringende Quarte musikalisch strukturell das gleiche bedeuten: eine Dominante-Tonika-Verbindung.

Und zwar geschah dies nicht durch Probieren oder aufgrund klanglicher Ähnlichkeitsempfindung, sondern in ihrer Vorstellung aufgrund der Identität der beiden *so,* die in ihrer absoluten Tonlage und in der Art der stimmlichen Hervorbringung verschieden, funktional aber gleich sind. Dies ist ein selbständiger Denkschritt, der möglich wurde, weil in der Vorstellung nicht mehr isolierte Einzeltöne, sondern eine Struktur – der Dreiklang, bestehend aus den funktionalen Elementen *do, mi* und *so* – repräsentiert war. Erst diese neue Repräsentationsart führte dazu, dass die verschiedenen Töne *(a)* als identische Funktionen (Dominante, *so*) erlebt und dann auch benannt werden konnten.

Fallbeispiel 5

> Lehrer und Assistentin schreiten mit langsam fließenden Bewegungen des ganzen Körpers durch den Raum und summen dabei eine wiegende Melodie im Sechsachtel-Takt.

Notenbsp. 5.8

Dabei teilen sie den Kindern bunte Tücher aus und fordern sie damit auf, sich dem Strom der wiegenden Melodie mit weit ausschwingenden Bewegungen anzuschließen. Einige Kinder folgen der Aufforderung, andere stehen starr und beobachten das Geschehen. Die Melodie kommt zur Ruhe, alle setzen sich in den Kreis.

Der Sechsachtel-Rhythmus wird nun deklamiert: du - di du-da-di du -. Dabei wird ein Jonglierball (oder ein kleiner mit Sand oder Reiskörnern gefüllter Beutel) dem Nachbarn auf die lange, betonte Zeit in die Hand fallen gelassen. Es bilden sich Paare, der Ball geht hin und zurück.

Wir stehen wieder auf. Der Lehrer lässt einen Reifen vor aller Augen trudelnd zu Boden fallen. Alle schauen gespannt, bis er ganz ruhig liegt. Dann singt der Lehrer

und springt auf die Eins in den Reifen. Nun dürfen die Kinder dasselbe versuchen: sie singen und versuchen, auf dem Grundton, der Eins, im Reifen zu landen.

Im Nachgespräch dieser Unterrichtssituation stellen sich wieder Fragen nach der Absicht der Aktionen und Geschehen.

A: Das ging heute ja unglaublich gut; die Kinder sind fast alle gesprungen.

L: Aber nicht alle haben auch dazu gesungen.

A: Das finde ich eigentlich gar nicht so schlimm, denn die anderen Kinder haben immer mitgesummt, und das Kind, das dran war, konnte die Eins fühlen. Die Koordination von Singen und Springen ist vielleicht noch zu schwierig.

L: Das ist zwar nicht leicht, sollte aber gelingen, wenn im Singen der Sprung empfunden wird.

E: Warum sollen die Kinder denn überhaupt in den Reifen springen? Das gibt doch nur Unruhe, wenn dann alle ihre Reifen haben und herumhüpfen.

L: Wir machen das, weil alles musikalische Lernen aus der körperhaften Bewegung kommt, das hat schon Jaques-Dalcroze gewusst. Erinnern Sie sich noch, als wir über Audiation sprachen und ich die große Kreisbewegung machte, in die ich einige Akzente einfügte? Der musikalische Fluss kommt aus der fließenden Bewegung. Ohne die Fähigkeit zu einer harmonisch fließenden Bewegung kann kein stetes Zeitgefühl entstehen. Sie glauben gar nicht, wie viele Musiker bei bestimmten Stellen ins Schleppen oder Eilen geraten. Wir Erwachsene orientieren uns in Zeit und Raum, die wir messend bestimmen. Wir messen die Zeit in Kategorien des Raums und versetzen die Zeit damit in einen statischen Zustand, den wir betrachten und anschauen können. Die „Erfindung" der Zentralperspektive in der Renaissance hat den Raum sogar im zweidimensionalen Bild anschaulich gemacht. Kinder erleben diese Kategorien aber nicht distanziert (um zu messen, muss man Distanz nehmen), sondern ganz körpernah und unmittelbar. Für sie sind daher Gewicht (Schwere) und Fluss (Strom) von zentraler Bedeutung.

A: Und daher nehmen wir die leichten Seidentücher, mit denen wir große, fließende Bewegungen machen können. Und weil die Tücher so lang sind, müssen wir uns bewegen, um sie in Fluss zu halten. Unsere körperliche Bewegung ist dabei ein Spiegel des musikalischen Flusses, den wir im Summen erfahren.

E: Ich denke, dass die Bewegung den Kindern auch gut tut. Mir ist aufgefallen, wie schwierig es für manche Kinder zu sein scheint, sich frei im Raum zu bewegen; andere zeigen bereits graziös fließende Bewegungen.

L: Es ist auch für viele Kinder schwer, sich so zu bewegen mit ihrem ganzen Körper. Wo können und dürfen sie das denn heute noch? Im Fernsehen wird ihnen in hektischer Bildfolge eine scheinbare Dynamik vorgeführt, die im raschen Wechsel der Bildschnitte in der Regel gerade nicht körperliche Erfahrungen zulässt.

E: Und das Partnerspiel mit den Jonglierbällen war dann wohl auch zur körperlichen Erfahrung des Rhythmus gedacht.

L: Ganz genau. Und zwar haben wir hier das Metrum unseres Liedes aufgegriffen und die Gewichtsverteilung spüren lassen. Im Fluss des Metrums du - di - dudadi du - hat der Schluss das größte Gewicht. Das du - di - dudadi führt geradezu auf das schwere du hin. Also lassen wir das Gewicht des Balles in unsere Hand fallen, wir spüren so das Gewicht der Eins und geben es im Sprechen des Rhythmus weiter. Erst wenn die Kinder die Gewichtsunterschiede selber erleben, können sie auch im richtigen Moment den Ball so fallen lassen, dass er auf der Eins in die Hände des Partners fällt. Das erfordert eine sehr genaue motorische Koordination, die später auch der Instrumentalist üben muss.

E: Und die Reifen?

L: Sie vergrößern nur das zuvor mit den Händen Getane und übertragen es auf harmonische Verhältnisse, wo es ja auch ein Leicht und Schwer gibt. Die Spannung des trudelnden Reifens liefert den Anlass zur Audiation: wir erwarten das Ende, die Ruhe und springen dann auf die harmonisch schwere Tonika (ohne dass die Kinder eine Ahnung von den Begriffen Tonika und Dominante haben) in den Kreis. Sie vollziehen den Spannungsabfall von der V. *(so)* zur I. Stufe *(do)* und müssen auch hier die Körperbewegung so koordinieren, dass sie im rechten Moment aufkommen. Zugleich erfahren sie den Auftakt nicht als Messgröße (die sich zusammen mit dem Schlusstakt zum vollen Takt verrechnet), sondern als eine auf ein gedachtes (auditiertes) Ziel hin gerichtete Bewegung. Das Rechnen mag dann – wenn überhaupt – viel später kommen, wir brauchen es nicht. Aber die Koordination der Bewegung mit der auditierten, d.h. im Denken bereits vorausgeahnten Eins, das muss erfahren und immer wieder geübt werden, wenn man verstehen will, was Tonika und Dominante, Auftakt und Volltakt sind.

E: Das ist ja interessant, das habe ich mir selber noch nie klargemacht. Ich erinnere mich noch genau, wie ich im Klavierunterricht den Auftakt erklärt bekommen habe. Das war tatsächlich eine Rechenaufgabe.
L: Aber Musik sollte doch etwas anderes sein, oder nicht? Jedenfalls wollen wir den Kindern Musik und nicht Rechnen beibringen.

Für den Aufbau musikalischer Repräsentationen ist es wichtig, dass zunächst figurale Vorstellungen gebildet werden können. In dem hier beschriebenen Fall erwerben die Kinder eine figurale Vorstellung des Gewichts: sie spüren die Schwere des Säckchens, das in die Hand fällt, und verbinden nun dieses Schweregefühl mit dem Taktgewicht des Rhythmus. Die abstrakte musikalische Empfindungsqualität „Gewicht", „Schwere" wird zunächst im körperlichen Erleben erfahren und kann dann auf Musik übertragen werden. Erst später kann dann eine formale (symbolische) Vorstellung von Takt- oder Melodieschwerpunkten entstehen. Wichtig ist dabei aber, dass das Fallenlassen des Säckchens aus einem kontinuierlichen Fluss heraus geschieht. Schwere ist nicht eine abstrakte, punktuelle Eigenschaft, sondern ein aus dem Bewegungsfluss sich ergebender Wirkungsprozess. Dieser wird und kann nur im Strom der Zeit erlebt werden, bevor eine abstrakte Vorstellung von Taktschwerpunkten, die keine Notation festhält, gebildet werden kann.

Auch das Springen in den Reifen initiiert einen figuralen Prozess. Die Spannung auf einen vorausgedachten Punkt – die „schwere" Eins – wird zunächst im Koordinationsvorgang des Körpers vollzogen. Der Bewegungsablauf wird so eingestellt, dass das Kind genau auf der auditierten Eins im Reifen landet. Dies kann nur gelingen, wenn die Eins voraus gedacht, auditiert werden kann. Es findet also auch hier die Erweiterung einer bereits vorhandenen musikalischen Repräsentation (z.B. des Grundtons) statt, indem die Qualität „Gewicht" in die Vorstellung des melodischen Verlaufs integriert wird. Lernen beruht also nicht nur auf dem Aufbau musikalischer Repräsentationen, sondern bewirkt zugleich eine Veränderung der Repräsentationen im Sinne einer Erweiterung, Verfeinerung, Ausdifferenzierung oder Modifizierung. Diese Erweiterung der beteiligten Zellverbände schreitet bis zu einem bestimmten Grad vor, an dem es dann umschlägt in eine neue Repräsentationsform auf einer höheren, komplexeren Repräsentationsebene. Lernen kann somit kognitionspsychologisch als Umcodierung der figuralen in eine formale Repräsentation beschrieben werden, die durch eine geringere Aktivierungsstärke, ökonomischere Ausnutzung (d.h. Verkleinerung) der beteiligten Hirnregionen und eine dichtere Vernetzung ausgezeichnet ist.

Der Einsatz formeller Unterweisung:
Lernen durch Unterricht

Mit der Schulreife bzw. der Aufnahme von Instrumentalunterricht setzt die formelle musikalische Unterweisung ein. Auch jetzt geht es um den Aufbau musikalischer Repräsentationen, nun allerdings unter Einsatz gezielter Instruktion und bewussten Übens. Dabei sind zwei gängige Verfahrensweisen zu beobachten, die auf einem anderen als dem hier dargestellten Lernbegriff beruhen.

(1) Im instrumentalen Bereich wird das Schwergewicht des Lernens häufig nur auf die Konditionierung für und das Training von Bewegungsabläufen gelegt, ohne im gleichen Maß das musikalische Verständnis, die musikalische Sprechfähigkeit auszubilden. Wenn man Musik als ein künstlerisches Ausdrucksmittel begreift und ihren Gegenstandsbereich nicht auf den Ausschnitt komponierter Werke einengt, müsste der Erwerb der musikalischen Sprechfähigkeit der künstlerischen Darstellungsfähigkeit vorausgehen. Auch in der Sprache können wir bereits in der Umgangssprache sprechen, bevor wir mit Literatur umgehen, sie lesen und interpretieren. Kein Sprachlehrer käme auf die Idee, im Französischen zunächst die in unserer Sprache nicht enthaltenen Laute (Nasale) zu trainieren und Vokabeln zu pauken, um mit Moliere zu beginnen. Hier ist es selbstverständlich, dass wir erst sprechend in die uns noch fremde Sprache – nicht in die literarischen Werke – eingeführt werden.

Auch für das musikalische Lernen dürfte dies nicht falsch sein. Allerdings hat hier die kulturelle Entwicklung in Europa im Bereich der sog. Kunstmusik dazu geführt, dass sich die instrumentale Betätigung von Berufsmusikern ausschließlich auf die Reproduktion von bereits fertigen Texten erstreckt. Die musikalisch künstlerische Leistung bezieht sich dann – neben der technischen Beherrschung – allein auf die interpretatorische Darstellung. Man mache es sich einmal klar, was dies im Bereich der Sprache bedeutete: Menschen heranzubilden, die ausschließlich nachsprechen, was Schriftsteller vor ihnen als Texte verfasst haben, also nur Goethe und Hölderlin, Kafka und Thomas Mann zu sprechen – eine in ihrer Aberwitzigkeit kaum zu überbietende Vorstellung. Vom guten Rezitator und Schauspieler können wir selbstverständlich annehmen, dass er auch ganz normal seine eigene Sprache benutzen kann, wenn er im Geschäft einkauft, einen Brief schreibt, ein Flugticket bestellt oder berichtet, was er in der Zeitung gelesen hat. In der Alltagssprache improvisieren wir fast ausschließlich, d.h. wir generieren aus dem Repertoire unseres Wortschatzes und unter Anwendung der immanent erworbenen grammatischen Regeln immer neue Sätze, die Gedanken ausdrücken, die wir uns zuvor gebildet, ausgedacht, im Kopf gehabt haben. Und damit sind wir längst nicht alle Dichter oder Schriftsteller. Wir sind schlicht Mitglieder einer Sprachgemeinschaft, für die es selbstverständlich ist, die Sprache der Gemeinschaft auch zu sprechen und sie nicht nur zu lesen und wiederzugeben.

Auf Musik übertragen besitzen diese Fähigkeit des musikalischen Erfindens und Improvisierens am ehesten die Jazzmusiker. Der Instrumentalsolist erregt unser Staunen über seine technischen Fertigkeiten, die Brillanz und schwindelerregende Sicherheit, mit der er virtuose Passagen meistert, wie über die klangliche Sensibilität und Musikalität, die er auf seinem Instrument entfaltet. Aber es ist nicht seine Sprache, die er spricht, was auch gar nicht zu kritisieren wäre, wenn er denn eine (musikalische) Sprache spricht. Dies würde bedeuten, dass jemand, der auf Grund eines momentanen Gedächtnisausfalls mitten in der Sonate im Stile der Komposition weiterspielen kann, um irgendwann wieder den Faden aufzunehmen; dies würde etwa bedeuten, dass jemand ein Stück, das er gut kennt und viele Mal gespielt hat, auch aufschreiben kann (wie wir einen Text, den wir sprechen oder denken können, auch aufschreiben können); dies könnte bedeuten, dass jemand eine Komposition, die er gut kennt, auch in einer anderen Tonart spielen kann etc. etc.

Wenn solche Fähigkeiten, über die gute Musiker, aber nicht alle Musiker durchaus verfügen,[5] für wichtig erachtet werden, muss man sich fragen, wie musikalische Bildung und Ausbildung vorgehen müssten. Im Prinzip geht es dabei wieder um den Erwerb genuin musikalischer Repräsentationen. Motorische Abläufe müssen beim Instrumentalisten geübt, in-

---

[5] Es ist eigentlich nicht einzusehen, dass alle Menschen – mit Ausnahme weniger pathologischer Fälle – sprechen lernen, dass aber nur die wenigsten von denen, die musikalisch ausgebildet werden, eine musikalische Sprech- und Darstellungsfähigkeit erwerben.

ternalisiert und automatisiert werden. Das schließt aber nicht aus, dass die musikalischen Ereignisse, die diese Abläufe bedingen, auch als musikalische Bedeutungsträger verstanden werden. Die motorisch korrekte, flüssige Durchführung einer Spielbewegung resultiert zunächst aus einem mechanischen Übvorgang. Die Frage dabei ist, in welchem Maße das Ohr – nicht nur als Kontrolle für richtige Töne, Klangqualität und Intonation, sondern als Organ des Musikverstands – den Bewegungsablauf steuert oder leitet. Nicht zu unrecht hat Heinrich Jacoby 1921 kritisiert, dass beim Instrumentalspiel das Ohr meist „nichts anderes zu tun (hat) als hinterher durch die Finger zu erfahren, was auf dem Papier steht" (Jacoby, 1921, in: 1984, 17), während es eigentlich umgekehrt sein müsste, dass das Ohr, d.h. die innere Klangvorstellung den Fingern sagt, was und wie sie spielen sollen. Denn „jeder wirklich klaren Vorstellung folgt der Bewegungsablauf, der nötig ist, um das Vorgestellte selbstverständlich und ungestört zu äußern. Je klarer, je lebendiger die Vorstellung, desto ungehemmter der Ablauf der für die Äußerung nötigen physischen Funktionen" (Jacoby, 1925, in: 1984, 46).

Das würde also bedeuten, dass im Instrumentalunterricht zuerst die musikalische Vorstellung, die Fähigkeit zur Audiation ausgebildet werden müsste. Kein Ton kann gespielt werden, der nicht zuvor innerlich gehört und gesungen wurde. Bewegung und Singen sind die Eingangstore musikalischer Audiation. Instrumentaler Anfangsunterricht, in dem nicht gesungen wird und keine körperlichen Bewegungen stattfinden, kann nicht zum musikalischen Lernen, allenfalls zum mechanischen Training führen. Man muss sich aber zunächst klar darüber werden, was man erreichen möchte: musikalische Sprechfähigkeit oder technische Fertigkeiten (im Idealfall sollte die eine mit der anderen wachsen). Im einzelnen heißt das, Prioritäten zu setzen, indem man sich dafür entscheidet, ob man einen Schüler – sagen wir in den ersten Jahren dazu befähigen möchte, Stücke technisch einwandfrei und musikalisch schön zu spielen (wobei, wenn man nicht selber sprechen kann, der Lehrer sagen muss, was musikalisch schön ist; Interpretation verkommt dann leicht zur Kopie) oder ob ein Schüler in die Lage kommen, also lernen soll, zu improvisieren, d.h. mit bekannten Mustern neue Zusammenhänge herzustellen, eine musikalische Phrase sinnvoll fortzusetzen, sich in allen Tonarten sicher zu bewegen, zu einem musikalischen Geschehen eine Begleitung zu finden, spontan eine Melodie zu harmonisieren (und zwar in allen möglichen Tonarten), eine Melodie von Dur nach Moll (und umgekehrt) abzuändern oder sie im geraden wie ungeraden Takt zu spielen, ohne rechnen zu müssen, ohne nach Vorzeichen zu fragen, einfach dem Ohr zu folgen. Wer auf diese Weise Musik musikalisch lernt, wird einige Zeit darauf verwenden müssen; denn Lernen als Aufbau mentaler Repräsentationen beruht auf neuronalen Veränderungen, und solche physiologischen Prozesse brauchen Zeit. Wenn daneben auch das Üben bestimmter motorischer Abläufe nicht zu kurz kommt, wird nach einiger Zeit der „Rückstand" aufgeholt sein. Vor allem aber hat ein Schüler, der musikalisch lernt, etwas anderes gelernt als nur zu reproduzieren und zu imitieren.

(2) Im schulischen Bereich wird Lernen oft mit dem Erwerb von Wissen *über* Musik anstelle der Einübung *in* musikalische Sprechfähigkeit gleichgesetzt. Mit Eselsbrücken und Merksprüchen als Gedächtnishilfen werden Regeln memoriert (z.B. über Auftakt und Volltakt; Takt und Metrum, die Folge der Tonarten im Quintenzirkel etc.). Horst Rumpf berichtet über die Schulerfahrung eines Schülers:

„Zum Frühstück kommt er mit einem Heft in der Hand, um für den Musiktest in der zweiten Stunde noch einmal das folgende zu memorieren:
Das Metrum besteht aus gleichlangen und gleichlauten Schlägen. Der Takt besteht aus verschiedenen Schlägen, die aber verschieden betont werden. Der Rhythmus besteht aus verschieden langen Schlägen, die die Betonungen des Taktes haben. Die Melodie besteht aus verschiedenen Tönen, die die Länge und die Betonungen vom Rhythmus haben." (Rumpf, 1980, 457).

Ein anderer Schüler, der kaum in der Lage ist, im Instrumentalunterricht eine Melodie nachzusingen, wird von seiner Klavierlehrerin nach dem Musikunterricht gefragt. „Singt ihr denn da nicht?" – „Nöö!" – „Und was macht ihr da?" Darauf die entlarvende Antwort: „Och, wir rechnen mit Noten".

Dieses Missverständnis musikalischen Lernens, das aus guter Absicht und sorgloser Ahnungslosigkeit resultiert, setzt sich dann in höheren Jahrgangsstufen in der Analyse fort, wo Werke der Kunstmusik nach ihrem lebensweltlichen Bezug befragt, strukturell zergliedert und philosophisch gedeutet werden, ohne dass die musikalischen Texte, die analysiert und interpretiert werden, als musikalische Texte verstanden werden. Die analysierten harmonischen Prozesse in einer Sonatendurchführung bilden keine

Herausforderung für das Verstehen, weil sie gar nicht musikalisch wahrgenommen und erkannt werden. Wie soll man aber etwas interpretieren, das man nicht wahrnimmt? Wie soll sich Verstehen bilden, wenn nicht sichergestellt ist, dass überhaupt musikalische Repräsentationen vorhanden sind? Die notwendige Folge ist ein Ausweichen auf außermusikalische Sachverhalte: auf die Handlung darstellender Musik, auf formalistische Strukturschemata, auf subjektive Empfindungs- und Erlebnisqualitäten, auf soziale Funktionen und lebensweltliche Assoziationen. So redet man, wenn über Musik, z.B. über Hindemiths Mathis-Sinfonie gesprochen werden soll, über die Bilder Matthias Grünewalds und ihren symbolischen Gehalt, über die zeitgeschichtlichen Hintergründe und das Zitat aus dem Mainzer Graduale, über die Typologie der Instrumente und das Verhältnis der Sinfonie zur gleichnamigen Oper.

All dies bietet Wissensstoff, der interessant und wichtig ist, der aber die musikalische Wahrnehmung noch ausklammert. Was wird gehört und erkannt? Was passiert in der Musik? Erst dann kann man sinnvoll fragen, was das, was man erkannt hat, bedeutet. Demgegenüber lieferte die Schülerin einer 7. Klasse einen tragfähigen Anlass zur Analyse, als sie bei einem Schubertlied bemerkte, dass das Klaviervorspiel wie ein Nachsatz ende, die erste Zeile des Liedes dann aber einen Vordersatz bringe. „Warum macht Schubert das?", fragte sie verunsichert. Hier hat ein Schüler etwas in der Musik erkannt, was in Konflikt mit dem Gelernten gerät. Das erzeugt ein Bedürfnis nach Aufklärung, der Schüler hat selber eine Frage. Wenn wir dagegen von Schülern wissen wollen, wie bestimmte Textworte musikalisch ausgedrückt seien, bekommen wir nicht nur die stereotypen, nichtssagenden Antworten, die niemanden interessieren, sondern suggerieren zugleich, dass die Musik den Text bloß darstelle, ohne ihn also gar nichts bedeute.

Nimmt man musikalisches Lernen ernst, müsste man immer darauf bedacht sein, dass vor der begrifflichen Benennung das, was benannt wird, musikalisch verstanden ist, Bedeutung hat. Es macht nur Sinn, eine Bezeichnung für etwas einzuführen, was man kennt und verstanden hat. Wichtiger als zu wissen, wo in Moll die Halbtonschritte liegen, müsste es eigentlich sein, eine Vorstellung davon zu haben, wie Moll klingt, also in der Lage zu sein, eine Melodie in Moll zu erfinden oder die Moll-Variante einer Dur-Melodie auszuführen. Wichtiger und musikalisch ergiebiger müsste es sein, statt eines Merksatzes über Tonika und Dominante mit diesen Funktionen eine Melodie begleiten zu können, also innerlich zu hören, wo die Melodie sich im Bereich der Tonika bewegt und wo sie zur Dominante geht. Wenn man gelernt hat, zu einem gegebenen Grundton einen Dominantklang zu hören und zu singen, wird es leicht sein, den entsprechenden Namen damit zu verbinden und den Klang, den man schon kennt, aufzuschreiben. Es mag dabei durchaus offen bleiben, ob Schülerinnen und Schüler in allgemeinbildenden Schulen etwas über Tonika und Dominante wissen müssen; wenn man dies aber fordert, ist ein Merksatz über deren Aufbau vollkommen sinnlos, weil damit nichts zum hörenden Verstehen und Musizieren gewonnen ist. Wenn man aber mit Tonika- und Dominantklängen als musikalisch klanglichen Phänomenen umgehen kann (und das können bereits Vorschulkinder), hat man etwas für das eigene Musizieren gewonnen und kann plötzlich musikalisch verstehen, was z.B. in einer Mozart-Sonate in der Ober- und Unterstimme geschieht.

Musiktheoretische Kenntnisse stehen daher immer am Ende eines Lernprozesses. Eine Theorie ordnet und erklärt nur, was phänomenal bereits erkannt ist. Systematische Ordnung bildet daher nie den Ausgang für Lernen, sondern ist ein Ergebnis des Lernens. Was gelernt wurde, kann leichter in ein System eingeordnet werden. Regeln bestätigen und verallgemeinern dann nur, was in der einzelnen Erfahrung schon gewusst ist. Insofern ist theoretisches Wissen etwas, was aus musikalischem Lernen entsteht, nicht aber als abstrakter Stoff gelehrt werden muss.

Institutionelle musikalische Unterweisung wird, wenn sie ihren Platz im Kanon der verbindlichen Bildungsgüter behalten will, deutlich machen müssen, worin das Spezifische und Genuine musikalischen Lernens liegt. Im Verweis auf mögliche Transfer-Effekte liegt die Gefahr, das Eigenständige und Besondere musikalischen Lernens zu verkennen. Denn musikalisches Lernen hat es primär mit Musik und nicht mit sozialer Kompetenz, kognitiver Leistungssteigerung oder analytischer Denkfähigkeit zu tun.[6] Solche Nebeneffekte können sehr erwünscht sein, ersetzen aber nicht

---

[6] Über mögliche Transfer-Effekte berichtet Hans Günther Bastian im Rahmen einer großangelegten Langzeitstudie an Berliner Schulen. Ein Zwischenbericht verweist insbesondere auf die positiven Nebenwirkungen verstärkten Musikunterrichts (Bastian, 1992). Allerdings bleibt darin offen, inwieweit die festgestellten Transfer-Effekte musikspezifisch sind und nicht ebenso durch verstärkten Sportunterricht, Theaterspiel u.ä. erzielt werden können.

die musikpädagogische Aufgabe, die den Anlagen gemäße musikalische Begabung soweit zu fördern, dass musikalisches Verstehen und musikalische Ausdrucksfähigkeit verbessert und verfeinert werden.

Fallbeispiel 6

> Christoph ist ein 11-jähriger Schüler, der schon einige Jahre Geigenunterricht bekommen hat, nun aber lernen soll, sich auf der Geige nach seinem Gehör zu richten, immer erst zu hören und zu singen, was er spielt. Zu diesem Zweck soll er eine vorgesungene oder vorgespielte Phrase singend fortsetzen, um die gesungenen Töne dann auch auf der Geige zu finden („mit den Fingern zu singen"). Dabei werden weder ein Anfangston noch ein Takt oder eine Tonart als isolierte Information vorgegeben, sondern immer aus dem musikalischen Kontext aufgenommen. Er findet durch Hören das *do* oder den Grundschlag und kann sich daran orientieren.
>
> Für diese Arbeit verwenden wir zusätzlich Montessori-Glocken, die chromatisch gestimmt sind, aber keinerlei Bezeichnungen tragen und nach Größe, Farbe und Form völlig identisch aussehen. Ihr einziges Unterscheidungsmerkmal ist der Klang. Der Umgang mit diesen Glocken erfordert daher genaues Hinhören; allein das Ohr kann entscheiden, in welcher Reihenfolge die Glocken aufgestellt und gespielt werden sollen.
>
> Christoph hat schon häufiger mit den Glocken kleine Melodien nachgestellt. Er verfährt dabei so, dass er die Glocken in der Reihenfolge der Melodietöne von links nach rechts (wie beim Schreiben) anordnet und für unmittelbar aufeinanderfolgende wiederholte Töne (*e-d-d-c*) nur *eine* Glocke nimmt.
>
> Diesmal soll er die Glocken in einer von ihm zu wählenden Reihenfolge der Tonhöhe nach ordnen. Durch Probieren findet er die folgende Aufstellung, wobei sein Kriterium das der nächst folgenden Tonhöhe ist, ohne sich zunächst um Ganz- oder Halbtöne zu kümmern; sie ergeben sich eher zufällig:

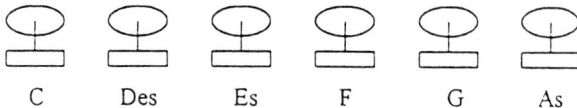

C Des Es F G As

Mit dieser Aufstellung erfindet er sinnvolle melodische Motive, die er so spielt, dass er sich wie auf einem Glockenspiel hin und her bewegt. In früheren Melodiebau-Phasen benötigte er noch für jeden Melodieton eine eigene Glocke, die er so aufstellt, dass er fortlaufend von links nach rechts spielen konnte. Doch führte die begrenzte Anzahl der verfügbaren Glocken schnell dazu, nach einer Lösung zu suchen, die einen ökonomischeren Einsatz erlaubte, bei dem er für gleiche Tonhöhen auf bereits in der Melodie verwendete Glocken zurückgreifen konnte.

Bei der Feststellung des Grundtons (*do*) findet er schnell heraus, dass es die letzte Glocke (As) sein müsse, was offensichtlich der Leitton (*g-as*) veranlasst. Auf die Frage, ob er auch mit der ersten Glocke (C) eine Tonleiter beginnen könne, ohne viele Glocken ändern (d.h. austauschen) zu müssen, reagiert er mit Verwirrung. Ich habe „natürlich" c-Moll im Sinn, was ihm offenbar gar nicht natürlich erscheint. Er ist in seiner Vorstellung in As-Dur und hört das *c* als *mi*. Und da bedeutet das Umdenken des *mi* in *la* eine völlige Umstellung, die nicht gelingen kann, solange er fest As-Dur auditiert.

Um den Übergang zu ermöglichen, singen wir – zunächst ganz unabhängig von den Glocken – verschiedene Skalen und Melodien *(patterns)* in Moll. Nachdem wir auf diese Weise *la* als neuen Grundton stabilisiert und *la* auf *c* begonnen haben, gelingt es, von *c* aus eine Moll-Skala aufzubauen. Nun geht Christoph aber anders vor: er schlägt nicht mehr nur einzelne Glocken an, um zu prüfen, ob sie der Tonhöhe nach in die aufwärts steigende Reihe passen, sondern er singt nun die einzelnen Töne der Skala, um die passende nächste Glocke zu finden. Er ersetzt also die Glocke Des durch D und entdeckt dann zu seinem großen Erstaunen, dass alle übrigen Glocken schon in der richtigen Reihenfolge stehen.

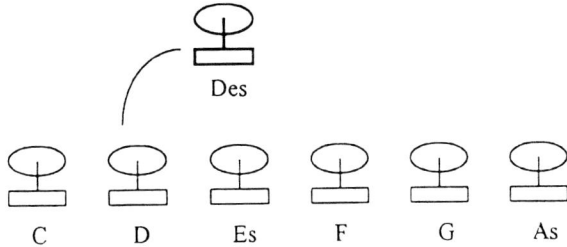

In einem nächsten Schritt soll er dann diesen Anfang einer Moll-Tonleiter in eine Dur-Tonleiter umformen. Ohne Schwierigkeiten singt er von c aus eine Dur-Tonleiter und findet, dass er die dritte (Es) und sechste Glocke (As) austauschen muss. Diesmal möchte er aber nicht die Glocken einfach ersetzen, sondern sie so stellen, dass er beide Versionen – Dur und Moll – spielen kann (er hat nämlich durchschaut, dass wir zwischen verschiedenen Skalenformen wechseln). Aber er stellt nicht die Glocke E *neben* Es (also nicht in den Zwischenraum zwischen Es und F, wie man es erwarten könnte), sondern *über* sie. Und genauso verfährt er beim As.

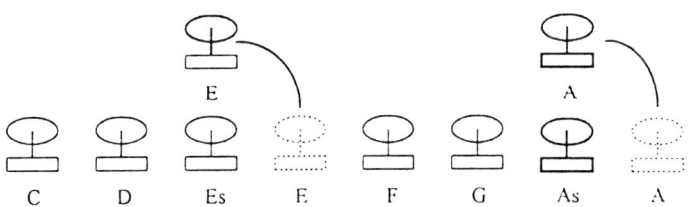

Denn in seiner Vorstellung (d.h. so wie er die Glocken *vor sich hinstellt*) füllt E nicht den Zwischenraum zwischen Es und F, sondern bildet eine alternative Spielform, deren Verlauf, d.h. deren Zusammenhang mit den anderen Glocken und nicht deren absoluter Wert in bezug auf die Tonhöhe entscheidend ist. Dies ist ein deutliches Kennzeichen seiner figuralen Vorstellungsform.

In der nächsten Zeit machen wir uns den Unterschied zwischen Ganz- und Halbtonschritten klar und festigen die Vorstellung des Klangs von Dur und Moll. Inzwischen weiß er schnell – es geht schon fast mechanisch – die dritte und sechste Glocke auszuwechseln, wenn er Dur in Moll (und umgekehrt) verwandeln soll. Nach einiger Zeit singen und spielen wir das Lied „Yankee Doodle".

Notenbsp. 5.9: Yankee Doodle

Christoph soll die Melodie, die er bereits auf der Geige spielt, auch mit den Glocken stellen. Er hat keine Schwierigkeiten, aus dem chromatischen Vorrat der Glocken, die alle auf dem Tisch zur Verfügung stehen, die auszuwählen und so anzuordnen, dass er die Melodie spielen kann. Weil nicht für jeden Melodieton eine eigene Glocke vorhanden ist, entschließt er sich schnell, die bereits verwendeten Glocken erneut zu benutzen, wenn er sie braucht. Er muss dann beim Spielen zu ihnen zurückspringen und sich dazu genau ihren Platz merken. Dabei verbindet sich der Platz, auf dem die Glocke steht, mit einer bestimmten Tonhöhe, die sie als ihre Eigenschaft besitzt. Die Glocken ordnet er daher nach ihrer Höhe in einer Reihe und findet für die Melodie die folgende Aufstellung, bei der er die einzelnen Glocken nummeriert:

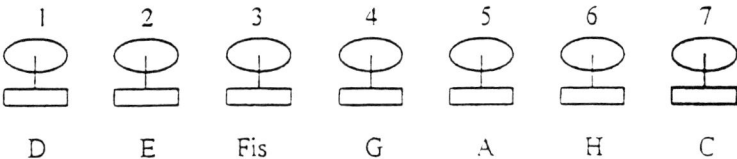

Zur besseren Orientierung, d.h. zum leichteren Auffinden der Glocken, die er durch Sprünge erreichen muss, stellt er diese etwas heraus.

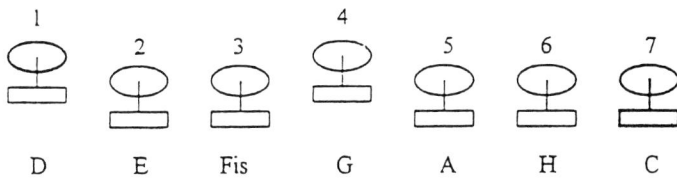

Christoph befindet sich nun in einem Übergangsstadium von der figuralen zur formalen Vorstellung. Einerseits weiß er, dass die Glocken eine bestimmte Tonhöhe haben, die unabhängig von ihrer Stellung in der Melodie ist. Er ist daher in der Lage, die Melodie auf den Glocken zu spielen, die nach der abstrakten Tonhöhenanordnung aufgestellt sind und folglich nicht mehr der Reihenfolge der Töne in der Melodie entsprechen, andererseits ist seine Vorstellung von der Melodie aber auch noch nicht so gefestigt, dass er auf optische Markierungen (Herausstellen der wichtigen Töne) verzichten kann. Vielmehr ist sie noch auf die Reihenfolge der Glocken bezogen, die er daher ohne Rücksicht auf die Funktion der Töne einfach durchnumeriert.

Nun soll er versuchen, diese Melodie, die er schon oft auch in Moll gesungen hat, in der Moll-Variante mit den Glocken zu stellen. Dies scheint ihm ganz einfach. Er entsinnt sich der Regel, die er bereits gefunden hat, und wechselt die dritte und sechste Glocke aus. Er nimmt sie heraus und sucht nach den erniedrigten Stufen. Als er sie gefunden und eingefügt hat, stellt er zu seiner Überraschung mit großen Befremden fest, dass das hier nicht geht: die Melodie, die zuerst tatsächlich nach Moll verändert wird, klingt am Ende nicht mehr so, wie wir sie gesungen haben.

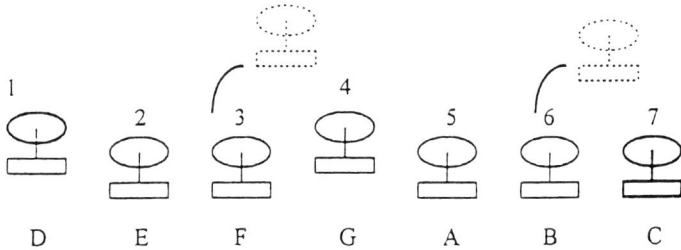

Was stimmt hier nicht? Christoph beginnt sofort, die Glocken nach seinem Gehör so zu arrangieren, dass er die Moll-Variante spielen kann. Dabei findet er, dass er nur *einen* Ton, nämlich die sechste Glocke, ändern muss, um die gesamte Melodie in Moll spielen zu können.

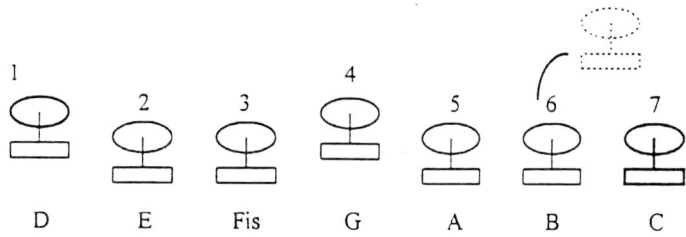

Aber das steht im Widerspruch zu seiner Erfahrung, dass gerade die Moll-Terz (also die dritte Stufe) etwas besonders Charakteristisches darstellt. Wie kann nun eine Melodie nach Moll klingen, wenn die dritte Stufe nicht erniedrigt wird? Er weiß zunächst keinen Rat. In einem anschließenden Gespräch wird ihm klar, dass hier die *dritte Glocke* vermutlich nicht die *dritte Stufe* sein kann. Die Reihenfolge der Glocken und die Reihenfolge der Töne in der Tonleiter stimmen hier offenbar nicht überein. Sofort taucht die Frage auf: Wo ist der Grundton? Welche Glocke muss die Nr. 1 bekommen? Hier kommt ihm zu Hilfe, was er anfänglich schon gespürt hat: die Töne *d* und *g* haben in dieser Melodie eine besondere Bedeutung, weshalb er sie ja herausgestellt hatte. Wenn es also das d nicht sein kann, probiert er es mit dem *g*. Beim Singen merkt er, dass das *g* ja auch den Schlusston bildet und tatsächlich die Funktion des *la* hat. Sofort nummeriert er die Glocken um.

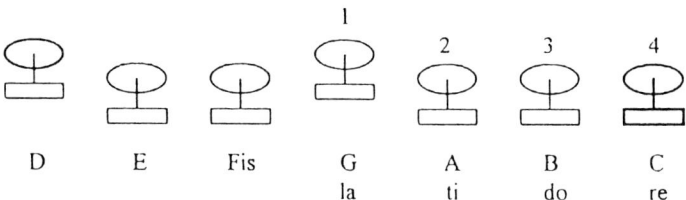

Auch hier hilft ihm das Ohr, indem es das folgende *mi* in der ersten (unteren) Hälfte findet. Nun kann er die Nummerierung vervollständigen.

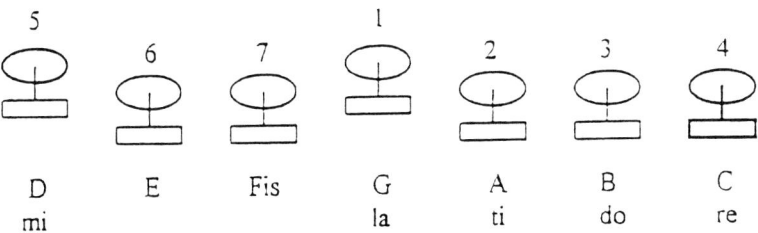

Aber warum sind *fa* und *so* nun verändert? Die sechste Stufe *fa* müsste ja eigentlich die Glocke Es sein (*mi - fa = d - es*), hier behalten wir aber E und Fis. Wir probieren also beide Versionen aus:

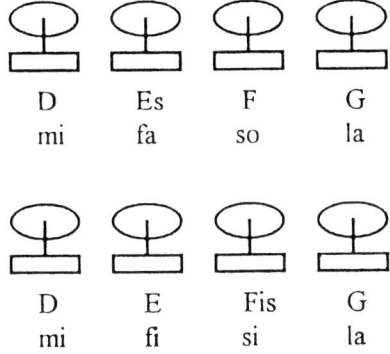

Es „gehen" beide Versionen, beide klingen „gut", aber die zweite wirkt überzeugender; sie hat einen deutlicheren, festeren Schluss. Und das kann Christoph leicht erklären: hier gibt es nämlich zwischen *si* und *la* einen Leitton.

Mit dem Schritt der Umnummerierung zeigt Christoph eine neue Qualität seiner musikalischen Repräsentation: er kann die Melodie nun auf einen Grundton und damit auf ein grammatisches System beziehen. Mit dem formalen System hat er sich zugleich ein theoretisches Verständnis erschlossen. Er hat die melodisch bedingten Änderungen im „melodischen" Moll als Modifikation des „natürlichen" Moll erfahren, d.h. er kann diese Abweichung als Abweichung von einer Norm verstehen, die latent immer mitgedacht wird. Damit ist dann auch der Übergang zur formalen Organisation seiner musikalischen Vorstellung eingeleitet, die darin besteht, dass man gewissermaßen abstrakt über ein „Bild" des Moll-Tongeschlechts verfügt, das als Klang konsistent ist, aber in unterschiedlichen Modifikationen erscheinen kann, die alle in der Vorstellung auf den Grundtypus bezogen bleiben.

6. Kapitel
Lernen und Gedächtnis

Lernen wird meist spontan mit Aneignung, Speicherung und allgemeiner Verfügbarkeit von Wissen gleichgesetzt. Sowohl die Kriterien „Aneignung", „Speicherung' und „Verfügbarkeit" als auch der Inhalt „Wissen" müssen näher befragt werden. Vor dem Hintergrund des bisher Gesagten wird bereits deutlich, dass Speicherung und Abruf von gespeicherten Inhalten nicht mit dem Vorgang des Lernens selber zusammenfallen, sondern dass das, was wir Lernen nennen, einen komplizierten, vielschichtigen Prozess darstellt, der zwar auf die Verfügbarkeit des Gelernten gerichtet ist, dessen Besonderheit und Einmaligkeit aber weniger im Resultat (d.h. in der Verfügbarkeit) als vielmehr im Aufbau und in der Entwicklung von musikalischen Repräsentationen liegt, auf deren Grundlage dann erst die repräsentierten Inhalte verfügbar werden oder verfügbar gemacht werden können. Auch beim Gedächtnis spielt also die Frage eine zentrale Rolle, wie die einzelnen Inhalte repräsentiert werden.

Der Sitz des Gedächtnisses

Die Gedächtnisforschung kreiste lange um zwei polare Positionen, die sich als gegensätzliche wissenschaftliche Modelle in der Forschung gegenüberstanden je nach der Ansicht, ob die mit dem Gedächtnis zusammenhängenden Gehirnprozesse in bestimmten Arealen oder Zentren lokalisiert werden können („Lokalisationisten" und „Konnektionisten") oder ob jede mentale Aktivität eine Leistung des gesamten Gehirns darstelle und Gedächtnisinhalte somit nach Art eines Hologramms in allen Teilen des Gehirns repräsentiert seien, so dass sie von jeder Stelle aus aktiviert werden können („Holisten", „Anti-Lokalisationisten").

Einer einfachen Lokalisierung von Gedächtnisinhalten in Form gespeicherter Abbilder, die aktiviert werden können, widerspricht bereits die Alltagserfahrung. Man kann vermutlich nicht einmal davon ausgehen, dass alle Elemente der Erinnerung einzeln im Gedächtnis gespeichert sind und bei Bedarf abgerufen werden können. Wenn man sich eines Freundes oder einer bestimmten Person erinnert, dann ruft man nicht alle Bilder von dieser Person auf, die sie in verschiedenen Situationen, Stimmungen, unterschiedlicher Kleidung und Umgebung zeigen, sondern wir erinnern uns an diese Person unabhängig von den vielen Einzelsituationen, in denen wir sie erlebt haben. Man lässt also nicht einen inneren Film mit zahllosen Einzelaufnahmen ablaufen, sondern man greift auf ein „Bild" zurück, das eine kategoriale Generalisierung aller mit der Person gemachten Erfahrungen darstellt. Am Zustandekommen eines solchen „Bildes", das nicht ein konkretes Abbild, sondern allgemeine Strukturmerkmale der Person beinhaltet, sind demzufolge ganz unterschiedliche Verarbeitungsareale im Gehirn beteiligt. Es generiert dann aus den Strukturen und Programmen, die im neuronalen Netz infolge vorgängiger Erfahrungen gespeichert sind, den Gedächtnisinhalt.

Das gleiche trifft auf ein Musikstück zu, das jemand oft gehört hat und so gut kennt, dass er sich später – vielleicht erst lange Zeit nach dem Konzert – daran erinnern kann. Dabei mag es sein, dass die Aufführung selber noch als Nachhall im Gedächtnis ist und man einzelne Themen oder Motive innerlich klingen hört (die dann aber bald wieder verklingen und aus dem Gedächtnis verschwinden). Aber man kann sich auch ein Musikstück vorstellen, ohne dabei innerlich das ganze Stück Ton für Ton ablaufen zu lassen. Man kann die Musik in seiner Vorstellung denken, ohne ein bestimmtes Tempo oder konkrete Klangfarben, ohne die exakte Tonlage oder die reale Dauer zu berücksichtigen.[1] Das Musikstück wird also eher als eine Generalisierung aller Realisierungen erinnert und nur das „Programm" zu seiner Reaktivierung gespeichert.

Seit Paul Broca 1863 bei Patienten mit eklatanten Sprachstörungen bzw. Sprachverlust (Aphasien) Schädigungen im linken Frontallappen (Brocasches Areal) festgestellt hatte, schien ein Nachweis der Lokalisierung bestimmter Leistungen gelungen zu sein. Die Tatsache der Lokalisation schien zunächst auch Carl Wernickes Nachweis einer Schä-

---

[1] Es ist eine empirisch bestätigte Tatsache, dass das stumme Lesen einer Notation weniger Zeit beansprucht als die instrumentale Ausführung, selbst wenn der Musiker versucht, beim Lesen sich die konkrete Ausführung vorzustellen (vgl. Rötter, 1991; Rötter, 1995). Dies könnte bedeuten, dass zwischen präsentierter Ausführung und repräsentierter Vorstellung eine ähnliche Differenz besteht wie zwischen Objekt und Gedächtnisinhalt.

digung im linken Temporallappen (Wernickesches Areal) bei Patienten zu bestätigen, die zwar flüssig sprechen konnten, aber den Sinn der Worte nicht verstanden, während bei einer Läsion der Brocaschen Sprachregion die Sprechfähigkeit verloren geht, aber Bedeutungsrepräsentation und Sprachverständnis erhalten bleiben. Damit waren zwar bestimmte Leistungsfunktionen in verschiedenen Bereichen des Gehirns lokalisiert, zugleich wurde aber auch deutlich, dass Sprache als komplexes Phänomen nicht nur in *einem* Zentrum repräsentiert wird, was ebenso auch auf Musik zutrifft.

Gegen eine strenge Lokalisation von Arealen, die für Gedächtnisinhalte zuständig sind, sprechen auch experimentelle Befunde aus Tierversuchen und bei neurologischen Patienten. Der amerikanische Hirnphysiologe Karl Lashley stellte durch Versuche mit der Abtragung von Hirnteilen bei Ratten, die auf bestimmte Verhaltensweisen konditioniert waren, fest, dass die weitgehende Zerstörung der Großhirnrinde keinen Einfluss auf Lernleistung und Gedächtnis zu haben schien (Lashley, 1950; Roth, 1991, 131). Auch nach zahllosen Tierexperimenten gelang es ihm nicht, spezifische Gedächtnisinhalte auszulöschen. So folgerte er schließlich, dass „es nicht möglich ist, an irgend einer Stelle des Nervensystems Gedächtnisinhalte zu lokalisieren. Begrenzte Regionen sind möglicherweise für Lern- oder Erinnerungsvorgänge einer speziellen Handlung wichtig, aber das Engramm ist überall in der Region repräsentiert" (Lashley, 1950, in: Kolb & Whishaw, 1996, 301). Diesen Gedanken führte sein Schüler Karl Pribram fort, wonach Gedächtnisinhalte nach Art eines Hologramms an jedem Ort im Cortex gespeichert werden (Holismus).

Wilder Penfield und Mitarbeiter erregten Aufsehen mit ihren Befunden bei Epileptikern, die operativ behandelt werden mussten. Die elektrische Stimulation einer ganzen Anzahl corticaler Areale führte zu Sprachstörungen (Penfield & Roberts, 1959); mit der Reizung des Temporallappens der Großhirnrinde konnte er dagegen die Empfindung einer sehr detailgenauen „Rückblende" auslösen (Penfield & Jasper, 1954). Dies führte zu der Annahme, dass durch die Stimulation des Temporallappens Faserverbindungen aktiviert werden, die zum Hippocampus, zur Amygdala des Vorderhirns und zum Thalamus des Zwischenhirns führen und dort die Gedächtnisinhalte abrufbar machen (vgl. Roth, 1991, 132).

In der Folge dieser Versuche ergaben weitere experimentelle Untersuchungen, dass es keinen einheitlichen Sitz des Gedächtnisses und kein einheitliches Gedächtnissystem gibt (Roth, 1991, 133). Vielmehr wird heute die Vorstellung favorisiert, dass Gedächtnisinhalte durch netzwerkartige, interaktive Verbindungsschleifen von corticalen (Temporallappen) Arealen mit Hippocampus, Amygdala und Thalamus aktiviert werden (Abb. 6.1). Dabei spielt der Hippocampus für die kurzfristige Speicherung von Gedächtnisinhalten eine Rolle, während Amygdala und Thalamus eine emotionale Bewertung der erlebten Wahrnehmungen liefern. „Wenn wir ... eine neue interessante Erfahrung machen ..., dann wird die entsprechende Assoziation zunächst im Hippocampus abgespeichert. Der Hippocampus fungiert dann als *Trainer des Cortex,* d.h. er bietet die gespeicherte Information dem Cortex immer wieder dar und sorgt auf diese Weise für die vom Cortex benötigte repetitive Präsentation von neu zu lernenden Inputmustern" (Spitzer, 1996, 221). Wiederholte Darbietung und Ausführung schleifen figurale Repräsentationen ein. Auf diese Weise werden emotional getönte Erlebnisse stärker im Cortex repräsentiert, weil diese Inhalte in dem interaktiven Netz kreisen. Doch kommt es in jedem Fall auf das Zusammenwirken der verschiedenen Bereiche an, von denen keiner allein der Sitz des Gedächtnisses ist.

Weitere Tierexperimente haben gezeigt, dass die Entfernung des Hippocampus oder der Amygdala alleine noch keine wesentliche Beeinträchtigung des Gedächtnis- und Lernvermögens darstellt. „Hippocampus und Amygdala stehen als Komponenten des limbischen Systems in Verbindung mit dem mediodorsalen Kern des Thalamus und den Mammilarkörpern des Hypothalamus. Zerstörung des mediodorsalen Kerns des Thalamus allein oder in Verbindung mit den Mammilarkörpern ruft eine schwere Amnesie [Gedächtnisausfall] hervor, ebenso wie eine Durchtrennung der Verbindungen zwischen Hippocampus und Amygdala mit diesen Strukturen. Zerstörung der Mammilarkörper allein führt dagegen nur zu geringfügigen oder vorübergehenden Amnesien" (Roth, 1991, 134). Corticale und limbische Einheiten bilden als Komponenten ein funktionales System, in dem Gedächtnisprozesse als Aktivierungs- bzw. Rekonstruktionsprozesse ablaufen, nicht aber als getreue Abbilder gespeichert sind.

Die große Bedeutung des Zusammenspiels von Hippocampus mit medialen temporalen Cortexarealen für Gedächtnisleistungen zeigt sich

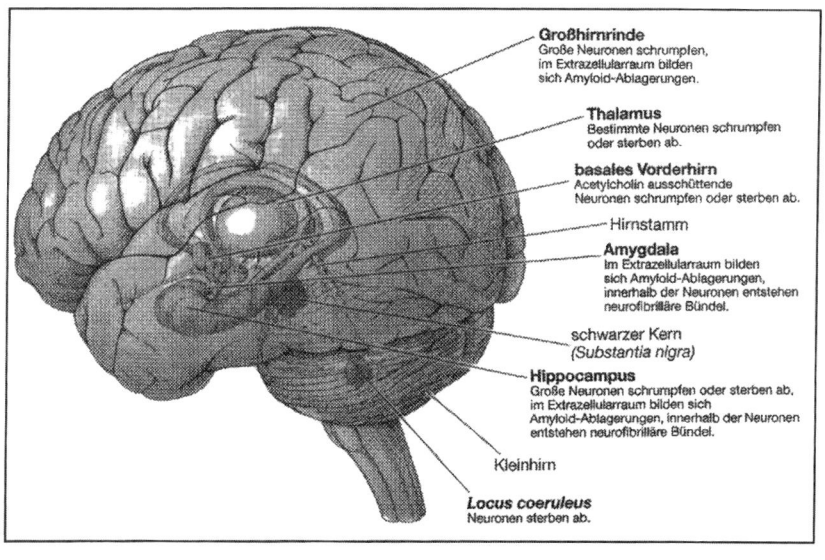

Abb. 6.1: Zerebrale Struktur des Gedächtnissystems mit den Bereichen, die für Lern- und Gedächtnisvorgänge eine besondere Rolle spielen (aus: Gehirn und Bewusstsein 1994, 14)

auch bei Patienten mit Alzheimerscher Erkrankung. Dabei handelt es sich um pathologische Veränderungen, die zu anterograden Amnesien, also zu Gedächtnisausfällen von neuen Inhalten führen. Man kann aber bei Alzheimer Patienten, die sich früher musikalisch betätigt hatten, beobachten, dass ihr prozedurales Gedächtnis noch lange Zeit intakt bleibt, sie also singen oder ihr Instrument spielen können, auch wenn sie sonst starke kognitive Beeinträchtigungen aufweisen. So wird in der medizinischen Literatur von Personen berichtet, die ein früher gelerntes Stück noch aus dem Gedächtnis spielen konnten, ohne sich aber an den Komponisten oder einen Titel erinnern zu können (Crystal, Grober & Masur, 1989). Andererseits kann es geschehen, dass ein Alzheimer Patient mit erheblichen Wortfindungsschwierigkeiten und Sprachstörungen noch in der Lage ist, einen Liedtext zusammen mit der Melodie korrekt zu singen. Schließlich überdauert die Melodieproduktion die Sprachproduktion (Johnson & Ulatowska, 1995). Hier zeigt sich, dass motorische Abläufe des impliziten Lernens aufgrund ihrer starken Verankerung in corticalen und limbischen Arealen besonders stabil sind.

Dynamische Modelle des Gedächtnisses

Nach neueren Erkenntnissen ist davon auszugehen, dass es einen bestimmten Sitz des Gedächtnisses ebenso wenig gibt wie ein einheitliches Gedächtnissystem. Dieses arbeitet nicht nach dem Prinzip eines Speichers, in dem Repräsentationen der Umwelt als Bilder oder Symbole abgelegt sind. Vielmehr muss man sich Gedächtnis als ein System vorstellen, das nach dem Prinzip der Selektion neuronaler Gruppen (Edelman, 1992) arbeitet. Auf die Bedeutung dieser Vorstellung von Gedächtnis hat insbesondere Israel Rosenfield (1988) hingewiesen. Neuronale Gruppen stehen untereinander und mit den sensorischen Rezeptoren in Verbindung. Benachbarte Gruppen erhalten dabei ihre Informationen von benachbarten Rezeptoren. So kommt es zu Überschneidungen und variablen Funktionsabläufen. Denn die neuronalen Aktivierungen, die auf der Grundlage synaptischer Verbindungen erfolgen, bilden Varianten gemäß der verarbeiteten Reize aus. Dabei sind je nach Inhalt und Kontext ständige Veränderungen der Abläufe möglich.

Dies haben Tierversuche von Merzenich und Mitarbeitern (1983) eindrucksvoll bestätigt, die fanden, dass sich die sensorischen Karten in

Gehirnen von Affen untereinander auffällig unterschieden und sich auch im Verlauf der Zeit änderten (s. Rosenfield, 1988, 180 f). Diese Repräsentationen konnten aber innerhalb kurzer Zeit umgebaut werden, wenn z.B. der Nerv eines Fingers bei dem Affen verletzt wurde und sich damit die Reizübertragung änderte. Das Gedächtnis, das u.a. auch sensorische Repräsentationen aufbewahrt, stellt also eine dynamische Eigenschaft von neuronalen Gruppen dar (Edelman, 1995, 150 f), die aufgrund synaptischer Verbindungen (Hebb-Synapsen) Prozesse einleiten, die zur Rekonstruktion von mentalen Prozessen führen, die an früheren Erfahrungen beteiligt waren. „Gedächtnis stellt keine genaue Entsprechung [Wiederholung] eines Bildes in jemandes Gehirn dar, sondern eine Rekategorisierung" (Rosenfield, 1988, 192).

Dazu müssen Generalisierungen vorausgegangen sein. Durch wiederholte Abläufe von Bewegungen und Wahrnehmungen werden figurale Repräsentationen als „Bilder" zeitlicher Abläufe gebildet. So findet eine Kategorisierung statt (Übergang zur formalen Repräsentation), die nicht mehr einzelne Elemente (Bewegungen) speichert, sondern Bedingungen bereitstellt, Prozesse in Gang zu setzen, durch die eine Rekonstruktion früherer Erfahrungen möglich wird. Gedächtnis ist also ganz wesentlich prozedural bestimmt. Der Gedächtnisinhalt „Dur" oder „Moll" ergibt sich, wie jeder leicht beobachten kann, nicht aus der Speicherung aller Einzelbewegungen oder -töne, die den verschiedenen Skalen zugeordnet sind, sondern konkretisiert sich in einer allgemeinen Klangvorstellung, die eine Kategorisierung der Einzelphänomene auf einer höheren Repräsentationsstufe darstellt. Man erkennt dann eine Melodie als „Dur" oder „Moll", wenn man die entsprechende Kategorie rekonstruieren kann. Zwischen musikalischen Phänomenen und mentalen Repräsentationen findet also keine Abbildung im Verhältnis eins zu eins statt, sondern – wenn man beim Bild der Abbildungen bleiben möchte – es handelt sich um „globale Abbildungen" (Edelman) von mentalen Prozessen, die sich in neuronalen Verschaltungen zwischen Großhirnrinde und Hirnanhängen (Cerebellum, Hippokampus, Amygdala und Basalganglien) selektiv ausgebildet haben.

„Wenn man das Gedächtnis für eine Form der Neukategorisierung hält, lässt sich sein Wirken offensichtlich nur verstehen, wenn man das ganze System betrachtet, in dem es operiert. (...) Eines der dynamischen Kennzeichen des Systems der globalen Abbildungen im Gehirn ist die Fähigkeit, aufeinanderfolgende Veränderungen zu ordnen" (Edelman,

1992, 153). Damit kommt die Funktion der zeitlichen Strukturierung ins Spiel, die für die Speicherung formaler, kategorialer „Programme" zur Rekonstruktion von Bedeutung ist. Verantwortlich für die zeitliche Abstimmung von Bewegungsabläufen ist das Kleinhirn (Cerebellum), das Reize aus der Hirnrinde (Cortex) und dem Rückenmark erhält. Hier und in der motorischen Rinde finden die synaptischen Veränderungen statt, die zu den zeitlich strukturierten, fließenden Bewegungen führen, die erst eine Kategorisierung der Ereignisse und später dann auch eine Rekategorisierung ermöglichen (Edelman, 1992, 155). In dieser neuronalen Verschaltung liegt die Wurzel „figuraler", d.h. zeitlich strukturierter Repräsentation. Im kindlichen Lernprozess kommt daher der Beachtung fließender Bewegung eine zentrale Bedeutung für die Bildung kategorialer „formaler" Repräsentationen zu.

Dies erfahren wir immer wieder beim Üben und Memorieren eines musikalischen Zusammenhangs (eines Satzes oder eines ganzen Werkes). Es können nur Muster motorischer Abläufe eingeübt werden. Dabei werden aber nicht einzelne Muskelinnervationen gespeichert, die zur Hervorbringung einer instrumentalen Passage nötig sind, sondern es findet eine Integration der vielen Einzelabläufe in eine globale Struktur statt, die dann als Kategorisierung gemäß rhythmischen, metrischen, melodischen, harmonischen und agogischen Merkmalen gespeichert wird. Diese globalen motorischen Programme, die noch nicht selber mit musikalischem Verstehen gleichzusetzen sind, sondern nur die technische Seite musikalischer Reproduktion betreffen, können – wie gezeigt wurde – auch bei pathologischen Veränderungen im Bereich kognitiver Leistungen (z.B. bei der Alzheimerschen Erkrankung) erhalten bleiben.

Das Bild vom lokalisierbaren Langzeit- und Kurzzeitspeicher ist also eher metaphorischer Natur. Sinnvoller wäre von verschiedenen Formen und Phasen der Repräsentationsbildung zu sprechen, wobei unter Repräsentationen nicht statische Abbilder einzelner Phänomene, sondern dynamische Eigenschaften neuronaler Gruppen verstanden werden.

Formen musikalischen Gedächtnisses

Im Bereich der Musik lassen sich verschiedene Formen des Gedächtnisses unterscheiden, die die folgenden Beispiele verdeutlichen sollen.

(1) Jemand hat ein Musikstück auswendig gelernt und spielt es nun ohne Noten. An einer bestimmten Stelle veranlasst eine momentane Irritation, dass er „rauskommt". Er setzt noch einmal bei einer früheren Stelle ein und spielt dann das Stück zu Ende.

(2) Jemand hat ein Musikstück viele Male gehört. Eine bestimmte Melodie geht ihm nicht aus dem Kopf. Er setzt sich an sein Instrument und versucht, die Melodie aus der Erinnerung zu spielen.

(3) Ein Musiker liest die Partitur eines ihm bekannten Musikstückes und hört dabei innerlich die Musik, die ihm der „Text" mitteilt.

Im ersten Beispiel handelt es sich um ein prozedurales Gedächtnis. Dabei kommen verschiedene Strategien zur Anwendung. Man folgt sowohl seinem inneren Ohr, d.h. der klanglichen Erinnerung an den Ablauf der melodischen Grundlinie des Stückes. Ebenso kann damit – zumindest an manchen Stellen – eine visuelle Vorstellung vom Notentext, nach dem dieses Stück gelernt wurde, verbunden sein. Schließlich folgen vielleicht nur die Finger ihrem eigenen motorischen Gedächtnis, d.h. der immer wieder geübte Bewegungsablauf ist so stark automatisiert, dass „die Finger" wissen, was sie zu tun haben. Und wenn sie sich an einer Stelle verirren, muss man eben einen neuen Anlauf nehmen und die einzelne Bewegung im Kontext des Gesamtablaufs noch einmal aktivieren. In der Regel wird eine unterschiedlich gewichtete Mischung aller drei Formen das musikalische Gedächtnis leiten.

Auch bei dem zweiten Beispiel handelt es sich um musikalisches Gedächtnis, allerdings um eine Form kategorialen Erinnerns. Hier ist die Melodie als Klang im Bewusstsein präsent. Man „hört" sie innerlich, ohne eine genaue Vorstellung von einer bestimmten Tonart oder Klangfarbe zu haben. Man hat sie nie zuvor gespielt; die Finger können also nicht einem eingeübten motorischen Programm folgen, sondern nur dem innerlich vorgestellten Klang. Dieser leitet dann als kategoriale Vorstellung die notwendigen motorischen Bewegungsabläufe. Ganz offensichtlich werden bei dieser Form des musikalischen Gedächtnisses nicht bestimmte Zellen im primären auditorischen Cortex aktiviert, sondern die Melodie wird durch neuronale Vorgänge in den synaptischen Schaltkreisen generiert, die auch beim ersten Hören aktiv waren. Die Erinnerung ist hier also eine Rekonstruktion des Höreindrucks. Aber auch im ersten, so ganz anders gearteten Fall werden Prozesse rekonstruiert, die beim Lernen eingeschliffen wurden.

Das dritte Beispiel stellt eine besondere Form musikalischen Gedächtnisses dar. Denn in der Regel gelingt es musikalischen Laien wie professionellen Musiker nur, ein bereits gehörtes und gut gekanntes Musikstück in seiner ganzen Komplexität aus der Partitur heraus mit einer präzisen Klangvorstellung zu verbinden. Dabei dient die Notation als Symbol für bereits gehörte Musik, die aufgrund der früheren Hörerfahrung erinnert werden kann. Anders verhält es sich dagegen, wenn auch die Partitur eines neuen, noch nicht gehörten Stückes so gelesen werden kann wie ein verbaler Text, so dass die Notensymbole klingende Bedeutungen evozieren und man nach der Lektüre beschreiben kann, wie das Stück klingt, so wie man bei einem stumm gelesenen sprachlichen Text hinterher den Inhalt angeben kann. Diese Fähigkeit geht über bloßes Erinnern hinaus und erfordert die Fähigkeit zur Audiation.

Notational audiation[2] (bzw. *auditory imagery* oder *inner hearing,* wie dieses Phänomen in der Fachliteratur bei unterschiedlicher Akzentuierung der Perspektive auch genannt wird) stellen also keine Gedächtnisformen dar, weil hier nicht bereits bekannte Inhalte erinnert werden, sondern ganz neue Klangeindrücke aufgrund vorhandener Repräsentationen durch Audiation generiert werden können.

Eine besondere Form des Ton-Gedächtnisses stellt das sog. absolute Gehör dar, bei dem es um die Fähigkeit geht, Tonhöhen ohne äußere Referenz benennen und spontan hervorbringen zu können (Altenmüller, 1995). Dazu muss eine präzise Tonvorstellung, ein distinktes „Bild" der Tonhöhe (Frequenz) gespeichert und erinnert werden, die dann mit einem gegebenen Reiz, dem vorgespielten oder gesungenen Ton, verglichen wird („absolute pitch can be conceived of as an ability to retrieve an image of a particular pitch, and compare it with a stimulus pitch" Hubbard & Stoeckig, in: Reisberg, 1992, 209).

---

[2] Zu den verschiedenen Stufen und Typen der „audiation", die auch „retention" und „recall" einschließen, siehe Gordon, 1993, 13-29.

Die Forschungslage zum absoluten Gehör ist bis heute kontrovers, obwohl verschiedene Studien dem Phänomen gewidmet wurden, die es als ein Modell zur Untersuchung komplexer neurobiologischer Funktionen ansehen (Zatorre, 2003). Es galt lange Zeit als sicher, dass das absolute Gehör genetisch bedingt sei und von einem frühen Erwerb musikalischer Fähigkeiten abhänge. So zeigt eine frühe und oft angeführte Untersuchung von Sergeant (1969) nach der Befragung von über 1500 Berufsmusikern einen engen Zusammenhang zwischen absolutem Gehör und dem Zeitpunkt des Beginns formeller musikalischer Unterweisung (Abb. 6.2). Andererseits weiß man, dass viele Menschen unabhängig von ihrem musikalischen Training über ein gutes Gedächtnis für Tonhöhen verfügen, soweit es sich um ihnen vertraute Klänge handelt. Daniel J. Levitin forderte Studenten auf, Musikstücke ihrer Lieblingsgruppe zu singen, und fand dabei, dass zwei Drittel der Versuchspersonen in der Lage waren, die richtige Tonhöhe im Toleranzrahmen eines Ganztons wiederzugeben (Levitin, 1994). Für die Forschung stellt sich daher die Frage, ob auch bestimmte neuronale Mechanismen am Erwerb des absoluten Gehörs beteiligt sind. Gottfried Schlaug fand bei Absoluthörern ein vergrößertes planumn temporale im linken Temporallappen (Schlaug et al., 1995b) und wies damit ein neuronales Korrelat für das absolute Gehör nach. Das würde dann aber für Musiker wie Nicht-Musiker zutreffen. Und genau dies haben Ross und Mitarbeiter untersucht und Hinweise auf Merkmale des absoluten Gehörs in beiden Gruppen gefunden (Ross et al., 2004).

Neben der reinen Form des absoluten Gehörs als eines speziellen Tongedächtnisses sind aber auch erlernte Mischformen zu beobachten. So können Musiker sich das "a" der Stimmgabel antrainieren oder sich am spezifischen Timbre des "a" ihres Instruments orientieren, das dann als Referenz zur relativen Bestimmung anderer Tonhöhen dient. Sänger orientieren sich häufig an der Kehlkopfeinstellung, um eine bestimmte Tonhöhe zu treffen. Ebenso wurden aber auch bei instrumentalen Absoluthörern Kehlkopf-Innervationen beobachtet, die auf ein inneres Singen, d.h. auf eine prozedurale Vorstellung hinweisen.

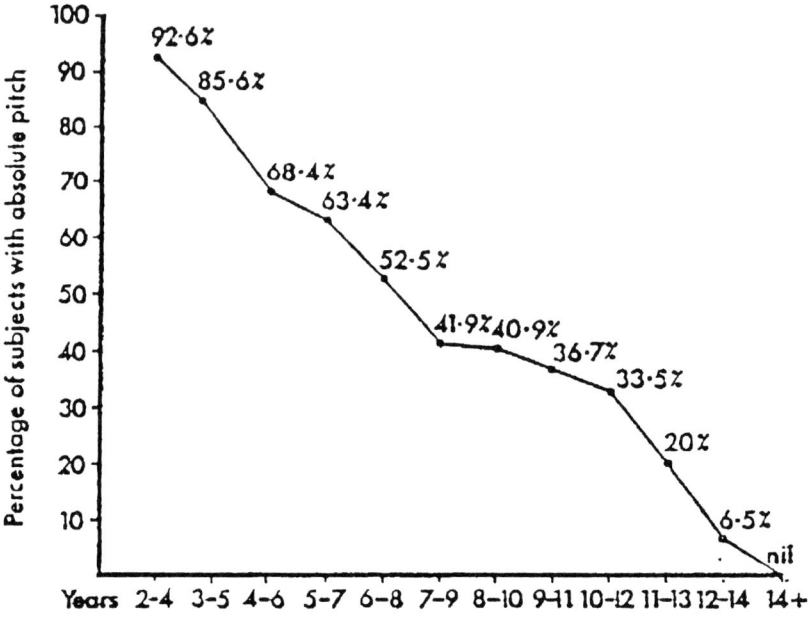

Abb. 6.2: Früh einsetzender Unterricht hat offensichtlich einen günstigen Einfluss auf den Erwerb oder Erhalt des absoluten Gehörs. Nach Sergeants Studie (1969) besitzen über 90% der Musiker das absolute Gehör, die mit dem Instrumentalunterricht zwischen dem 2. und 4. Lebensjahr begonnen haben. Der Anteil der Absoluthörer sinkt auf etwa 42%, wenn der Unterricht erst nach dem Schuleintritt (7 – 9 Jahre) erfolgt. Nur noch 6% Absoluthörer finden sich bei denen, deren musikalisches Training erst nach dem 12. Lebensjahr eingesetzt hat. (aus: de la Motte-Haber, 1985, 387)

7. Kapitel
Neurowissenschaftliche Grundlagen des Musiklernens

Im Rahmen des 1990 zur „decade of the brain" erklärten Jahrzehnts und infolge immer besserer und leichter verfügbarer bildgebender Verfahren (EEG, MEG, CT, MRT, PET, DTI) hat die Hirnforschung in den letzten Jahren einen enormen Aufschwung erlebt. Dem öffentlichen Interesse entsprechen dabei verschiedene allgemeine Veröffentlichungen zur Hirnforschung (Spitzer, 2003; Hüther, 2006). Dabei wird auch der neuromusikalischen Forschung (Altenmüller et al., 2006; Levitin, 2007; Sacks, 2007) und hier insbesondere der neurobiologisch orientierten Lernforschung verstärktes Interesse entgegengebracht, was sich in einer großen Fülle neurowissenschaftlicher Studien in den internationalen Fachzeitschriften niedergeschlagen hat (siehe dazu Gruhn & Rauscher, 2007). Musik ist geradezu zum Paradigma neuronaler Plastizität geworden, weil sich hier besonders gut strukturelle und funktionale Veränderungen in der Hirnarchitektur als Folge der vielfältigen kognitiven, motorischen und emotionalen Ansprüche bei der Musikausübung zeigen lassen. Denn Lernvorgänge schlagen sich in einer Änderung in der synaptischen Übertragung nieder.

Neue Forschungsansätze und -schwerpunkte im Bereich der Musik- und Sprachverarbeitung haben in letzter Zeit neurowissenschaftliche und evolutionsbiologische Fragestellungen favorisiert, die zu neuen Erkenntnissen über die audio-vokalen Mechanismen des Lernens beim Singen und Sprechen geführt haben (Fitch, 2006; Patel, 2008). Wenn Singen und Sprechen auf denselben basalen neuronalen Mechanismen beruhen, wird man feststellen können, dass, wer sprechen kann, auch singen lernen kann (Gruhn, 2008), wodurch der stimmlichen Erfahrung beim Musiklernen eine wichtige Rolle zukommt.

Insbesondere die Entdeckung der sog. Spiegelneurone, d.h. einzelner Nervenzellen in bestimmten Arealen, die aktiviert werden, wenn eine Handlung lediglich beobachtet wird, hat Fragen aufgeworfen und zu Spekulationen geführt, ob solche Neurone für Empathie, Handlungsverstehen und beobachtendes Lernen verantwortlich sein könnten (Buccino et al., 2004; Vogt et al., 2007). Auch wenn solche Fragen heute noch keinesfalls abschließend beantwortet werden können und die Diskussion eher kontrovers geführt wird, soll dieser Aspekt hier nicht ausgeklammert bleiben.

Schließlich sind Fragen nach den neurowissenschaftlichen Grundlagen des Lernens auch von der (Musik)Pädagogik aufgegriffen worden (Spitzer, 2002; Blakemore & Frith, 2005; Caspary, 2006; Gruhn & Rauscher, 2007), die dann im deutschsprachigen Raum unter dem Begriff der Neurodidaktik (Preiss, 1998; Herrmann, 2006) zusammengefasst wurden und im anglo-amerikanischen Sprachgebrauch als *brain based learning* beschrieben werden. In einer Zeit der Forderung nach evidenz-basierten Verfahren ist auch die Pädagogik herausgefordert, ihr methodisches Vorgehen und ihre didaktischen Entscheidungen auf objektives Erfahrungswissen empirischer Forschung zu stützen (Stern et al., 2005). Daher sind der Anspruch und die Hoffnung verständlich, aus neuromusikalischen Forschungsergebnissen konkrete Handlungsanweisungen für den Musikunterricht abzuleiten, wie auch schon früher erwartet wurde, auf der Grundlage neurowissenschaftlicher Befunde den Nachweis eines Einflusses der Musik auf die Förderung kognitiver Kompetenzen erbringen zu können, um so dem Fach eine bildungspolitisch unabweisbare Legitimation zu verleihen (siehe dazu Kapitel 4).

Das folgende Kapitel soll in diese neuen Themenfelder einführen und ihre mögliche Bedeutung für das Musiklernen aufzeigen.

Musik- und Spracherwerb

Die Feststellung, dass Sprachfähigkeit im Sinne von artikulierter Rede eine spezifische Eigenschaft des Menschen darstellt, die ihn von anderen Lebewesen unterscheidet, ist mehr als nur ein allgemeiner Erfahrungstatbestand; sie lässt sich vielmehr evolutionär und neurobiologisch bestätigen (eine Übersicht über den aktuellen Stand der Forschung liefert Patel, 2008). Die Frage, die sich daran anschließt, betrifft den Gesang. Seit Jahrhunderten ist immer wieder nach seinem Ursprung aus kunsthistorischer, philosophischer und evolutionsbiologischer Sicht gefragt worden. Während Charles Darwin (1874) die Meinung vertrat, dass der Gesang bei allen Lebewesen eine evolutionäre Adaptation darstelle, die der Partnerwahl (*sexual selection*) diene, geht man heute eher davon aus, dass Singen und Sprechen aus einer gemeinsamen Wurzel hervorgegangen sind und diese Fähigkeit durch Änderungen in der Architektur des Gehirns gespiegelt wird, die sich nach der Trennung der Entwicklungslinien von Primaten und homo sapiens vor ca. sechs Millionen Jahren entwickelt hat. Deshalb gehen evolutionsbiologische Forscher heute von der Annahme einer phylogenetisch bestimmten Vorform einer *musilanguage* aus (Molino, 2000; Brown, 2000), womit sie auf gemeinsame neuronale Mechanismen verweisen, die die Entwicklung der menschlichen Fähigkeit zum Singen und Sprechen zugrunde liegen.

Dem könnte man entgegenhalten, dass auch Tiere über bestimmte Formen von Intelligenz verfügen, die es ihnen ermöglicht, z.B. Symbole zu erlernen, mit deren Hilfe sie in einzelnen Fällen sogar mit Menschen kommunizieren können (vgl. die Versuche mit Schimpansen, die bis zu 100 Zeichen erinnern und miteinander kombinieren können), die aber nicht zur rekursiven Sprachbildung fähig sind und auch nicht im natürlichen Umfeld mit visuellen Zeichen kommunizieren. Aber Tiere verfügen durchaus über lautliche Formen der Kommunikation, sog. *native calls*, mit denen sie z.B. ihr Revier abstecken oder ihre Jungen zurückholen, die sich zu weit von ihnen entfernt haben (*separation call*). Auch sprechen wir vom Gesang mancher Tiere (z. B. Singvögel, Buckelwale), deren spezifische Lautgebung nicht genetisch festgelegt ist, sondern individuell erworben wird. Damit begeben wir uns auf ein neues Forschungsfeld, das sich den neuronalen Mechanismen widmet, die die Voraussetzungen zum Erwerb von Gesang und Sprache neurobiologisch untersucht.

Aus der Tierforschung ist bekannt, dass Singvögel den Gesang von ihren Artgenossen erlernen und dass sie dabei auch eine Art Lallphase durchlaufen, in der einzelne kleinere Muster erprobt und kombiniert werden. So kommt es auch bei Singvögeln zur Bildung von „Dialekten" und gelegentlich sogar dazu, dass Vögel Handy-Klingeltöne und andere Geräusche nachahmen. Dies ist möglich, weil Singvögel über einen neuronalen Mechanismus verfügen, der es ihnen erlaubt, allein nach dem Gehör Töne zu imitieren. Dies bezeichnet man als vokales Lernen im Unterschied zum auditorisches Lernen, das vorliegt, wenn z.B. ein Hund einen sprachlichen Befehl (z.B. „Sitz!") versteht und sich entsprechend verhält. Vokales Lernen bezeichnet demgegenüber einen imitatorischen Vorgang. Der gehörte Klang, d.h. die Aktivierung des auditorischen Areals wirkt unmittelbar auf das motorische

Areal ein, das die Stimmbandeinstellung im Kehlkopf so lange korrigiert, bis der selbst produzierte Laut dem gehörten entspricht. Dazu sind zwei Voraussetzungen notwendig: zum einen muss bei Lebewesen, die zu vokalem Lernen fähig sind, eine direkte neuronale Leitung bestehen, die die sensorische Wahrnehmung unmittelbar mit der motorischen Steuerung verbindet; und zum anderen setzt dies voraus, dass das betreffende Lebewesen in der akustischen Wahrnehmung zwischen „gleich" und „verschieden" unterscheiden kann. Erst dann kann die imitatorische Schleife, das audio-vokale Imitieren erfolgreich eingesetzt werden.

Nach heutigem Wissen verfügen nur drei Arten von Säugetieren über diesen neuronalen Mechanismus: neben dem Menschen einige Meeressäuger (Wale, Delphine und Seehunde) sowie Fledermäuse und drei Arten von Vögeln: Singvögel, Papageien und Kolibris. Dagegen fehlt dieser Mechanismus selbst höheren Primaten oder Haustieren wie Hund und Katze. Daher kann es nicht geschehen, dass ein Hund eine Kuh oder einen anderen Hund nachmacht, was Vögel oder Seehunde in bestimmten Grenzen durchaus können.[1] Der hochkomplexe Mechanismus der Verschaltung des sensorischen Inputs mit einer motorischen Steuerung bei der Lauterzeugung ist bei den Singvögeln (Syrinx) gut untersucht (Zeigler & Marler, 2004; Jarvis, 2004), beim Menschen (Larynx) hingegen noch nicht vollständig verstanden. Man könnte annehmen, dass es bestimmte Nervenzellen geben muss (die aber bisher noch nicht nachgewiesen worden sind), die ähnlich wie die Spiegelneurone sensorische und motorische Codes aktivieren können. Solche Neuronen sind tatsächlich jüngst bei Sumpfammern nachgewiesen worden (Prather et al., 2008).

Beim audio-vokalen Lernen muss also ein neuronaler Mechanismus vorhanden sein, der sensomotorische und auditorische Prozesse direkt miteinander verknüpft. In Analogie zu den gut untersuchten Strukturen im Gehirn der Singvögel geht Jarvis (2004) beim Menschen von drei verschiedenen neuronalen Bahnen aus, die untereinander verschaltet sind. Er unterscheidet

---

[1] Bekannt ist der sprechende Seehund Hoover, der in einem Bostoner Aquarium aufwuchs und die Sprache seines Wärters Ted Kennedy imitierte (www.neaq.org).

1. eine posteriore vokale Nervenbahn,
2. eine anteriore vokale Nervenbahn und
3. die Hörbahn.

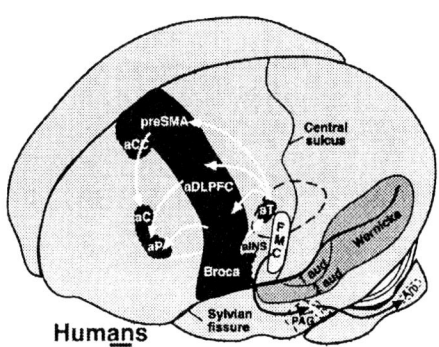

Abb. 7.1: Drei Nervenleitungen: hellgrau mit schwarzen Pfeilen bezeichnet die posteriore vokale Nervenbahn; dunkel mit weißen Pfeilen die anteriore vokale Nervenbahn mit der Cortex – Basalganglien – Thalamus – Cortex Schleife; dunkelgrau die auditorischen Areale (aus: Jarvis, 2004, 754).
preSMA = pre-supplementary motor area
aDLPFC = anterior dorsal lateral prefrontal cortex
FMC = face motor cortex
aC = anterior cingulate
aP = anterior putamen

Die posteriore Nervenbahn verbindet das Areal des motorischen Gesichtsnervs (face motor cortex, FMC) mit den vokalen Zentren des Hirnstamms, in dem die Lautproduktion gesteuert wird. Die anteriore Nervenbahn besteht aus einer Schleife zwischen Cortex, Basalganglien und Thalamus. Danach würde die anteriore Nervenbahn Input aus der posterioren Nervenleitung bekommen, während diese ihren Input aus dem face motor cortex erhält. Beide Schleifen müssen aber gleichzeitig mit der Hörbahn verbunden und mit dieser rückgekoppelt sein (Jarvis, 2004). Tatsächlich zeigen Magnetresonanz Aufnahmen die gleichzeitige Aktivierung eben dieser Regionen, ohne dass die interne Struktur der Reizübertragung schon ausreichend verstanden ist (Abb. 7.2).

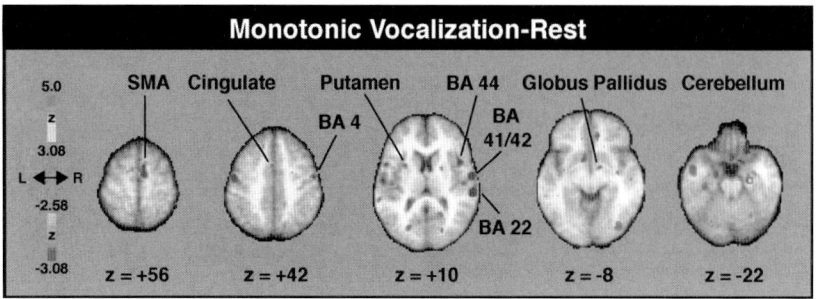

Abb. 7.2: Axialer Schnitt bei monotoner Vokalisation gegenüber Ruhe zeigt die Aktivierung der an der Vokalisation beteiligten Areale im supplementären motorischen Areal (SMA), in den primären und sekundären auditorischen Cortices (BA 41, 42), im Broca Areal (BA 44) und im Wernicke Zentrum (BA 22). Aus: Brown et al., 2004, 366.

Der hier beschriebene Mechanismus audio-vokalen Lernens integriert auditorische und motorische Codes und verlangt eine genaue Unterscheidung von Tonhöhen und Zeitfolgen, damit die imitatorische Schleife in Gang gesetzt werden kann. Wie verschiedene Untersuchungen gezeigt haben, reagieren Kinder sehr differenziert auf Abweichungen von gleichen Klängen. Sie erkennen Unterschiede zwischen konsonanten und dissonanten Klängen (Trainor et al., 2002); sie können gehörte Sprache klar einem sprechenden Gesicht zuordnen, d.h. sie merken, wenn das Gesicht nicht zur gehörten Sprache passt. Carpenter (1975) hat dem mütterlichen Gesicht eine fremde Stimme unterlegt und damit bereits zwei Wochen alte Säuglinge irritiert. In einer neueren Studie, bei der Tonhöhe, Tempo und Metrum sowie die Form von gelernten Melodien und Rhythmen graduell verändert wurden, zeigten ein bis zwei Jahre alte Kleinkinder deutliche Reaktionen selbst auf geringe Änderungen, die als solche erkannt wurden (Gruhn et al., 2005). Diese Differenzierungsfähigkeit ist grundlegend für jede Art des Diskriminationslernens (Unterscheidungslernens). In der Diskussion ist dabei lediglich die Frage, inwieweit solche Fähigkeiten angeboren oder umweltbedingt erworben sind.

Diese Unterscheidungsfähigkeit reguliert auch den Vorgang der Imitation, bei der es darauf ankommt, eine wahrgenommene Erscheinung (einen Ton, ein Geräusch, ein Wort, eine Geste etc.) genau wiederzugeben. Imitation ist also nicht bloß ein quasi automatischer Spiegel des Wahrgenommenen, sondern beruht auf einer Diskriminationsleistung. Meltzoff und Decety (2003) konnten zeigen, dass schon wenige Tage alte Neugeborene in der Lage sind, den Gesichtsausdruck der Bezugsperson zu imitieren. Gleiches leisten Säuglinge mit wenigen Monaten, die den Frequenzbereich der mütterlichen Stimme in der Mutter-Kind-Interaktion genau treffen (Leimbrink, i.Vorb.).

Audio-vokales Lernen und Imitation bestimmen die frühe Phase der präverbalen kindlichen Entwicklung, bei der zunächst noch nicht zwischen musikalischen und sprachlichen Anteilen unterschieden werden kann. Auch ontogenetisch entwickeln sich verbale und musikalische Fähigkeiten aus der gemeinsamen Wurzel präverbaler Vokalisation. Dabei liegt ein wichtiges Moment der Evolution linguistischer und musikalischer Kommunikation in der Ausprägung zweier unterschiedlicher Verhaltensformen, nämlich der *horizontalen Alternation* und der *vertikalen Integration*, zwischen denen eine Art Heterophonie liegt, bei der die Vokalisation von den jeweiligen Teilnehmern auf andere übertragen wird (Brown, 2007), die sich dann aber entsprechend der spezifischen sprachlichen oder musikalischen Anforderungen auseinander bewegen. Dieser Entwicklungsprozess sei hier in aller Kürze erläutert.

Musik (Gesang) wie Sprache beruhen auf einem hierarchischen System diskreter Laute bzw. Töne, die durch vokales Lernen erworben werden, wobei die Klänge imitatorisch hervorgebracht und explorativ eingeübt werden. In der frühen Mutter-Kind-Kommunikation wechseln sich dabei beide Partner ab, so dass dem Kleinkind Zeit bleibt, das Gehörte neuronal zu verarbeiten und zu imitieren. Das horizontale Alternieren bildet zugleich die Grundlage für den späteren verbalen Diskurs. Dabei kommt es dann vor allem auf die sinnvolle und bedeutungstragende Verwendung der zeichenhaften Bedeutung der Wörter an, während die genaue Intonation der Tonhöhe oder des Formatspektrums der Laute, die noch bei der Bildung der Vokale und Konsonanten im Vordergrund standen, zurücktreten. In der weiteren Ausprägung musikalischer Äußerungen werden dann zwei Fähigkeiten wichtig, die sich schon bei kleinen Kindern beobachten lassen: die tonale (melodische) und rhythmische Integration der eigenen Lautproduktion in einen bestehenden Klangverlauf. Schon Kleinkinder um das erste Lebensjahr sind in der Lage, sich mit der Bewegung einzelner Glieder in einen bestehenden Rhythmus zu integrieren (*time keeping*), d.h. diesen zeitweise mitzumachen. Hier muss also die auditorische Wahrnehmung eine motorische Reaktion auslösen und ihren zeitlichen Ablauf steuern. Dasselbe kann man feststellen, wenn Kinder mit der Mutter oder einem Erwachsenen mitzusingen beginnen und dabei versuchen, die Helligkeit des Frequenzspektrums zu treffen (*pitch matching*).

GESANG SPRACHE

hierarchisches System diskreter Laute/Töne

audio-vokales Lernen (*sound matching*)

kommunikative *horizontale Alternation*

Einhaltung eines
metrischen Pulses
(*time keeping*)

symbolische Verwendung
eines kulturellen
Zeichensystems

exakte Imitation der
Tonhöhe
(*pitch matching*)

vertikale Integration
Koordination
von Melodie und Rhythmus
beim gemeinsamen Singen,
Spielen und Tanzen.

Björn Merker (2000) und Steven Brown (2007) haben auf die besondere Funktion der synchronen Integration bei der musikalischen Äußerung hingewiesen. Auch aus der Tierkommunikation kennen wir seltene Formen der Signal-Synchronisation[2], häufiger ist dagegen ein heterophones Zusammengehen von Tierrufen, die besonders deutlich bei Fröschen oder beim Wolfsgeheul auftreten. Solch zufällige oder von einem durch ein anderes Tier angeregte Gleichzeitigkeit der Rufe ist aber grundverschieden von der strukturellen Integration einer Bewegung oder Äußerung in einen bestehenden, akustisch übertragenen Rhythmus, was eine auditorisch regulierte Koordination des Stimmapparats voraussetzt.

Audio-vokales Lernen liegt dem Spracherwerb wie ebenso der Tonbildung beim Singen zugrunde. In beiden Fällen spielt Imitation eine entscheidende Rolle, die aber nicht passiv erfolgt, sondern einen aktiven Abgleich des Gehörten mit dem selber produzierten Lauf voraussetzt. Dies geschieht durch eine neuronale Steuerung der Artikulationsorgane durch motorische Impulse, die von der auditorischen Wahrnehmung gesteuert werden. Dazu ist das Hören der eigenen Stimme unerlässlich, um den phonetischen Input mit dem Output zur Deckung bringen zu können. Hierzu müssen zunächst über das Hören erworbene mentale Repräsentationen gebildet werden, damit eine konkrete Hörwahrnehmung mittels vorhandener Klangvorstellungen eine bestimmte Klangproduktion hervorrufen kann (*pitch matching*).

Daraus ergeben sich dann entscheidende Folgerungen für das musikalische Lernen. Wenn Singen und Sprechen dieselben neuronalen Bahnen verwendet, muss jeder, der sprechen lernt, auch singen können, sofern die audio-vokale Schleife entsprechend eingeübt wurde (Gruhn, 2008). Oder anders herum: wer vermeintlich nicht singen kann, zeigt normalerweise keinen physiologischen Defekt, sondern lässt erkennen, dass die audio-vokale Schleife nicht trainiert wurde. Und genau hier müsste dann auch ein methodischer Ansatz gesucht werden, vermeintlichen „Brummern" zum sauberen Singen zu verhelfen. Eine jüngst publizierte Studie konnte zeigen, dass eine mangelhafte Stimmbeherrschung (*poor-pitch singing*) nicht auf eine Wahrnehmungsstörung zurückzuführen ist, sondern auf einer fehlerhaften Integration der Wahrnehmung in die motorische Repräsentation beruht (Pfordresher & Brown, 2007).

---

[2] So sind z.B. Lampyriden (Glühkäfer; fireflies) in der Lage, ihre biochemischen Leuchtsignale exakt zu synchronisieren.

Die Bedeutung der Spiegelneurone für das Lernen

Im Jahr 1992 entdeckte ein Forscherteam um Giacomo Rizzolatti in Parma eher zufällig bei Tierexperimenten mit Makaken, dass einzelne Nervenzellen in einem Areal (F5) der Großhirnrinde selbst dann feuerten, wenn der Affe nur bestimmte Handbewegungen bei den Experimentatoren beobachtete, ohne sie selber auszuführen. In ihrer ersten Veröffentlichung (Gallese et al., 1996; Rizzolatti et al., 1996) nannten die Forscher sie Spiegelneurone (*mirror neurons*) und wiesen darauf hin, dass dem Areal F5 bei Makaken der motorische Teil des Sprache produzierenden Broca Areals (BA 44, 45) beim Menschen entspreche. Tatsächlich wurden inzwischen im prämotorischen Cortex des Menschen entsprechende Spiegelneurone nachgewiesen. Dabei handelt es sich um einzelne Zellen, die bei der Bobachtung einer Handlung die gleichen Potentiale auslösen wie die Handlung selber, sofern das Ziel der Handlung erkennbar ist. Das Zeigen eines Gegenstands allein löst dagegen noch keine Aktivierung aus. Erst wenn der Affe die menschliche Hand sieht, die nach diesem Gegenstand greift, wird eine motorische Aktivierung ausgelöst.

Diese Entdeckung wurde sehr bald mit Handlungslernen und Imitation in Verbindung gebracht. Man vermutete, dass Spiegelneurone für das Beobachtungslernen von Handlungen zuständig seien (Buccino et al., 2004) und auch an dem Abgleichungsvorgang bei der audiovokalen Imitation beteiligt sein könnten (Brown et al., 2004). Heute wird die Funktion der Spiegelneurone immer noch kontrovers diskutiert, aber insgesamt vorsichtiger beurteilt. Magnetresonanz Studien und positronenemissionstomographische Messungen haben nur schwache Hinweise auf das Vorhandensein eines den Makaken entsprechenden Spiegelsystems ergeben (Turella et al., 2007).

Bei dem System der Spiegelneurone handelt es sich in erster Linie um ein Resonanzphänomen, bei dem Bewegungsmuster, die im Repertoire des Beobachters schon vorhanden sind, unmittelbar durch die Beobachtung ansprechen. Spiegelneurone verhelfen also dazu, visuelle Eindrücke mit im Gedächtnis gespeicherten Handlungsmustern zu vergleichen (Collins, 2007). Buccino unterscheidet daher zwei grundsätzlich zu unterscheidende Schritte: die Codierung eines elementaren Handlungsmusters, das in der beobachteten Handlung imitiert werden soll, und die Reaktivierung derartiger Repräsentationen in der Wiederholung der Handlung (Buccino et al., 2004). Die Beteiligung des Gedächtnisses an der Wirkung der Spiegelneurone macht zudem deutlich, dass es keineswegs klar ist, ob diese genetisch angelegt ist oder erworben wird. In einer neueren Studie, bei der die Frage empirisch untersucht wurde, wie Spiegelneurone ihre Spiegelungsfunktion bilden, konnte gezeigt werden, dass sie ihre Eigenschaften erst durch sensomotorisches Lernen entwickeln (Catmur et al., 2007).

Hinsichtlich der Frage ihrer Beteiligung an der Imitation muss man begrifflich klar trennen zwischen Imitation im Sinne einer bloßen Reaktivierung eines vorhandenen Musters durch die spontane Aktivierung des jeweiligen Areals und Imitation im Sinne einer zielgerichteten, intentionalen Handlung, die auf die Wiedergabe einer neuen, noch unbekannten Handlung gerichtet ist und eine Diskriminierungsleistung zwischen „gleich" und „verschieden" erfordert. In diesem Sinne können, wie auch Rizzolatti wusste und mehrfach betonte, Makaken nicht imitieren. Dennoch sind Spiegelneurone immer wieder zur Erklärung von Lernprozessen herangezogen worden (Buccino et al., 2004; Vogt et al., 2007). Einen deutlichen Hinweis auf die Funktion von Spiegelneuronen im Zusammenhang erinnerter, also bereits repräsentierter Erfahrungen liefert eine Studie von Hutchison und Kollegen, die Spiegelneurone in den Schmerz verarbeitenden Arealen (anteriorer cingulärer Cortex) nachwiesen, die auch dann ansprechen, wenn man eine schmerzvolle Handlung bei einem anderen Menschen beobachtet (Hutchison et al., 1999). Hier wird deutlich, dass nicht von Imitation auszugehen ist, sondern von Resonanz gesprochen werden muss. Interessant ist in diesem Zusammenhang ein Bericht, wonach auch in Singvögeln Spiegelneurone nachgewiesen wurden, die aktiv werden, wenn der Vogel dem ähnlichen Gesang eines anderen Vogel zuhört (Miller, 2008).

Spiegelneurone kann man zweifelsohne in Zusammenhang mit Resonanz und Empathie bringen. Erst die intuitive Spiegelung des Anderen im eigenen Erleben erlaubt es uns, sich in jemanden einzufühlen (Bauer, 2005). Daher ist es auch plausibel anzunehmen, dass bei Autisten die Funktion der Spiegelneurone gestört ist, die bei der eigenen Handlung aktiv werden, aber nicht auf reine Beobachtung ansprechen. Im Bereich der Pädagogik und des Lernens ist die Bedeutung der Spiegelneurone bis heute nicht eindeutig zu bestimmen.

Musiklernen im Umfeld der Neurodidaktik

Es liegt nahe, pädagogische Vorgänge des Musiklernens aus den Neurowissenschaften zu begründen. Umgekehrt hat auch das Interesse der kognitiven Musikpsychologie und der Neurowissenschaften an Musik, Musikverarbeitung und Musiklernen in den vergangenen Jahrzehnten deutlich zugenommen. Das hat zum einen dazu geführt, dass wir heute bereits über recht genaue Kenntnisse der musikalischen Repräsentationsareale verfügen und die musikbezogene neuronale Plastizität an vielen Beispielen aufzeigen können; zum anderen hat das aber auch Hoffnungen geweckt, die zu einer Überforderung der neurowissenschaftlichen Erkenntnisse für die praktische Umsetzung führen, was wir am Beispiel der kognitiven Transfer-Effekte (vgl. Kap. 4) dargestellt haben. So wird es durchaus verständlich, dass man sich Aufschlüsse über Lernprozesse aus den Neurowissenschaften erhofft, was zu der Forderung nach einem *brain based learning* im Rahmen einer neu zu formulierenden „Neurodidaktik" (Preiss, 1998; Herrmann, 2006) geführt hat, die den Zusammenhang zwischen Hirnforschung und praktischer Pädagogik zu leisten hätte und von der man sich Lösungen auf der Grundlage neurobiologischer Erkenntnisse verspricht.

Was ist und wozu brauchen wir eine Neurodidaktik?

Die Tatsache, didaktische Entscheidungen auf neurobiologische Grundlagen zu stützen, geht von einem direkten Zusammenhang von neuronalen Vorgängen mit lernorganisatorischen Möglichkeiten aus. Wir haben bisher zu zeigen versucht, dass und wie Lernen sich in neuronalen Netzen ereignet und welche neuroplastischen Veränderungen es bewirkt. Insofern ist ein derartiger Zusammenhang durchaus plausibel, auch wenn man nicht davon ausgehen sollte, dass sich methodische oder curriculare Entscheidungen unmittelbar aus den Erkenntnissen der Hirnforschung ableiten lassen. Dennoch ist die These, die der Neurodidaktik zugrunde liegt, nicht von der Hand zu weisen, dass man die Lernprozesse auf die neurobiologischen und neurophysiologischen Bedingungen des Gehirn einstellen müsse, anstatt das Kind mit seinen Lernmöglichkeiten an das Curriculum anzupassen. Dieses kann aber nur auf der Grundlage lernbiologischen und entwicklungspsychologischen Wissens über die individuellen Lernvoraussetzungen erfolgen. Eine Disziplin, die diese Zusammenhänge untersucht, könnte das Lernen in schwierigen Zeiten durchaus positiv beeinflussen. Wenn man weiß, dass prozedurales, handlungsbezogenes Lernen zu vernetzten mentalen Repräsentationen führt, die langfristiger wirksam bleiben und sich selbstorganisiert verändern können, dann sind alle die Verfahren zu favorisieren, die einen solchen Repräsentationsaufbau begünstigen. Ebenso macht es das Wissen um die hohe Plastizität des noch nicht ausgereiften, jugendlichen Gehirns geradezu zwingend, das gegebene Potential mit geeigneten Mitteln zu fördern und zu entwickeln. Was aber für das sich entwickelnde Gehirn angemessen und geeignet ist, kann uns nur die Gehirnforschung sagen, die den dynamischen Entwicklungsprozess des Gehirns untersucht. Mag eine im einzelnen noch auszuformende Neurodidaktik auch nicht unproblematisch erscheinen, so ist der ihr zugrunde liegende Grundgedanke alles andere als obsolet.

Das Gehirn kann von sich aus wenig; es muss erst alles lernen. Lange hat man geglaubt, dass sich das menschliche Gehirn vom Zeitpunkt der Geburt an nicht mehr wesentlich verändere, weil die Nervenzellen bei der Geburt bereits vollständig vorhanden seien und sich nur die interne Vernetzung entwickle, dann aber mit Erreichen eines Reifezustands die Nervenzellen zunehmend absterben. Dieser genetische Determinismus brachte ein statische Bild der Hirnentwicklung hervor, das sich heute vollständig gewandelt hat. Wir sehen heute das Gehirn als ein höchst dynamisches, plastisches System, das durch Erfahrungen und äußere Einwirkungen, die zu verarbeiten sind, geformt wird. Diese plastische Formbarkeit ist gerade in jungen Jahren, also bei Kindern am größten. Das kindliche Gehirn muss sich an die äußeren Bedingungen und Anforderungen anpassen. Diese Anpassungsvorgänge im zentralen Nervensystem sind Grundlage der *Neuroplastizität*. Sie finden zeitlebens in Abhängigkeit von den Nutzungsbedingungen statt. Die nutzungsabhängige Veränderbarkeit ist in ihrer Dynamik lange verkannt worden. Wir wissen heute, „dass unser Gehirn so wird, wie wir es benutzen" (Hüther, 2001, 85) und dass sich darin alle Erlebnisse und Erfahrungen niederschlagen.

Die Funktionsfähigkeit des Gehirns bezüglich seiner Denk- und Erkenntnisleistungen wird also erst im und durch das Leben innerhalb eines sozialen, kommunikativen Kontexts programmiert. Bau und Funktionsweise sind dabei in besonderer Weise von psychosozialen Bedingungen abhängig, die den Neurologen Gerald Hüther zu der These veranlassen, dass unser Gehirn „weniger ein Denk- als vielmehr ein *Sozialorgan*" sei (Hüther, 2001, 18). Also müsste es nicht so sehr darauf ankommen, immer nur das Synapsen-Wachstum mit allen möglichen Reizen weiter anzuregen, sondern es müsste vielmehr darum gehen, die Lern- und Entwicklungsmöglichkeiten so zu gestalten, dass das Gehirn je nach seinen Nutzungsanforderungen zu seiner vollen Funktionsfähigkeit heranreifen kann.

Das Gehirn wird in jedem Moment mit zahllosen Reizen überschüttet, auf die es reagieren muss. Bevor es die „wichtigen" Reize in Filterprozessen von unten nach oben (*bottom-up Prozesse*) verarbeiten kann, muss es das Reizmaterial zunächst auswählen und grob vorstrukturieren (*top-down Prozesse*). Zu diesem Zweck ist das Gehirn dauernd damit beschäftigt vorauszuberechnen, was als nächstes eintreten könnte. Wenn das tatsächliche Resultat die Erwartungen noch übertrifft, wird Dopamin freigesetzt, das für Belohnung und Befriedigung elementarer Bedürfnisse zuständig ist. Dieser Mechanismus bewirkt, dass Reize weiterverarbeitet und mit größerer Wahrscheinlichkeit gespeichert werden. „Gelernt wird also immer dann, wenn positive Erfahrungen gemacht werden" (Spitzer, 2002b, 181).

Verhaltensforscher haben bei neugeborenen Hühnerküken die Hirnentwicklung untersucht, wenn sie auf den Glucklaut einer künstlichen Kuschelhenne geprägt wurden, und deren Verhalten mit Küken verglichen, bei denen das nicht der Fall war. Es zeigte sich, dass die Nervenzellen der geprägten Küken in einigen Teilen ihres Vorderhirns eine völlig veränderte Reaktion auf den emotional bewerteten Prägereiz zeigten als die übrigen Tiere. Der Stoffwechsel und Energieverbrauch waren hier deutlich größer als bei den Tieren, die den Laut zum ersten Mal hörten (Braun & Bock, 2003, 51).

Dieselbe Bedeutung früher emotionaler Prägung förderte ein Versuch mit jungen Strauchratten zutage, die nach der Geburt von ihren Eltern entfernt und isoliert gehalten wurden, worauf die Tiere mit Stress und Angst reagieren. Emotionale Deprivation führt zu einer deutlichen physiologischen Veränderung im vorderen Cortex, nämlich zu einem erheblich *Synapsenüberschuss*. Bei normaler Entwicklung sprossen unmittelbar nach der Geburt Synapsen in großer Zahl – viel mehr, als tatsächlich gebraucht werden, um gerüstet zu sein für den Ansturm neuer Reize, die dann im neuronalen Netzwerk verarbeitet werden müssen. Nach dieser Phase tritt dann aber eine ebenso wichtige Reduktion der Synapsen (*Synapsenselektion*) ein, bei der nur diejenigen Synapsen aktiv bleiben, die einen emotional geprägten wichtigen Reiz verarbeiten. Diese Verbindungen bleiben im neuronalen Netz verankert und werden durch Gebrauch noch verstärkt. Die nicht benötigten Synapsen verschwinden jedoch wieder (Braun & Bock, 2003, 51 ff.). Bei dem Versuch mit deprivierten Ratten unterblieb dieser notwendige Vorgang des „Ausjätens" (Braun) überschüssiger Synapsen. Die dramatische Folge ist ein falsch geknüpftes Netzwerk mit daraus resultierenden Lern- und Verhaltensstörungen (Abb. 7.3).

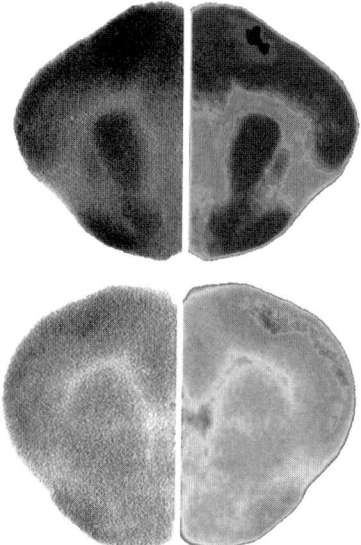

Abb. 7.3: Stoffwechselaktivität einer Strauchratte; oben: im Familienverbund; unten: bei Trennung von den Eltern (aus: Braun & Bock, 2003, 53)

Diese Ergebnisse haben eine Entwicklung begünstigt, die zur Neurodidaktik geführt haben. Und verständlicherweise knüpfen sich viele berechtigte – aber auch übertriebene – Hoffnungen daran. Eines der am häufigsten angeführten Argumente betrifft gerade das frühe Lernen, weil die Hirnentwicklung in den ersten Lebensjahren die größte Plastizität und das höchste Potential aufweist. Aber hier kann es nicht um mehr Reizstimulation in immer früheren Lebensjahren gehen, sondern um ein breites pädagogisches Wissen darüber, welchen Einfluss eine abwechslungsreiche, anregende Umwelt auf die kognitive Entwicklung hat und welche personalen Beziehungsstrukturen notwendig sind, damit ein soziales und emotionales Umfeld entstehen kann, in dem Lernen erst sinnvoll stattfinden kann. Hier eröffnet sich der Neurodidaktik noch ein weites Forschungsfeld. Die Art und Weise, wie diese Stimulation erfolgt, hat dann erheblichen Einfluss auf die Bildung der neuronalen Strukturen, in denen später musikalischen Informationen verarbeitet werden können.

Diese Erkenntnis hat dann aber zu völlig übertriebenen Erwartungen insbesondere in der amerikanischen *I Am Your Child*-Kampagne und dem *Early Head Start*-Programm in den 90er Jahren geführt. Die biologische neuronale Disposition rief nämlich auch die Sorge hervor, dass bestimmte Lernfenster nur in bestimmten Jahren offen ständen und dass die ersten drei Jahre die weiteren Entwicklungsmöglichkeiten festlegten. Obwohl es stimmt, dass es bestimmte sensible Phasen für das Lernen gibt, also Phasen, in denen das Lernen bestimmter Sachverhalte besonders leicht und wirksam gelingt, stimmt es auch, dass lebenslanges Lernen möglich und nötig ist, weil sich das Gehirn an die jeweiligen Nutzungsbedingungen anpassen kann und zeitlebens ein dynamisches System bildet. Diesen grundlegenden Paradigmenwechsel in der Vorstellung der Hirnentwicklung von einem genetisch determinierten statischen zu einem selbstorganisierten dynamischen Modell gilt es zu bedenken. Daher hat der amerikanische Wissenschaftsjournalist John Bruer vor einer falschen Mystifizierung der ersten drei Lebensjahre gewarnt (Bruer, 1999). Denn es beständen viel zu viele übertriebene Erwartungen an die Hirnforschung, konkrete Aussage über die spätere Lernentwicklung zu machen. Im einzelnen müsse man bedenken, dass kein *kausaler* Zusammenhang zwischen synaptischer Dichte und Intelligenz bestehe, dass frühe Umweltreize keine verstärkte Synapsenbildung *verursachten* und dass zerebrale Plastizität ist *nicht nur* in den ersten drei Lebensjahren wirksam sei.

Die Lust am Lernen

All das kann und sollte aber nicht davon ablenken, dass Kinder lernen wollen, dass sie ein natürliches Bedürfnis haben, ihre Fähigkeiten zu erproben und die Welt um sie herum zu erkunden. Wer kindlichen Musikumgang etwa beim Erproben von Klängen und Schallerzeugern beobachtet, wird diese Lust erkennen. Vor allem die Untersuchungen zur Intelligenz- und Kreativitätsentwicklung (Csikszentmihalyi, 1975; 1996) haben gezeigt, wie wichtig die emotionale Verankerung des Leistungswillens beim Menschen ist. Csikszentmihalyi erstaunte die Bereitschaft von Menschen, selbst unter größten Anstrengungen freiwillig und ohne unmittelbaren Nutzen Höchstleistungen zu erbringen, wenn sie zu einem Zustand führten, den er „Flow" nannte und den er als „besonderen dynamischen Zustand" (1985, 59) beschrieb, in dem Handlung und Bewusstsein so miteinander verschmelzen, dass eine selbstvergessene Hingabe an die Tätigkeit um ihrer selbst willen geschieht. Das Oxymoron „dynamischer Zustand" verweist auf die Tatsache, dass dabei das erstrebte Ziel bereits im Tun selber liegt, der Zustand also autotelisch ist. Dieser Zustand, den wir bei allen hingebungsvollen Tätigkeiten wie dem Bergsteigen oder Üben, dem Schachspiel oder dem kindlichen Spiel beobachten können, wird aber nur erreicht, wenn der Leistungsanspruch der jeweiligen Herausforderung im Bereich der Leistungsfähigkeit des Ausführenden liegt (Abb. 7.4).

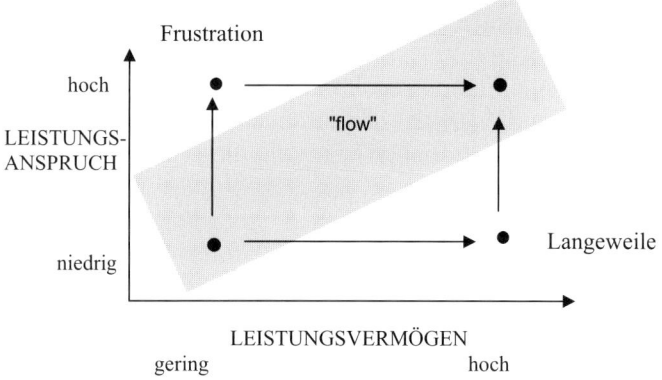

Abb. 7.4:
Das Flow-Erlebnis als Ergebnis einer ausgewogenen Balance von Leistungsanspruch und Leistungsvermögen (nach Csikszentmihalyi, 1985, 77)

Die Neurobiologie hat gezeigt, wie wichtig eine positive emotionale Bewertung von Erfahrungen für die Hirnentwicklung ist. Lustvolle Zuwendung im Sinne von erfüllter Hingabe an eine Tätigkeit erfordert Anstrengung. Frühes Lernen, wenn die Synapsen sprossen, kann diese Anstrengung weder erleichtern noch wegnehmen. Erst die Erfahrung von Erfüllung und selbstvergessener Hingabe (Lust) macht diese Anstrengung zur Lernerfahrung. „Lust ohne Anstrengung führt in die Irre", aber „Anstrengung ohne Lust ist unmenschlich", formulierte es Felix von Cube (1998, 76). Nur was mit positiven Erfahrungen verknüpft ist, wird langfristig wirksam gelernt. Und nur, wenn Anstrengung mit Lust verbunden werden kann, kann sich Flow einstellen, ist „Lust an Leistung" (Cube, 1998) möglich.

Aus neurobiologischen Erkenntnissen ist also nicht zu folgern, dass mit schulmäßigem Lernen früher zu beginnen sei, dass der Fötus im Mutterleib schon gezielt Musik hören oder Zählen lernen muss. Die Projektion der unbestreitbar vorhandenen Lernfähigkeit auf den Säugling und das Kleinkind stellen eine übersteigerte Fehlentwicklung dar. Kinder brauchen zu ihrer normalen Entwicklung keine forcierte Stimulation, sondern eine normale (d.h. weder reizarme noch reizüberflutete) Umgebung.

> „Die größte Gefahr des Mythos [von der einmaligen Bedeutung der ersten drei Jahre] als politisches Argument ist nicht die, dass seine politischen und ideologischen Gegner es ablehnen, sondern vielmehr, dass sie es sich zu Eigen machen werden. Erinnern wir uns, dass die grundlegende Prämisse des Mythos lautet: ‚Wie Individuen von der Vorschulzeit über die Adoleszenz bis ins Erwachsenenalter hinein funktionieren, hängt in entscheidendem Maße davon ab, welche Erfahrungen sie in der ersten drei Lebensjahren gemacht haben.' Dies ist die grundlegende kindheitsdeterministische Prämisse, die der Mythos als ‚neuroanatomisches' Faktum präsentiert. Der Mythos lehnt den streng genetischen Determinismus ab, um ihn durch einen frühen Neuro-Umwelt-Determinismus zu ersetzen." (Bruer, 2000, 261)

Statt gebannt nur auf das Synapsen-Wachstum zu schauen und die synaptische Dichte als ein Maß für Intelligenz zu nehmen, sollte man bedenken, dass erst die darauf folgende Synapsen-Selektion für das Lernen von fundamentaler Bedeutung ist (Braun & Bock, 2003;

2007). Die synaptische Dichte liefert das Potential zum Aufbau neuronaler Netze; erst die Reduktion auf die tatsächlich genutzten Verbindungen ermöglicht nachhaltiges Lernen. Wichtig ist dazu vor allem die frühe emotionale Prägung und die Bereitstellung einer geeigneten Umgebung für eine natürliche, lustvolle Aneignung von Wissen und Können.

8. Kapitel
Pädagogische Aspekte des Musiklernens

Eine einfache Frage wird umso schwieriger, je länger man darüber nachdenkt; ein Begriff, der unbefragt ganz klar zu sein scheint, wird zum Problem, wenn uns jemand darüber befragt, wie es bereits Augustinus in Bezug auf den Begriff der Zeit bemerkte: „quid sit tempus scio, quaeris nescio". So geht es auch mit dem Begriff des Musiklernens. Natürlich weiß jeder, was Lernen bedeutet. Man lernt eine Fremdsprache und kann sich dann darin verständigen; man lernt Ski laufen und kommt sicher den Abhang hinunter; man lernt Klavier spielen und kann dann Klavierstücke nach Noten oder auswendig spielen. Was ist so kompliziert an dem Begriff?

Unsicher werden wir erst, wenn wir nicht mehr nur vom Klavierspielen, Geigespielen oder Notenlesen sprechen, also von bestimmten Teilfertigkeiten, die einigermaßen klar umrissen sind, sondern allgemein vom „Musiklernen". Gibt es das überhaupt? Was lernt man, wenn man Musik lernt? Beim Geigespielen ist es klar: da geht es um die richtige Haltung, um Handstellung und Bogenführung, um Technik und Intonation etc. All das muss man lernen. Aber hat man auch Musik gelernt, wenn man all dies „kann", wenn die Technik „sitzt" und die Finger gehorchen, eine schwierige Stelle zu meistern, wenn die Haltung stimmt und der Bogenwechsel geschmeidig und unhörbar ausgeführt werden kann?

Wahrnehmen und Verstehen

Wir haben in den vorangegangenen Kapiteln unter verschiedenen Gesichtspunkten dargestellt, wie musikalisches Lernen als Aufbau von genuin musikalischen Repräsentationen entwicklungspsychologisch, lerntheoretisch und neurobiologisch verläuft. Dabei haben wir immer wieder zur Analogie der Sprache gegriffen. Auch wenn Musik als künstlerische Ausdrucksform vermutlich mehr Unterschiede als Gemeinsamkeiten mit der Begriffssprache aufweist, so ist doch der Lernprozess, durch den wir sprachliche und musikalische Kompetenz erwerben, durchaus vergleichbar. Und so, wie das Denken in Begriffen und grammatischen Strukturen eine wichtige Voraussetzung für das Sprechen ist, so ist die Audiation der musikalischen Strukturen die entsprechende Voraussetzung für musikalisches Verstehen.

Die Erfahrung beim Spracherwerb zeigt, dass die Kenntnis der grammatischen Regeln keine Voraussetzung für Sprechen und Verstehen ist. Schon kleine Kinder können sich sprachlich verständigen und verstehen die Aussagen der Erwachsenen, ohne irgendeine Ahnung von Subjekt und Prädikat, von Kasus und Genus, von Präpositionen und Konjunktionen zu haben. Aber sie verfügen über Sätze und Wörter, aus denen sie allgemeine Regeln generalisieren, so dass sie umso besser in die Lage kommen, Sätze zu sagen, die sie noch nie zuvor gehört haben, je mehr sprachliche Muster sie kennen gelernt haben. Das implizite Gedächtnis generiert dann aus allgemeinen Strukturen selbstorganisiert neue Sätze, die Gedanken, Absichten, Vorstellungen enthalten.

In der Musik ist das nicht anders. Je mehr musikalische Erfahrungen im Bewusstsein verankert und neuronal vernetzt sind, desto besser wird es gelingen, aus den generalisierten Mustern neue Kombinationen und Ausdrucksformen zu generieren, die aber immer auf musikalisch bedeutungsvolle Einheiten bezogen sind, die im Kontext musikalischer Praxis erworben wurden. Musikalisches Verstehen bedeutet dann, etwas *als etwas* erkennen zu können, ein akustisches Ereignis als Signal, eine Tonfolge als Zeichen (z.B. Pausenzeichen) oder Struktur (z.B. einen Dreiklang) aufzufassen. Dabei setzt das Erkennen *von etwas als etwas* einen unabgeschlossenen Prozess des Deutens in Gang, bei dem etwas *als etwas* erkannt wird, das dann wiederum *als etwas* gedeutet wird, das seinerseits eine Interpretation in einem noch weiteren Kontext erfährt etc. ad infinitum.

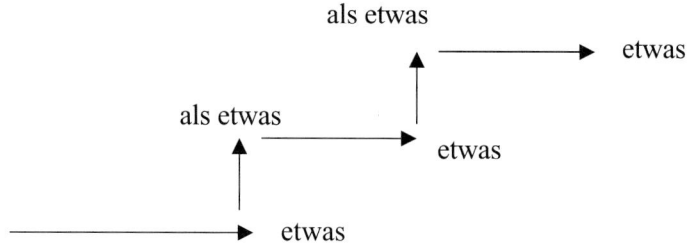

Bedeutung ist also etwas, was der Rezipient den wahrgenommenen Phänomenen als deren Eigenschaft, Sinn oder Absicht in immer neuen Deutungshorizonten beimisst. Sinn konstituiert sich so erst im Bewusstsein des Rezipienten. Darin liegt der fundamentale Unterschied zwischen Wahrnehmen und Verstehen, *perception* und *cognition*.

Auch Musik hat eine interne, regelgeleitete Struktur und drückt zugleich musikalische Gedanken aus. Beides geschieht im Rahmen konventionalisierter Systeme. Um Musik musikalisch zu verstehen, muss man die immanenten Normen und Strukturen verstehen. Verstehen heißt dabei, dass man die entsprechenden Repräsentationen erworben haben muss, die im Vorgang der Wahrnehmung aktiviert werden können oder die solche Prozesse reorganisieren bzw. rekonstruieren, die in der Erfahrung bereits vorhanden sind.

Lesen und innere Tonvorstellung

Wenn Anfänger ein Instrument erlernen, beginnen sie meist damit, Haltung und Bewegungsabläufe von ihrem Lehrer zu übernehmen. Sie lernen, welche Finger für welche Töne benutzt werden und wie man die Notenwerte im Rhythmus richtig zählt. Und es kann geschehen, dass sie falsch spielen, obwohl sie die richtigen Finger verwenden oder korrekt zählen. Andere dagegen, die vielleicht keine Notennamen kennen und keine Takte zu zählen gewohnt sind, spielen dennoch richtig, weil sie ihrem Ohr, d.h. dem genau vorgestellten und vorausgehörten Klang folgen. Hier leitet dann der auditierte Klang die Bewegung des Körpers, der den Klang hervorbringt, so wie die Vorstellung der Laute in der Sprache unsere Zunge, Gaumen und Lippen veranlassen, in die Position zu gehen, die für die Lautproduktion am besten ist. Wenn wir jemandem einen Laut – z.B. in einer fremden Sprache – beibringen wollen, machen wir ihm diesen möglichst deutlich vor, damit man eine Vorstellung bilden kann, aber wir erklären und beschreiben nicht, was die einzelnen Artikulationsorgane tun müssen, um den Laut entstehen zu lassen.

Beim Musizieren oder Blattspiel geschieht aber oft – vornehmlich bei Anfängern – das Gegenteil. Durch wiederholtes Training ist eine gut funktionierende Verbindung zwischen Auge und Bewegungsapparat entstanden. Ein notierter Akkord wird unmittelbar als Griff assoziiert oder körperlich gespürt (d.h. die figurale Repräsentation springt an). Durch die Ausführung dieses Griffs erfährt dann das Ohr von den spielenden Fingern, was in den Noten steht. Sinnvoller wäre aber der umgekehrte Weg, dass das Ohr (das lesende Audiationsvermögen) den Fingern „sagt", was und wie sie zu spielen haben, und dieses dann kontrolliert, ob das Ergebnis mit der Vorstellung übereinstimmt. So ist es doch auch beim Lesen eines sprachlichen Textes. Wenn wir Sprache verstehen, können wir einen Text stumm, also ohne äußere Bewegung der Sprechorgane lesen. Und wenn wir ihn verstanden haben, können wir angeben, wovon er handelt, auch ohne ihn je laut gelesen oder gehört zu haben. Genau diese Fähigkeit, einen Notentext lesend zu „hören", ist selbst bei Berufsmusikern viel weniger ausgebildet. Brodsky & Henik (1997) konnten bei einer kleinen Stichprobe von Musikern zeigen, dass nur zwischen 18% und 40 % in der Lage waren, einen notierten Text tatsächlich innerlich zu hören, ohne ihn innerlich zu singen, d.h. ohne Beteiligung eines *phonological loop*.

In jüngster Zeit ist dem Phänomen der auditorischen Vorstellungsbildung *(auditory imagery)* in der musikpsychologischen Forschung verstärkte Aufmerksamkeit gewidmet worden (Cook, 1990; Reisberg, 1992; McAdams & Bigand, 1993; Zatorre et al., 1996). Dabei geht es um die verschiedenen Aspekte, wie der „Klang im Kopf" entsteht und das Denken in und Erinnern von musikalischen Klängen cortical bzw. neuropsychologisch verarbeitet werden. Anekdotische Überlieferung weiß von Musikern, die ganze Werke im Kopf ausarbeiten und sie dann wie nach Diktat niederschreiben, oder von Interpreten, die allein mit mentalem Training ein ihnen noch unbekanntes Stück lernen, ohne es am Instrument zu spielen. Alltägliche Unterrichtserfahrung weiß eher vom Gegenteil, dass Schüler durch Unterricht konditioniert werden, Notensymbole mit Griffen zu assoziieren. Um diese Verbindung schneller und leichter zu festigen, arbeiten instrumentale Lernprogramme zuweilen mit Farben oder anderen Hilfen, die eine assoziative Verknüpfung der farblich markierten Tasten oder Griffe mit den ihnen zugeordneten Notenzeichen stärken sollen. Dabei wäre es pädagogisch sinnvoller und wichtiger, statt der Konditionierung die Fähigkeit der Audiation auf allen Stufen und in den verschiedenen Formen auszubilden, damit die bedeutungstragende musikalische Struktur (z.B. ein Metrum oder ein Begleitakkord, ein Grundton oder eine motivische Veränderung) gedacht und vorgestellt werden kann, bevor sie am Instrument oder mit der Stimme ausgeführt wird, so wie auch der Gedanke vor dem Sprechen vorhanden sein muss, wenn nicht Gestammel, sondern ein sinnvoller und verständlicher Text produziert werden soll.

Mit Hilfe bildgebender Verfahren ist die auditorische Vorstellung im Vergleich zur perzeptiven Wahrnehmung in jüngeren Untersuchungen exakt bestimmt worden. Dabei zeigt sich, dass überwiegend die gleichen Areale, die bei der Wahrnehmung beteiligt sind, auch bei der inneren Klangvorstellung aktiviert werden, was sich an der Zunahme der cerebralen Durchblutung ablesen lässt (Zatorre et al., 1996; Lotze et al., 2003). Allerdings gibt es auch Areale, die nur bei der Vorstellung einen signifikanten Anstieg zeigen und damit solche Regionen betreffen, die an der Reorganisation gespeicherter auditorischer Gedächtnisinhalte beteiligt sind. Besonders auffällig ist, dass bei der Melodievorstellung immer auch eine deutliche Beteiligung motorischer Komponenten zu verzeichnen ist, d.h. dass die klangliche Vorstellung immer mit der Imagination der stimmlichen Realisation verknüpft ist (Zatorre et al., 1996, 40). Diese neuronale Koppelung liefert eine Erklärung für die zentrale Bedeutung des *phonological loop* (der Interaktion auraler und oraler Betätigung) bei der Entwicklung mentaler Repräsentationen.

Mentales Training

Bei der Ausübung von Musik sind zwei Bereiche zu unterscheiden, die sich auch in verschiedenen Repräsentationsformen niederschlagen. Zum einen ist der Bewegungsapparat beim Spielen aktiv und erregt die motorische Repräsentation, zum anderen wird eine Vorstellung des musikalischen Ablaufs erzeugt, die die musikalische Repräsentation aktiviert. Beide Bereiche können und sollen im Gedächtnis gespeichert werden. Beim auswendig gelernten Spiel eines Musikstücks wirken das motorische, das visuelle und das akustische Gedächtnis zusammen. Ganz anders verhält es sich bei der Improvisation, die auf der Basis von Audiation erfolgt. Audiation und Gedächtnis stehen sich in gewisser Beziehung polar gegenüber. Für das tägliche Üben, das den musikalischen Trainingsprozess bestimmt, sind aber Audiation und Gedächtnis gleichermaßen von Bedeutung.

Musikalisches Training, bei dem immer Bewegung und Klang zusammen auftreten, führt nachweislich zu einer verbesserten Vorstellung akustischer Phänomene (Aleman et al., 2000), weil beide Areale koaktiviert werden (Bangert & Altenmüller, 2003). So entsteht ein funktionaler Regelkreis, der für die Technik des mentalen Trainings insbesondere beim Üben bestimmter Bewegungsabläufe genutzt werden kann.

Mentales Training im engeren Sinn (Klöppel, 1996) bezeichnet eine Übform, bei der die musikalische Ausführung (z.B. das Spiel einer Tonleiter oder eines Satzes einer Sonate) zu Trainingszwecken zeitweilig nur innerlich vorgestellt wird. Dazu bedarf es einer genauen Vorstellung der spezifischen Hand- und Armmotorik beim Spielvorgang wie der inneren Klangvorstellung und Audiation des musikalischen Geschehens, die dann zusammen im Gedächtnis verankert werden sollen, damit sie störungsfrei abgerufen werden können. Nicht zu verwechseln ist das mentale Üben bzw. mentales Training mit der Hörvorstellung (inneres Hören; *imagery*) eines Musikstücks, also eines (Hör)Objekts gegenüber dem (Üb)Prozess. Beim mentalen Training geht es um einen ganz bewussten und zielgerichteten Vorgang, bei dem der Musiker seine Aufmerksamkeit auf bestimmte Aspekte der instrumentalen Ausführung richtet (z.B. eine bogentechnisch schwierige Stelle oder eine grifftechnisch anspruchsvolle Passage, aber auch einen formal überraschenden Übergang oder eine ungewöhnliche harmonische Wendung) und sie gedanklich vorwegnimmt, um sich den Ablauf mental einzuprägen. Dies kann auch unter Zuhilfenahme des Notentextes geschehen, der dann analytisch betrachtet, in eine Spielhandlung übersetzt und so gespeichert wird.

Neurowissenschaftliche Untersuchungen haben ergeben, dass beim mentalen Training einer Bewegung zum Teil dieselben neuronalen Erregungen auftreten wie bei der realen Ausführung dieser Bewegung (Cisek & Kalaska, 2004), dass also Bewegungsvorstellung und Bewegungsausführung korrelieren. Pascual-Leone und Mitarbeiter haben dies schon in einer frühen Studie mit Pianisten (Pascual-Leone et al., 1995; Abb. 3.7) überzeugend nachweisen können. Eine neuere Untersuchung, bei der Berufsgeiger und Amateure unter Ausführungs- und Vorstellungsbedingungen die ersten 16 Takte aus Mozarts Violinkonzert G-Dur KV 216 spielten und dabei in einem funktionalen Kernspintomogramm (fMRI) untersucht wurden, ergab einerseits deutliche Unterschiede zwischen den Gruppen (professionelle Musiker zeigen gegenüber den Amateuren größere Intensität bei der vorgestellten Bewegung infolge ihres langjährigen Trainings), andererseits eine teilweise Überlagerung der Aktivierungsfelder bei vorgestellter und ausgeführter Bewegung mit weiträumiger Verteilung der Aktivierung auf verschiedene Areale der Hirnrinde, des Cerebellum und der Basalganglien (Lotze et al., 2003).

Versteht man mentales Training auf dieser Grundlage als eine besondere Übtechnik, so liegt ihr pädagogischer Wert nicht allein in einer Verbesserung der Effizienz der aufgewendeten Übzeit; vielmehr kann mentales Training seine Wirksamkeit nur in dem Maß entfalten, wie es Audiation einschließt und von der mental repräsentierten und auditierten Musik ausgeht. Im mentalen Training verbindet sich *audiation* mit *mental imagery*.

Lernen und Wissen

Musikalisches Lernen wird häufig mit der Vermittlung von Wissen *über* Musik gleichgesetzt. Doch es ist zu fragen, welche Ziele ein wünschenswertes musikalisches Verhalten hervorrufen können: die Halbtonschritte von Tonleitern und die verschiedenen Formen von Moll zu wissen oder eine gehörte Dur-Melodie auch in Moll singen zu können; die Begleitakkorde zu einer gegebenen Melodie zu „hören" oder zu wissen, aus welchen Tönen ein Dreiklang besteht; einen Takt mit verschiedenen Notenwerten in einem Lückentest zu ergänzen oder im Vierer- oder Fünfertakt improvisieren zu können, ohne aus dem Metrum zu fallen? All dies sind aber keine Alternativen musikalischen Lernens, sondern verschiedene Zugänge zum musikalischen Stoff – einer, der explizites Lernen und begriffliches Wissen anstrebt, und ein anderer, der implizite Erfahrung als Grundlage für Wissen versteht. Im System einer Theorie lässt sich abstraktes Wissen ordnen und in seinen Zusammenhängen erkennen. Dazu muss man das, was in einem System geordnet werden soll, aber schon verstanden haben. Denn abstraktes Wissen kann nicht durch Lernen Bedeutung erhalten, sondern das Lernen von konkreten Bedeutungen kann erst zum Wissen führen, in dem sich verallgemeinerte Erfahrung niederschlägt. Bedeutung gewinnt Musik erst im praktischen Umgang mit ihr. Dabei werden die Repräsentationen aufgebaut und mit anderen Erfahrungen und Eindrücken vernetzt. Erst im Vollzug der Erfahrungen können sich die formalen, abstrakten Vorstellungen bilden, die erst dann im Begriff gefasst werden.

Musikalisches Lernen terminiert daher nicht in begrifflichem Wissen, sondern im Aufbau von musikalischen Repräsentationen zur Erzeugung musikalischer Handlungskompetenz. Eine robuste Form musikalischen Wissens liegt somit in der Darstellung von Musik, bei der Wissen und Können, Vorstellung und Planung, Reflexion und Reaktion unmittelbar ineinander greifen. Dies hat David Elliott gleichsam zur pädagogischen Maxime erhoben: "Actions are nonverbal forms of thinking and knowing... A person's performance of a given composition is a robust representation of his or her musical understanding of that work und the musical practice of which it is a piece" (Elliott, 1995, 55, 59). Wissen in dem Sinn, der nicht auf explizites, begriffliches Wissen eingeschränkt bleibt, stellt keinen Gegenpol zum Lernen dar, sondern dessen Folge. So verstanden erscheint musikalisches Wissen auf vielen Ebenen und ist in allen Handlungsfeldern musikalischen Umgangs (hören, spielen, bewegen, improvisieren, komponieren, arrangieren, dirigieren, lesen, schreiben etc.) zu vermitteln.

Imitation und Audiation

Musikalisches Lernen geschieht handlungsorientiert im Vollzug musikbezogener Tätigkeiten; aber nicht jede Tätigkeit fordert Lernen heraus. Tun an sich ist noch kein Lernen. Man sagt, Kinder lernen durch Imitation. Imitation ist ein unersetzlicher Ausgangspunkt für den Lernprozess, aber schließt noch nicht automatisch Lernen ein. Dies mag ein Beispiel verdeutlichen. Ein Schüler soll eine Melodie lernen. Der Lehrer singt ihm kurze Abschnitte vor und bittet ihn, die Töne nachzusingen. Das Kind, das noch den Nachhall der vorgesungenen Töne im Ohr hat, wird sie meist richtig nachsingen können. Es imitiert, was es eben gehört und jetzt noch Gedächtnis hat. Hat es dabei etwas Musikalisches gelernt? Es zeigt eine wichtige Voraussetzung für das eigene Lernen, nämlich die Fähigkeit, zwischen „gleich" und „verschieden" zu unterscheiden. Denn mit dem Gehör muss die Richtigkeit (Sauberkeit) der stimmlichen Tonproduktion sogleich überprüft und der Ton ggf. korrigiert werden. Nur auf der Grundlage des Unterscheidungslernens *(dis-*

crimination learning) ist das Kind in der Lage, richtige Töne (in der Musik) oder Laute (in der Sprache) hervorzubringen. Dazu benötigt es aber jemand, der ihm etwas vorspricht oder vorsingt. Es nutzt dann die Fähigkeit zur Imitation, um das Gehörte selber darzustellen.

Etwas ganz anderes ist es, wenn ein Kind auf Grund der durch Imitation gewonnenen Erfahrungen in der Lage ist, eine abgebrochene Melodie fortzusetzen, deren Grundton zu bestimmen, eine passende Begleitung zu singen oder die imitierte Tonfolge im gleichen tonalen Rahmen zu verändern. All dies setzt voraus, dass das Kind aus sich selbst heraus musikalische Beziehungen erkennen und diese im praktischen Vollzug umsetzen kann. Hier gibt nicht eine andere Person das musikalische Geschehen an, das imitiert wird, sondern hier teilt das eigene Ohr bzw. Gehör dem Bewusstsein eine musikalische Bedeutung mit. Diesen Vorgang haben wir als „Audiation" beschrieben. Sie ist die Grundlage für selbstgeleitetes, schlussfolgerndes Lernen *(inference learning)*.

Imitation findet also statt, wenn ein vorgegebener Klang oder eine Klangfolge, die sich noch im sensorischen Register befindet, unmittelbar reproduziert wird. Audiation erfordert demgegenüber die Aktivierung einer bereits erworbenen Repräsentation, so dass das, was gehört wird, musikalisch (d.h. tonal, harmonisch, metrisch) auch verstanden ist. Der wesentliche pädagogische Unterschied zwischen Imitation und Audiation besteht daher in der Fähigkeit, die funktionalen Beziehungen zwischen den Einzeltönen zu erfassen und auf eine mental repräsentierte kognitive Struktur zu beziehen. Dies geschieht in der Regel nicht begrifflich, sondern immanent musikalisch, indem ein Intervall nicht als Echo von zwei unterschiedlichen Tonhöhen imitiert, sondern als ein sinnvolles Beziehungsgefüge verstanden wird, mit dem dann selbständig umgegangen werden kann.

Musikalisches Handeln schließt beide Formen des Lernens ein; Improvisation als Ausdruck eigener Handlungskompetenz setzt die Fähigkeit zur Audiation voraus. Denn ohne Audiation können musikalische Abläufe zwar technisch reproduziert werden, aber es wird schwierig, wenn nicht unmöglich, mit den Strukturen produktiv umzugehen: z.B. eine Melodie zu transponieren, zu variieren, in ein anderes Metrum oder Tongeschlecht zu bringen oder sie einfach ornamental auszuschmücken oder fortzuspinnen. Was in der Sprache selbstverständlich ist, einen fremden Gedanken oder Text mit eigenen Worten wiederzugeben, ist im musikalischen Unterricht eher ungewohnt. Aber erst in dem Moment, wenn man zu improvisatorischem Umgang mit dem gelernten Material fähig ist, zeigt man, dass man musikalisch etwas gelernt hat und nicht nur etwas ausführen kann. Hier jedoch läge die eigentliche Aufgabe musikalischen Lernens.

Lernen und Begabung

Musiklernen ist keine Sache, die nur von der Begabung abhängt. Jeder Mensch verfügt über ein bestimmtes Maß an Begabung in den verschiedenen Domänen, weshalb Howard Gardner von multiplen Intelligenzen (Gardner, 1991; 2002) spricht, die das individuelle Intelligenzprofil eines Menschen bilden. Wir wollen hier an dem Begriff der Begabung festhalten und ihn gegenüber dem der Leistung abgrenzen. Musikalische Begabung – oft auch als Musikalität oder musikalisches Talent bezeichnet – stellt danach das Potential bereit, etwas zu lernen, während Leistung das Ergebnis eines Lernprozesses ausmacht, das in Qualität und Höhe je nach Begabung und Fleiß (Übung) unterschiedlich ausfällt.

Hinsichtlich musikalischer Begabung oder Musikalität hat Donata Elschenbroich festgestellt, dass „nicht musikalisch zu sein erlernt (ist)" (Elschenbroich, 2001, 212). Damit hat sie auf den Umstand hingewiesen, dass auch musikalische Begabung – wenigstens zu einem Teil – sozial vermittelt und nicht allein genetisch vorbestimmt ist. Wenn man davon ausgeht, dass jeder Mensch mit einem bestimmten Potential geboren wird, dessen Höhe genetisch angelegt ist, bedarf es stimulierender Umweltreize, damit ein Kind sein Potential auch entfalten und weiter entwickeln kann. Denn im Rahmen der Plastizität neuronaler Entwicklungsprozesse ist das Potential bis um das 9. Lebensjahr noch entwicklungsfähig (*developmental aptitude*, Gordon, 1980; 1997); danach stabilisiert es sich auf dem bis dahin erreichten Niveau *(stabilized aptitude)*. Dies bedeutet nun aber nicht, dass man nur bis zum 9. Lebensjahr lernen können; vielmehr besagt diese Zäsur nur, dass die Höhe des Lernpotentials, nicht die Leistung, sich festigt. Dafür gibt es neurologische Anhaltspunkte, die dieses Phänomen, das zunächst empirisch beobachtet worden war, erklären könnten. Einige Neurologen verweisen auf einen möglichen Zusammenhang mit der Myelinisierung der cerebalen Kommissuren, also der Ummantelung der Nervenzellen mit einer Myelinschicht zur besseren Isolation und schnelleren Reizleitung, die in dieser Zeit erfolgt und zu einer verstärkten Aktivierung im frontalen Hirnbereich führt. Chugani und Mitarbeiter (Chugani et al., 1987), die in einer PET-Studie den Glukose-Stoffwechsel untersuchten, fanden heraus, dass die gemessenen Werte der Glukoseaufnahme, die auf eine verstärkte Aktivität in den betreffenden Hirnarealen schließen lässt, im ersten Lebensjahr um bis zu 80 Prozent über den Werten von erwachsenen Gehirnen lag. Die Plateauphase dieser hohen Werte blieb erhalten, bis die Kinder 9 Jahre alt waren. Während dieser Zeit beginnt sich dann das neuronale Potential auf dem Reifeniveau zu stabilisieren (Bruer, 2000, 93ff.). Es finden also neuronale Vorgänge statt, die zeitlich mit der Festigung des Lernpotentials zusammenfallen. Dies muss man sich so vorstellen, dass das individuelle Ergebnis einer Person in einem musikalischen Begabungstest im Verhältnis zum statistischen Mittel der Ergebnisse derselben Altersgruppe gleich bleibt (Abb. 8.1).

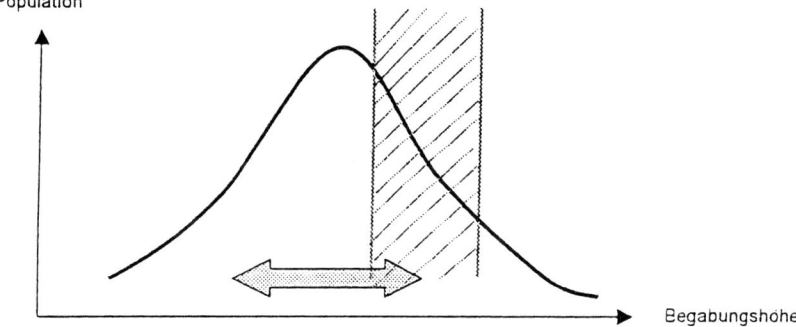

Abb. 8.1: Die schraffierte Fläche zeigt den Bereich der Stabilisierung des Lernpotentials *(stabilized aptitude)* bezogen auf die Gaußsche Normalverteilung. Der Pfeil zeigt die Veränderbarkeit der Position während der Phase der *developmental aptitude* an.

Musikalisches Lernen vollzieht sich im Rahmen der durch die Begabung und die Umwelt bereitgestellten Möglichkeiten. Dabei ist eine hohe Begabung Voraussetzung für eine hohe Leistung z.B. im Instrumentalspiel; aber geringe Leistung deutet umgekehrt nicht zwangsläufig darauf hin, dass auch die Begabung niedrig sein müsse. Denn hohe Leistung resultiert aus Begabungshöhe im Zusammenwirken mit einer entsprechenden Förderung durch Umwelt und Unterricht. Geringe Förderung in einer reizarmen Umgebung kann das Lernpotential mindern. Für den Unterricht ist es daher wichtig, das Potential zu erkennen und im Rahmen seiner Möglichkeiten durch frühe informelle Anleitung zu fordern und zu fördern und dabei die individuellen Unterschiede anzuerkennen und produktiv zu nutzen. Denn je früher ein Kind eine angemessene Unterstützung *(informal guidance)* seines angeborenen Potentials erhält, umso größeren Nutzen kann es später daraus ziehen.

Lernen und Motivation

Die Motivation zu lernen wächst mit dem Lernerfolg. Es ist wie beim Sprechen: je mehr wir verstehen, desto mehr können wir sagen. Und je besser die Kommunikation gelingt, desto schneller können sich Ausdrucksfähigkeit, Geläufigkeit und Wortschatz weiterentwickeln. Das gilt auch für Musik. Je mehr man erkennt und versteht, desto besser kann sich auch das musikalische „Sprechen" entfalten. Und umgekehrt wächst auch das Wahrnehmungsvermögen mit dem Ausdrucksvermögen, wie John Paynter (1972, 16) erkannte. Beobachtungen bei Instrumentalschülern haben gezeigt, dass der singende und spielende Umgang mit tonalen *patterns* oder harmonischen Funktionsakkorden dazu führt, dass sich eine klangliche Vorstellung dieser Module bildete und sie diese in der Musik, die sie hören, wiedererkennen. Sie haben – vielleicht zum ersten Mal – etwas „musikalisch" verstanden und sind nicht mehr nur auf einen „interessanten Eindruck" angewiesen. Dabei ist es nicht wichtig, ob der musiktheoretische Fachterminus gewusst und angewendet wird, sondern dass man weiß, wie etwas klingt. Musikalisches Lernen beginnt nicht mit einer Terminologie, sondern mit den musikalischen Tatsachen, die musikalisch gekonnt und gewusst werden, bevor sie benannt werden können.

Dabei handelt es sich dann um *genuin musikalisches* Wissen (eine musikalische Repräsentation), der ein theoretisches Wissen gegenübersteht, bei dem man weiß, wie eine Tonleiter aufgebaut ist, wo die Halbtonschritte liegen und welche Vorzeichen man braucht, wenn man dorisch auf f beginnen möchte. Dies beinhaltet ein *explizites* Wissen *über* Musik, während die Fähigkeit, sich vorstellen zu können, wie dorisch klingt, und von jedem beliebigen Ton aus im dorischen Modus improvisieren zu können, ein *implizites* oder *genuin musikalisches* Wissen beschreibt. Musikalisches Lernen umfasst beide Wissensformen, muss jedoch berücksichtigen, dass explizites Wissen über Musik ohne implizites Verstehen der musikalischen Vorgänge selber sinnleer, wenn nicht sinnlos bleibt. Musikpädagogik hätte sich, wenn es ihr um *musikalisches* Lernen geht, zuvörderst um den Erwerb genuin musikalischer Repräsentationen zu bemühen.

Motivation ist ein wichtiges soziales und emotionales Element im Prozess des Lernens. O'Neill und McPherson (2002) haben dargestellt, wie stark Erfolg und Misserfolg, Freude und Engagement, also Handlungsbedingungen und Handlungsergebnisse auf die Motivation zurückwirken. Externe Bedingungen wie soziale Gruppen können ebenso Motivation verstärken wie die internen Signale des hormonellen Belohnungssystems. Gerade letzteres macht deutlich, dass der motivationale Effekt sich meist erst aus der Tätigkeit des Lernens ergibt, wenn Verhaltenssequenzen Ergebnisse liefern, die das Dopaminsystem in Gang setzt (Spitzer, 2002). Intrinsische Motivation funktioniert nicht wie ein Medikament, das man vor Beginn des Lernens verabreicht, sondern stellt einen Effekt dar, der sich aus dem Lernen selber ergibt und mit dem Lernprozess rückgekoppelt ist.

Die Rolle des Lehrers

Die Aufgabe des Lehrers besteht darin, die Entwicklung des Kindes im Bereich seiner musikalischen Fähigkeiten und Möglichkeiten zu unterstützen, indem zunächst durch informelle Anleitung die Voraussetzungen geschaffen werden, damit sich ein Kind entsprechend seiner individuellen Begabung entfalten kann. Im Schulalter schließt daran die gezielte Förderung des Lernens durch formelle Unterweisung an. Der Lehrer als Spezialist für musikalisches Lernen ist dann dafür verantwortlich, dass ein Kind die ihm gemäßen Lernschritte in einer entsprechenden Lernumgebung auch vollziehen kann. Dazu ist eine genaue Kenntnis der lernbiologischen und entwicklungspsychologischen Grundlagen erforderlich. Lernen in dem hier erläuterten Sinn kann nicht von außen forciert oder beschleunigt werden, weil es sich um intrazelluläre und neuronale Prozesse handelt, die sich entwickeln müssen und dann zu plötzlichen Erkenntnisschüben führen können. Wir können das Lernen kleiner Kinder nicht beliebig manipulieren, d.h. beschleunigen oder erweitern; aber wir können die Voraussetzungen dafür schaffen, dass sich neuronale Verschaltungen bilden, in denen mentale Repräsentationen aktiviert werden können. Es zeigt sich beim Lernen im frühkindlichen Alter, dass Kinder jeweils das aufgreifen und sich aneignen, wozu sie aufgrund ihrer neuronalen Voraussetzungen in der Lage und bereit sind. Ziel wäre demnach, den natürlichen Lernprozess anzuregen und so wenig wie möglich zu behindern.

Kinder haben ihr je eigenes Lerntempo, wie sie sich auch in ihrem Lernpotential unterscheiden. Dies könnte es nahe legen, sie möglichst früh im Einzelunterricht zu betreuen. Erziehungswissenschaftliche Untersuchungen haben demgegenüber aber herausgefunden, dass Kinder am besten in sozialen Kontexten und in Gruppen unterschiedlicher Leistungsniveaus lernen. Und es leuchtet auch ein, dass man am ehesten dort lernen kann, wo ganz unterschiedliche Kenntnisse und Fähigkeiten vorhanden sind, die die Lernumgebung bereichern und zur Nachahmung anregen. *Enriched environments* beginnen bei den Lerngruppen und sind keineswegs auf didaktische präparierte Lernmaterialien zu reduzieren. Heterogene Gruppen erfordern aber vom Lehrer die Fähigkeit zur differenzierten Organisation der einzelnen Lernwege; d.h. man muss genau wissen, wer welche Lernangebote und Anregungen wann braucht. Hierzu liegt mit Gordons *Music Learning Theory* (Gordon, 1980) eine detailliert ausgearbeitete Methodik vor.

Die pädagogische Maxime individueller Führung in einem heterogenen Feld stellt aber den Gleichbehandlungsgrundsatz der allgemeinbildenden Schule in Frage. Die Bildungsdebatte der Vergangenheit hat noch einmal deutlich gemacht, dass bildungspolitisch gleiche und vergleichbare Leistungsniveaus in altershomogenen Klassen angestrebt. Dies ist der vorrangige Zweck von Bildungsstandards. Folgt man aber dem Gedanken, die vorhandenen Potentiale individuell bestmöglich zu fördern, müsste das gerade umgekehrt dazu führen, die individuellen Unterschiede eher zu vergrößern. In jedem Fall sollten Lehrer darauf vorbereitet werden, die individuellen Unterschiede wahrzunehmen, sie ernst zu nehmen und in ihrem methodischen Unterricht produktiv zu nutzen. Dies ist auch ein Kerngedanke von Howard Gardners Theorie der multiplen Intelligenzen.

„Der Einheitsschule liegt die Überzeugung zugrunde, jedes Individuum sei gleich zu behandeln: es müsse auf dieselbe Weise denselben Stoff lernen und auf dieselbe Weise geprüft werden. ... Als Pädagogen stehen wir vor der schwierigen Entscheidung, diese Unterschiede zu ignorieren oder sie zu bejahen. ... Die Unterschiede zu missachten ist aber nicht gerecht. ... Was ist die Alternative? Die eine Möglichkeit wäre der individuell gestaltete Unterricht, ein Unterricht, der die Unterschiede zwischen den Individuen ernst nimmt und, soweit machbar, Lernwege anbietet, die der unterschiedlichen Denkweise gerecht werden" (Gardner, 2002, 182).

Musikalisches Lernen in diesem Sinn ist verschieden von der Unterweisung in technischen Fertigkeiten. Wünschenswert wäre aber, dass auch die instrumentaltechnische Unterweisung die neurobiologischen Erkenntnisse aufgreift und in den Unterricht integriert. Das Instrument ist dann – im Wortsinn von *instrumentum* – ein Werkzeug zur Darstellung der musikalischen Denk- und *Sprech*fähigkeit. Jeder Instrumentalunterricht ist in diesem Sinne Musikunterricht, in dem es neben den und über die technischen Fertigkeiten hinaus immer auch um musikalisches Verstehen und Mitteilen geht. Improvisation ist das zentrale Feld, auf dem diese Fähigkeit geübt und erweitert werden kann. Nicht Fingerfertigkeit und ergonomisch richtige Bewegungsabläufe sind – so wichtig sie sind – das vorrangige Ziel des Instrumentalunterrichts, sondern der Erwerb musikalischer Repräsentationen, die die Voraussetzung für musikalisches Verstehen bilden. Insofern kann man Musik immer nur musikalisch lernen. Die Professionalität der Musiklehrer gründet einerseits in ihren instrumentalen Fähigkeiten, aber ebenso wichtig ist ihre Expertise im Bereich musikalischen Lernens auf der Grundlage von Audiation, Improvisation und Komposition. Insofern können Musiklehrer als Experten der Organisation, Anregung und Unterstützung von genuin musikalischen Lernprozessen bei Kindern und Laien bezeichnet werden.

Ergebnisse und Folgerungen

In der Zeit der frühkindlichen Entwicklung findet der neuronale Aufbau des Cortex in seinen Grundstrukturen statt, auch wenn die lebenslang wirksame Neuroplastizität die Einstellung und Anpassung auf die jeweilige Reizanforderung möglich macht. Dennoch bleibt entscheidend, *was* und vor allem *wie* in früher Kindheit gelernt wird, da hier das Lernen zunächst nicht formell und institutionell, sondern informell geschieht. Sobald Lernen aber in Früherziehung, Kindergarten und Schule institutionalisiert wird, ist aufgrund der komplexen Bedingungen für musikalisches Lernen ein musikalisch und musikpädagogisch geschulter Fachlehrer unerlässlich. Es ist gut und wichtig, wenn der Klassenlehrer in der Grundschule mit den Kindern singt; aber es genügt nicht, um musikalisches Lernen je nach dem vorhandenen Potential zu fördern.

Aus neurobiologischer Sicht sind die ersten Jahre von besonderer Wichtigkeit für die Ausreifung und synaptische Vernetzung („Verdrahtung") des Gehirns. Während der Phase der Ausreifung des Gehirns lernen wir anders als in späteren Jahren. Allerdings muss vor dem Missverständnis gewarnt werden, dass *nur* in den ersten Lebensjahren gelernt werden kann. Der Mensch ist immer zum Lernen fähig, man kann nicht "nicht" lernen. Grundsätzlich behält das Gehirn bis ins Erwachsenenalter seine Plastizität und bleibt strukturell formbar. Alle Erfahrungen, die ein Mensch in seinem Leben macht, werden in seinem Gehirn verankert (Hüther, 2002). Doch ist das kindliche Gehirn in viel stärkerem Maße veränderbar als das ausgereifte, so dass Lernen in diesem Lebensabschnitt – wie jeder weiß – viel leichter fällt. Alle zentralen, lebensnotwendigen Lernvorgänge (z.B. aufrechter Gang, Körpergefühl, Bewegungskoordination, Sprechen, abstraktes Denken etc.) finden daher in den ersten Lebensjahren statt. Humanbiologisch, pädagogisch und ethisch kommt daher den Bildungsimpulsen in den ersten Jahren eine ganz besondere Bedeutung zu. Familie, Kindergarten und Grundschule sind hier die entscheidenden Agenten der Vermittlung von Erfahrung, Wissen und Können.

Neue Erkenntnisse der neurobiologischen Verhaltensforschung haben im Tierversuch ergeben, dass emotionale Vernachlässigung und deprivierte soziale Bindungen das Gehirn in seinen Tiefenstrukturen verändern. Man kann davon ausgehen, dass ähnliche Auswirkungen auch beim Menschen erwartet werden können. Daraus ergibt sich die sozial- und bildungspolitische Forderung, die Familien zu stärken, damit Kinder emotionale Bindungen aufbauen können. Kinderhorte, Kindergärten und andere frühe Bildungseinrichtungen können ihre Bildungsbemühungen nur in dem Maße verwirklichen, wie auch starke emotionale Bindungen ausgebildet werden können.

Der Musik kommt in der frühen Entwicklungsphase eine wichtige Bedeutung zu. Wie kaum eine andere Tätigkeit intensivieren musikalische Erfahrungen das rhythmische System im biologischen Bildungsprozess. Die Erschließung von Zeit und Raum beginnt bei Kindern mit der Erfahrung von Gewicht und Bewegungsfluss, während Erwachsene die Dimension von Raum und Zeit zählend und messend erfassen. Musik stimuliert und verstärkt vitale rhythmische Prozesse. Kinder haben daher ein offenkundiges Bedürfnis nach rhythmischer Wiederholung. Musikalische Tätigkeiten vernetzen dabei viele verschiedene neuronale Areale und erfordern hohe feinmotorische Koordinationsleistungen. Nicht weil nach populärer (aber so allgemein nicht zutreffender) Sicht Musik in der rechten Hemisphäre lokalisiert ist und daher besonders diese als Gegengewicht zur linken Hemisphäre fördert, sondern weil Musik eine dichtere Vernetzung verschiedener Areale und stärkere Kohärenzen hervorruft, bietet sie dem Gehirn sehr komplexe, stimulierende Reize.

Die musikalische Begabungsforschung hat gezeigt, dass jeder Mensch mit einem bestimmten Begabungs- (d.h. Lern)potential geboren wird, das bei Geburt am größten ist und danach abnimmt, wenn es nicht durch Umweltreize und informelle Lernangebote (Hörangebote) immer wieder angeregt wird. Denn das Gehirn bedarf zu seiner Entwicklung von außen kommender Reizeinflüsse und wird so zum Spiegel aller gemachten Erfahrungen. Ohne musikalische Anregungen können sich keine musikalischen Repräsentationen bilden! Schon das kleine Kind zeigt ein vitales, natürliches Bedürfnis nach rhythmisiertem Klang und nutzt Musik als ein elementares Ausdrucks- und Kommunikationsmittel.

Immer wieder ist aus unterschiedlichen Gründen der Versuch unternommen worden, die Existenzberechtigung und den Nutzen musikalischer Bildung in Wirkungen zu suchen, die außerhalb des eigentlich Fachlichen liegen. So wird gerne auf Veröffentlichungen verwiesen, die nachweisen möchten, dass musikalische Betätigung sich auf die allgemeine Intelligenz, das soziale Verhalten, das mathematische Denken, die räumliche Vorstellung, das kreative Tun u. ä. positiv auswirke *(music makes you smarter)*. Solche Argumente mögen bildungspolitisch plausibel erscheinen, sie greifen aber pädagogisch zu kurz. Musik wird unabhängig von möglichen oder erwarteten außermusikalischen Nutzeffekten aus einem ästhetischen Bedürfnis gemacht. Sie dient als Ausdrucks- und Kommunikationsmittel und vermittelt künstlerische Erfahrungen.

Wir haben zu zeigen versucht, dass und wie sich musikalisches Lernen auf die mentale Repräsentation, die neuronale Aktivierung und die kognitive Verarbeitung auswirkt. Die Art des musikalischen Repräsentationsaufbaus hinterlässt ihre Spuren in den corticalen Aktivierungsmustern und neuronalen Veränderungen. Dies ist die zentrale Aussage der musikpädagogischen Hirnforschung, aus der die Neurodidaktik methodische Konsequenzen zu ziehen versucht.

Gestützt auf Untersuchungen der Hirnforschung und bestätigt durch Lernforschung kann man sagen, dass dann wirklich etwas gelernt wird, wenn Musik musikalisch vermittelt und gelernt wird, d.h. wenn genuin musikalische Repräsentationen gebildet und nicht nur sprachliche Symbole erworben oder motorische Abläufe trainiert werden. Dazu bedarf es gründlicher lernpsychologischer und lernbiologischer, aber ebenso auch musikalisch fachlicher Kenntnisse. Denn die hohe Plastizität des Gehirns eröffnet die Möglichkeit weitreichender mentaler Prägungen. Dies erfordert aber auch ein hohes Maß an pädagogischer und humaner Verantwortung. „Es ist an der Zeit, dass wir unsere Methoden des Lernens und der Erziehung nicht nach veralteten unbegründeten dogmatischen Theorien ausrichten, sondern danach, was man über den Menschen im Hinblick auf Lernen und Gedächtnis tatsächlich weiß!" (Spitzer, 1996, 203).

Literatur

Ackerman, S. (1992): *Discovering the brain*, Washington DC: National Academy Press.

Affolter, F. (1991): *Wahrnehmung, Wirklichkeit und Sprache*, Villingen-Schwenningen: Neckar-Verlag.

Aiello, R. & Sloboda, J. (Eds.) (1994): *Musical perceptions*, New York, Oxford: Oxford Univ. Press.

Aleman, A., Nieuwenstein, M. R., Bocker, K.B. & de Haan, E.H. (2000): Music training and mental imagery ability, in: *Neuropsychologia* 38(12), S. 1664 – 1668.

Altenmüller, E. (1986): Hirnelektrische Korrelate der cerebralen Musikverarbeitung beim Menschen, in: *European Archives of Psychiatry and Neurological Sciences*, Heidelberg, S. 342 – 354.

Altenmüller, E. (1992): *Musik und Gehirn: Zur Physiologie der zerebralen Musikverarbeitung*, Vortragsmskr. Tübingen.

Altenmüller, E., Kriechbaum, W., Helber, U., Moini, S., Dichgans, J. & Petersen, D. (1993a): Cortical DC-potentials in identification of the language-dominant hemisphere. Linguistical and clinical aspects, in: *Acta Neurochirurgica* 56, S. 20 – 33.

Altenmüller, E., Marckmann, G. Uhl, H., Kahrs, J. & Dichgans, J. (1993b): DC-Potentiale zeigen entwicklungsabhängige Änderungen kortikaler Aktivierungsmuster während der Sprachverarbeitung, in: *Zeitschrift für EEG-EMG* 24, S. 41 – 48.

Altenmüller, E. (1995): Art. „Gehör", in: *MGG, Sachteil* Bd. 3 (Sp. 1093-1104), Kassel: Bärenreiter.

Altenmüller, E. & Gruhn, W. (1997a): Musiklernen. Pädagogische Auswirkungen neurobiologischer Grundlagenforschung, in: J. Scheidegger, H. Eiholzer (Hrsg.): *Persönlichkeitsentfaltung durch Musikerziehung* (S. 97 – 113) (Wege. Musikpädagogische Schriftenreihe Bd. 10), Aarau: Ed. Nepomuk.

Altenmüller, E. & Gruhn, W. (1997b): *Music, the brain, and music learning*, Chicago: GIA Publ. Inc. (GIML Series vol. 2).

Altenmüller, E. & Gruhn, W. (1997c): Music learning produces changes in brain activation patterns: a longitudinal DC-EEG study, in: *International Journal of Arts Medicine* (IJAM), 5(1), S. 28 – 33.

Altenmüller, E., Gruhn, W. & Parlitz, D. (1999): Was bewirkt musikalisches Lernen in unserem Gehirn: Zur Neurobiologie musikpädagogischer Prinzipien, in: H. G. Bastian (Hrsg.): *Musik begreifen* (S. 120 – 143), Mainz: Schott.

Altenmüller, E., Wiesendanger, M. & Kesselring, J. (Eds.) (2006): *Music, motor control and the brain*. Oxford: Oxford University Press.

Anderson, J. R. (1995): *Learning and memory*, New York: Wiley.

Arnheim, R. (1991): Perception, cognition, and visualization, in: *Journal of Biocommunication* 18, S. 2 – 5.

Avanzini, G., Faienza, C., Minciacchi, D., Lopez, L. & Majno, M. (Eds.) (2003): *The neurosciences and music*, New York: The New York Academy of Sciences (Annals of The New York Academy of Sciences, vol. 999).

Ayres, A. J. (1984): *Bausteine der kindlichen Entwicklung*, Berlin ²1992: Springer.

Babler, R. (1994): Sprachliche Repräsentation komplexer Musik bei Schülern, in: H. Gembris, R. D. Kraemer & G. Maas (Hrsg.): *Musikpädagogische Forschungsberichte 1993* (S. 370 – 403), Augsburg: Wissner.

Bamberger, J. (1982): Revisiting children's drawings of simple rhythms: A function for reflection-in-action, in: S. Strauss (Ed.): *U-shaped behavioral growth* (S. 191 – 226), New York: Academic Press.

Bamberger, J. (1991): *The mind behind the musical ear. How children develop musical intelligence*, Cambridge, MA: Harvard Univ. Press.

Bamberger, J. (1993): *Restructuring conceptual intuitions through invented descriptions. From path-making to map-making* (Mskr.).

Bamberger, J. (1995): Hören auf eine neue Art, in: *Musik und Unterricht* Nr. 31, März 1995, S. 16 – 23.

Bangert, M. & Altenmüller, E. (2003): Mapping perception to action in piano practice: a longitudinal DC-EEG study, in: *BMC Neuroscience* 4(1), S. 26.

Barnett, S. M. & Ceci, S. J. (2002): When and where do we apply what we learn? A taxonomy for transfer, in: *Psychological Bulletin*, 128, S. 612 – 637.

Barrett, M. (1997): Invented notations: a view of young children's musical thinking, in: *Research Studies in Music Education* No. 8, S. 2 – 14.

Bastian, H. G. (1992): Mehr Musik in den Schulen. Hypothesen, Ergebnisse und Konsequenzen zu Transfereffekten von Musizieren und Musikerziehung, in: *Musikforum* 28(77), S. 24 – 32.

Bastian, H. G. (1997): Beeinflusst intensive Musikerziehung die Entwicklung von Kindern? Zwischenbilanz zu einer sechsjährigen Langzeitstudie an Berliner Grundschulen, in: *Musikforum* 33 (86), S. 4 – 22.

Bastian, H. G. (2000): *Musik(erziehung) und ihre Wirkung. Eine Langzeitstudie an Berliner Grundschulen*, Mainz: Schott.

Bauer, J. (2005): *Warum ich fühle, was du fühlst. Intuitive Kommunikation und das Geheimnis der Spiegelneurone.* München: Heyne.

Beck, W. & Fröhlich, W. D. (1992): *Musik machen – Musik verstehen*, Mainz: Schott.

Behrmann, M., Kosslyn, S.M. & Jeannerod, M. (Hrsg) (1995): *The neuropsychology of mental imagery.* Oxford/Tarrytown: Pergamon.

Beisteiner, R., Altenmüller, E., Lang, E. et al. (1994): Musicians processing music. Measurement of brain potentials with EEG, in: *European Journal of Cognitive Psychology* 6, S. 311 – 327.

Beyer, E. (1994): *Musikalische und sprachliche Entwicklung in der frühen Kindheit*, Hamburg: Krämer.

Binneberg, K. (1994): Kindliche Entdeckungen, in: *Neue Sammlung* 1, S. 149 – 153.

Birbaumer, N. & Schmidt, R. F. (1996): *Biologische Psychologie.* Berlin, Heidelberg, New York: Springer (1990), ^{3}1996.

Blakemore, S.-J. & Frith, U. (2005): *Wie wir lernen. Was die Hirnforschung darüber weiß.* München: Deutsche Verlagsanstalt.

Boden, M. A. (1990): *The creative mind: myths and mechanisms*, London: Weidenfeld and Nicolson.

Bolhuis, J. J. (Ed.) (2000): *Brain, perception, memory. Advances in cognitive neuroscience*, Oxford: Oxford Univ. Press.

Braitenberg, V. & Schütz, A. (1992): Cortex: hohe Ordnung oder größtmögliches Durcheinander? in: *Gehirn und Kognition* (S. 182 – 194), Heidelberg: Spektrum Akademischer Verlag.

Braun, A.K. & Bock, J. (2003): Die Narben der Kindheit, in: *Gehirn & Geist*, 2003, Nr. 1, S. 50 – 53.

Braun, A.K. & Bock, J. (2007). Born to learn: early learning optimizes brain function, in: Gruhn, W. & Rauscher F.H (Eds.), *Neurosciences in music pedagogy* (S. 27 – 51), New York: Nova Sciences.

Breitling, David, W. Guenther & P. Rondot (1987): Auditory perception of music measured by brain electrical activity mapping, in: *Neurophysiologia* 25. 1987, S. 765 – 774.

Brodsky, W., Henik, A. & Zorman, M. (2003): Auditory imagery from musical notation in expert musicians, in: *Perception & Psychophysics* 65(4), S. 602 – 612.

Brodsky, W. & Henik, A. (1997): Demonstrating inner hearing among musicians, *Proceedings of the 3. ESCOM Conference Uppsala*.

Brown, S. (2000): The "musilanguage" model of music evolution, in: Wallin, Nils L., Merker, Björn & Brown, Steven (Eds.). *The origins of music* (S. 271 – 300), Cambridge MA: MIT Press.

Brown, S. (2007): Contagious heterophony. A new theory about the origins of music. *Musicae Scientiae* 11(1), S. 3 – 24.

Brown, S., Martinez, M. J., Hodges, D. A., Fox, P. T. & Parsons, L. M. (2004): The song system of the human brain. *Cognitive Brain Research* 20, 363 – 375.

Bruer, J. T. (2000): *Der Mythos der ersten Jahre* (The myth of the first three years, 1999), Weinheim: Beltz.

Buccino, G., Vogt, S., Ritzl, A., Fink, G. R., Zilles, K., Freund, H.-J. & Rizzolatti, G. (2004): Neural circuits underlying imitation learning of hand actions, in: *Neuron* 42, S. 323 – 334.

Buck, G. (1967): *Lernen und Erfahrung*, Stuttgart: Kohlhammer.

Buck, G. (1981): *Hermeneutik und Bildung*, München: Fink.

Byrne, J. H. & Berry, W. O. (1989): *Neural models of plasticity*, San Diego: Academic Press.

Cadenbach, R. (1991): Der implizite Hörer? in: H. Danuser & F. Krummacher (Hrsg.): *Rezeptionsästhetik und Rezeptionsgeschichte in der Musikwissenschaft* (S. 133 – 163), Laaber: Laaber (Publikationen der Hochschule für Musik und Theater Hannover, Bd. 3).

Calvin, W. H. (1996): *How brains think*, New York: Basic Books.

Carlyon, R., Darwin, C., Russell, I. J. (Eds.) (1992): *Processing of complex sounds by the auditory system*. Oxford: Clarendon, Oxford Univ. Press.

Carpenter, G. (1975): Mother's face and the newborn. In: R. Lewin (Ed.). *Child alive* (S. 124 – 133). New York: Anchor Books.

Caspary, R. (Hrsg.) (2006). *Lernen und Gehirn. Der Weg zu einer neuen Pädagogik*. Freiburg: Herder.

Catmur, C., Walsh, V. & Heyes, S. (2007): Sensorimotor learning configures the human mirror system, in: *Current Biology* 17 (17), S. 1527 – 1531.

Child Development and Music (1992), *Psychology of Music*, Special Issue 20(1).

Chomsky, N. (1981): *Regeln und Repräsentationen* (Rules and Representations, 1980), Frankfurt: Suhrkamp.

Chugani, H.T. (1998): A critical period of brain development: studies of cerebral glucose utilization with PET, in: *Preventive Medicine* 27(2), S. 184 – 188.

Chugani, H.T.; Phelps, M. E. & Mazziota, J. C. (1987): Positron Emission Tomography study of human brain function development, in: *Annals of Neurology* 22, S. 487 – 497.

Cisek, P. & Kalaska, J. F. (2004): Neural correlates of mental rehearsal in dorsal premotor cortex, in: *Nature* 431(7011), S. 993 – 996.

Clynes, M. (Ed.) (1992): Music, mind, and brain, New York 1982.

Collins, J. W. (2007). The neuroscience of learning, in: *The Journal of Neuroscience Nursing*, 39(5), S. 305 – 310.

Colwell, R. & Richardson, C. (Eds.) (2002): *The new handbook on music teaching and learning*, New York: Oxford Univ. Press.

Colwell, R. (Ed.) (1992): *Handbook of research on music teaching and learning*, New York: Schirmer Books, Macmillan.

Cook, N. (1992): *Music, imagination, and culture*, Oxford: Clarendon Press (1990)

Critchley, M. & Henson, R.A. (Eds.) (1977): *Music and the brain*, London: Heineman.

Crystal, H., Grober, E. & Masur, D. (1989): Preservation of musical memory in Alzheimer's disease, in: *Journal of Neurology, Neurosurgery, and Psychiatry*, 52, S. 1415 f.

Csikszentmihalyi, M. (1996): Das Flow-Erlebnis, Stuttgart: Klett-Cotta (*Beyond Boredom and Anxiety*, 1975).
Cube, F. v. (1998): *Lust an Leistung*, München: Piper.
Cummins, R. (1989): *Meaning and mental representation*, Cambridge MA: MIT Press.
Dahlhaus, C. (Hrsg.) (1975): *Musikalische Hermeneutik*, Regensburg: Bosse (Studien zur Musikgeschichte des 19. Jahrhunderts, Bd. 43)
Damasio, A. R. (1995): *Descartes Irrtum. Fühlen, Denken und das menschliche Gehirn*, München: List (*Descartes' Error*, New York: G. P. Putnam's San 1994).
Danuser, H. & Krummacher, F. (Hrsg.) (1991): *Rezeptionsästhetik und Rezeptionsgeschichte in der Musikwissenschaft*, Laaber: Laaber (Publikationen der Hochschule für Musik und Theater Hannover, Bd. 3).
Danuser, H. (1992): Einleitung zu: Musikalische Interpretation, in: *Neues Handbuch der Musikwissenschaft*, Bd. 11 (S. 1 – 72), Laaber: Laaber.
Darwin, C. (1874): *The descent of man, and selection in relation to sex*. New York: Hurst.
Davidson, L. & Scripp, L. (1988): Young children's musical representations: windows on music cognition, in: J. Sloboda (Ed.): *Generative processes in music* (S. 195 – 230), Oxford: Oxford Univ. Press.
Davidson, L. & Scripp, L. (1992): Surveying the coordinates of cognitive skills in music, in: R. Colwell (Ed.): *Handbook of Research on Music Teaching and Learning* (S. 392 – 413), New York: Schirmer.
Davidson, L. & Colley, B. (1987): Children's rhythmic development from age 5 to 7: performance, notation, and reading of rhythmic patterns, in: J. C. Peery & I. Weiss Peery (Eds.): *Music and Child Development* (S. 107 – 136), New York: Springer.
Davidson, Lyle (1994): Songsinging by young and old: a developmental approach to music, in: R. Aiello & J. Sloboda (Eds.): *Musical perceptions* (S. 99 – 130), New York, Oxford: Oxford Univ. Press.
Deary, I. J. (2001): *Intelligence. A very short introduction*, Oxford: Oxford Univ. Press.

Deliège, I. & Sloboda, J. (Eds.) (1996): *Musical beginnings. Origins and development of musical competence*, Oxford: Oxford University Press.

Deliège, I. & Sloboda, J. (Eds.) (1997): *Perception and cognition of music*, East Sussex: Psychology Press.

Deliège, I. (1987): Grouping conditions in listening to music: an approach to Lerdahl and Jackendoff's grouping preference rules, in: *Music Perception* 4, S. 325 – 359.

Deutsch, D. (1975): Musical illusions, in: *Scientific American* 233, S. 92 – 104.

Deutsch, D. (1992): Paradoxien der Tonhöhenwahrnehmung, in: *Spektrum der Wissenschaft*, Oktober 1992, S. 82 – 88.

Deutsch, D. (1995): *Musical Illusions and Paradoxes* (CD), La Jolla CA: Philomel Records.

Donaldson, M. (1987): *Wie Kinder denken* (*Children' s Mind*, 1982), Bern: Huber.

Donaldson, M. (1992): *Human minds: an exploration*, London: Allen.

Dornes, M. (1993): *Der kompetente Säugling. Die präverbale Entwicklung des Menschen*, Frankfurt a. Main: Fischer.

Eccles, J. (1992): *Neurobiology of cognitive learning*, Opladen: Westdeutscher Verlag.

Eco, U. (1992): *Die Grenzen der Interpretation*, München: Hanser.

Edelman, G. M. (1993): *Unser Gehirn – ein dynamisches System. Die Theorie des neuronalen Darwinismus und die biologischen Grundlagen der Wahrnehmung*, München: Piper (*Neural Darwinism – The theory of neural group selection*, 1987).

Edelman, G. M. (1995): *Göttliche Luft, vernichtendes Feuer*, München: Piper (*Bright Air, Brilliant Fire. On the matter of the mind*, 1992).

Eggebrecht, H. H. (1995): *Musik verstehen*, München: Piper.

Elbert, T., Pantev, C., Wienbruch, C., Rockstroh, B. & Taub, E. (1995): Increased cortical representation of the fingers of the left hand in string players, in: *Science* 270, S. 305 – 307.

Elbert, T. & Rockstroh, B. (2004): Reorganization of human cerebral cortex: the range of changes following use and injury, in: *The Neuroscientist*, 10(2), S. 129 – 141.

Eliot, L. (2001): *Was geht da drinnen vor? Die Gehirnentwicklung in den ersten fünf Lebensjahren* (*How the brain and mind develop in the first five years of life, 1999*), Berlin: Berlin Verlag.

Elliott, D. (1995): *Music matters. A new philosophy of music education*, New York, Oxford: Oxford University Press.

Elliott, D. (2005): *Praxial music education. Reflections and dialogues*, New York: Oxford University Press.

Elschenbroich, D. (2001): *Weltwissen der Siebenjährigen. Wie Kinder die Welt entdecken können*, München: Kunstmann.

Falk, S. (1992): *Kognitive Aktivierungsprozesse bei der Wahrnehmung von Musik*. Staatsexamensarbeit, Musikhochschule Feiburg (Mskr.).

Faltin, P. & Reinecke, H.-P. (Hrsg.) (1973): *Musik und Verstehen*, Köln: A. Volk.

Fassbender, C. (1993): *Auditory grouping and segregation processes in infancy*, Norderstedt: Kaste Verlag.

Fedrowitz, J. & Matejovski, D. (Hrsg.) (1994): *Neuroworlds. Gehirn – Geist – Kultur*, Frankfurt: Campus.

Fiske, H. F. (1990): *Music and mind. Philosophical essays on the cognition and meaning of music*, Lewiston NY: Ed. Mellen Press.

Fitch, T. (2000): The evolution of speech: a comparative review, in: *Trends in Cognitive Sciences* 4(7), S. 258 – 267.

Fitch, T. (2006): The biology and evolution of music: a comparative perspective, in: *Cognition*, 100, S. 173 – 215.

Fitch, T. (i. pr.): The evolution of language: a comparative perspective, in: *Oxford Handbook of Psycholinguistics*, ed. by G. Gaskell, Oxford: Oxford University Press.

Gadamer, H.-G. (1960): *Wahrheit und Methode*, Tübingen: Mohr, (^{4}1975).

Gallese, V., Fadiga, L., Fogassi, L., Rizzolatti, G. (1996): Action recognition in the premotor cortex, in: *Brain* 119, S. 593 – 609.

Gardner, H. (1991): *Abschied vom IQ. Die Rahmentheorie der vielfachen Intelligenzen* (*Frames of Mind. The Theory of Multiple Intelligences*, 1985), Stuttgart: Klett-Cotta.

Gardner, H. (1993): *Der ungeschulte Kopf. Wie Kinder denken* (*The Unschooled Mind*, 1991), Stuttgart: Klett-Cotta.

Gardner, H. (2002): *Intelligenzen. Die Vielfalt des menschlichen Geistes* (*Intelligence Reframed*, 1999), Stuttgart: Klett-Cotta.
Gaser, C. & Schlaug, G. (2003): Gray matter differences between musicians and nonmusicians, *Annals of the New York Academy of Sciences*, vol. 999 (S. 514 – 517), New York.
Gehirn und Bewußtsein (1994), Heidelberg: Spektrum Akademischer Verlag.
Gehirn und Kognition (1992), Heidelberg: Spektrum der Wissenschaft: Heidelberg.
Gehirn und Nervensystem (1988), Spektrum der Wissenschaft, Heidelberg: Springer Verlag.
Gembris, H. (1998, ^{3}2008): *Grundlagen musikalischer Begabung und Entwicklung.* (Wissner Lehrbuch, Bd. 1). Augsburg: Wissner.
Gordon, E. E. (1989): *Advanced measures of music audiation* (AMMA), Chicago: GIA Publ. Inc.
Gordon, E. E. (1980): *Learning sequences in music*, Chicago: GIA Pub!. Inc. (1980) ^{4}1993, ^{5}1997.
Goschke, T. (1990): Wissen ohne Symbole? Das Programm des Neuen Konnektionismus, in: *Semiotik* 12, H. 1-2, S. 25 – 45.
Goswami, U. (1998): *Cognition in children.* Hove: Psychology Press Ltd.
Gromko, J. E. (1994): Children's invented notations as measures of musical understanding, in: *Psychology of Music* 22, S. 136 – 147.
Gromko, J. E. (1995): Invented iconographic and verbal representations of musical sound, in: *The Quarterly Journal of Music Teaching and Learning* 6(1), S. 32 – 43.
Gruhn, W. (1989): *Wahrnehmen und Verstehen*, Wilhelmshaven: Noetzel (TB zur Musikwissenschaft, Bd. 107).
Gruhn, W. (1993a): Strukturen musikalischer Wahrnehmung, in: *Musik in der Schule*, H. 2, S. 75 – 80, 89.
Gruhn, W. (1993b): Wie Kinder einfache Rhythmen hören. Zur kognitiven Repräsentation musikalischer Gestalten bei Kindern, in: H. J. Kaiser, E. Nolte, M. Roske (Hrsg.): *Vom pädagogischen Umgang mit Musik* (S. 156 – 160), Mainz: Schott.
Gruhn, W. (1994a): Maps and paths of music perception, in: *Musikpsychologie. Jb. der Dt. Ges. f. Musikpsychologie* Bd. 10 (S. 101 – 117), Wilhelmshaven: Noetzel.

Gruhn, W. (1994b): Musiklernen. Der Aufbau musikalischer Repräsentationen, in: G. Olias (Hrsg.): *Musiklernen. Aneignung des Unbekannten* (S. 9 – 31), Essen: Die blaue Eule (Musikpädagogische Forschung, Bd. 15).

Gruhn, W. (1994c): Mental representation of complex music, in: *Proceedings of the 3. International Conference of Music Perception and Cognition (ICMPC), Liège*.

Gruhn, W. (1994d): Mental Representation of Complex Music, in: *Proceedings of the Third International Conference for Music Perception and Cognition, Universite de Liège*, S. 285 – 286.

Gruhn, W. (1995a): Lernen, daß ... und lernen, was ... Beispiele und Anregungen aus einem Forschungsprojekt für den Musikunterricht, in: *Musik in der Schule*, H. 1, S. 20 – 22; 34 – 36.

Gruhn, W. (1995b): Maps and paths in music learning. Building up mental representations: a connectionist approach, in: *Bulletin of the Council for Research in Music Education*, 127, Winter 1995/96, S. 88 – 98.

Gruhn, W. (1995c): Wie Kinder Musik lernen, in: *Musik und Unterricht*, H. 31, S. 4 – 15.

Gruhn, W. (1995d): Hören und Verstehen, in: *Kompendium der Musikpädagogik*, hg. von S. Helms, R. Schneider & R. Weber, S. 196 – 222, Kassel: Bosse.

Gruhn, W. (1996): Das Bild der Musik im Kopf. Musikverarbeitung in der Darstellung kortikaler Aktivierungspotentiale (zus. mit E. Altenmüller), in: H. Gembris, R.-D. Kraemer, G. Maas (Hrsg.): *Musikpädagogische Forschungsberichte 1995* (S. 11 – 40), Augsburg: Wissner.

Gruhn, W. (1997a): Music learning. Neurobiological foundations and educational implications, in: *Research Studies in Music Education*, Sydney Australia, Nr. 9, S. 36 – 47.

Gruhn, W. (1997b): Die Wahrnehmung zeitlicher Strukturen bei Laien und Musikern, in: H Schneider (Hrsg.): *Aspekte der Zeit in der Musik* (S. 334 – 351), Hildesheim: Olms.

Gruhn, W.; Altenmüller, E. & Parlitz, D. (1997): Neural representations of music evoked by verbally and musically based learning strategies, *Proceedings of the 3. ESCOM Conference Uppsala*, S. 669 – 674.

Gruhn, W. (1999): The Development of Mental Representations in Early Childhood. A longitudinal study on music learning, in: Suk Won Yi (Ed.): *Music, Mind, and Science* (S. 434 – 453), Seoul: Seoul National University Press.

Gruhn, W. (2002): Phases and stages in early music learning. A longitudinal study on the development of young children's musical potential, in: *Music Education Research* 4(1), S. 51 – 71.

Gruhn, W. (2003a): Neurodidaktik und die Lust am frühen Lernen. *Diskussion Musikpädagogik*, H. 18, S. 41 – 45.

Gruhn, W. (2003b): *Kinder brauchen Musik. Musikalität bei kleinen Kindern entfalten und fördern.* Weinheim: Beltz.

Gruhn, W. (2003c): *Lernziel Musik*, Hildesheim: Olms.

Gruhn, W., Kluth, C. & Galley, N. (2003): Do mental speed and music abilities interact? In G.Avanzini, C. Faienza et al. (Eds.): *The neurosciences and music*, S. 485 – 96, New York: Annals of the New York Academy of Sciences vol. 999.

Gruhn, W., Kiesewalter, J., Borth, F. & Jörger, C. (2005): What is "same" and "different" in pattern recognition of young children. *Abstracts of the 4th International Research in Music Conference*, Exeter, UK.

Gruhn, W. & Rauscher, F. H. (Eds.) (2007): *Neurosciences in music pedagogy.* New York: Nova Sciences.

Gruhn, W. (2008): Who can speak can sing. *ISME International Research Seminar*, Porto.

Gülke, P. (1979): Neue Beiträge zur Kenntnis des Sinfonikers Schubert. Die Fragmente D 615, D 708 A und D 936 A, in: H.-K. Metzger, R. Riehn (Hrsg.): *Musik-Konzepte Sonderband Franz Schubert* (S. 187 – 220), München: edition text + kritik.

Gülke, P. (1982): *Kommentar zur Partitur F. Schubert: Drei Sinfonische Fragmente*, Leipzig: Edition Peters.

Halpern, A. R. (1992): Musical aspects of auditory imagery, in: O. Reisberg (Ed.): *Auditory imagery* (S. 1 – 28), Hillsdale NJ: Law. Erlbaum Assoc. Publ.

Halpern, A. R. (2001): Cerebral Substrates of Musical Imagery, in: *Annals of the New York Academy of Sciences* vol. 930, S. 179 – 192.

Hammershoj, H. (1995): *Die musikalische Entwicklung des Kindes*, Weinheim, Basel: Beltz.

Handbook of Child Psychology (1983), ed. by P. H. Mussen. Vol. 3: Cognitive Development, ed. by John H. Flavell & E. M. Markman, New York: Wiley.

Handbook of Infant Development (1987), ed. by Joy O. Osofsky, New York: Wiley.

Handbook of Music Psychology (1996), ed. by D. Hodges, San Antonio: IMR Press.

Hargreaves, D. (1996): The development of artistic and musical competence, in: Deliège, Irene & J. Sloboda (Eds.): *Musical beginnings* (S. 145 – 170), Oxford: Oxford University Press.

Hebb, D. (1949): *The organization of behavior*, New York: Wiley.

Hentig, H. v. (1991): Musik wahrnehmen, in: *Musik und Unterricht* 2, H 7, S. 35 – 36.

Hentig, H. v. (1993): *Die Schule neu denken*, München: Hanser.

Herrmann, Ulrich (Hrsg.) (2006): *Neurodidaktik. Grundlagen und Vorschläge für gehirngerechtes Lehren und Lernen*. Weinheim: Beltz.

Hodges, D. A. (1996): Neuromusical research: A review of the literature, in: *Handbook of Music Psychology* (S. 197 – 284), San Antonio: IMR Press.

Hodges, D. A. (1997): What neuromusical research has to offer music education, in: *The Quarterly. Journal of Music Teaching and Learning* 7, Nr. 2-4, S. 36 – 48.

Howell, P., West, R. & Cross, I. (Eds.) (1991): *Representing musical structure*, London: Academic Press.

Hubbard, T. L. & Stoeckig, K. (1992): The representation of pitch in musical images, in: D. Reisberg (Ed.): *Musical imagery* (S. 199 – 235), Hillsdale: Lawrence Erlbaum Ass.

Hutchinson, S., Lee, L.H., Gaab, N., Schlaug, G. (2003): Cerebellar volume of musicians, in: *Cerebral Cortex* 13 (9), S. 943 – 949.

Hutchison, W. D., Davis, K. D., Lozano, A. M., Tasker, R. R. & Dostrovsky, J. O. (1999): Pain-related neurons in the human cingulate cortex, in: *Nature Neuroscience* 2(5), S. 403 – 405.

Hüther, G. (2002): *Bedienungsanleitung für ein menschliches Gehirn*, Göttingen: Vandenhoeck & Ruprecht.

Hüther, G. (2006): *Die Macht der inneren Bilder*. Göttingen: Vandenhoeck & Ruprecht.

Huttenlocher, P. R. & Dabholkar, A. S. (1997): Regional differences in synaptogenesis in human cerebral cortex, in: *The Journal of Comparative Neurology* 387(2), S. 167 – 178.

Intelligenz und Bewußtsein (1992), GEO Wissen, Nr. 3, 24.8.1992.

Iser, W. (1976): *Der Akt des Lesens. Theorie ästhetischer Wirkung*, München: Fink (1976) ³1990.

Jackendoff, R. (1992): *Languages of the mind. Essays on mental representation*, Cambridge MA: MIT Press.

Jacoby, H. (1921): Grundlagen einer schöpferischen Musikerziehung (5. 5. 1921), in: *Jenseits von 'Musikalisch' und 'Unmusikalisch'* (S. 10 – 27), Hamburg: Christians Verlag (1984) ²1995.

Jacoby, H. (1924): Voraussetzungen und Grundlagen einer lebendigen Musikkultur (Vortrag 1924), in: *Jenseits von 'musikalisch' und 'unmusikalisch'* (S. 29 – 73), Hamburg: Christians Verlag (1984) ²1995.

Jacoby, H. (1925): Die Befreiung der schöpferischen Kräfte dargestellt am Beispiel der Musik (15.8.1925), in: *Jenseits von 'Musikalisch' und 'Unmusikalisch'* (S. 75 – 85), Hamburg: Christians Verlag (1984) ²1995.

Jaques-Dalcroze, E. (1921): *Rhythmus, Musik und Erziehung* (Basel 1921), Göttingen/Wolfenbüttel: Kallmeyer 1977.

Jarvis, E. D. (2004): Learned birdsong and the neurobiology of human language. In *Annals of the New York Academy of Sciences, 1016*, S. 749 – 777.

Jausovec, N. & Habe, K. (2003): The "Mozart Effect": An encephalographic analysis employing the methods of induced event-related desynchronization/synchronization and event-related coherence, in: *Brain Topography*, 16, 2, S. 73 – 84.

Jauß, H.-R. (1982, ²1984): *Ästhetische Erfahrung und literarische Hermeneutik*, Frankfurt: Suhrkamp.

Johnson, J. K. & Ulatowska, H. (1995): The nature of the tune and text of the production of songs, in: *Music Medicine* 2, St. Louis: MMB Music.

Johnson, J. K., Petsche, H., Richter, P. et al. (1996): The dependence of coherence estimates of spontaneous EEG on gender and music training, in: *Music Perception* 13. 1996, S. 563 – 581.

Jourdain, R. (2001): *Das wohltemperierte Gehirn: wie Musik im Kopf entsteht und wirkt.* Heidelberg, Berlin: Spektrum Akademischer Verlag.

Kandel, E. R., Schwartz, J. H. & Jessell, T. M. (Hrsg.) (1996): *Neurowissenschaften. Eine Einführung*, Heidelberg: Spektrum Akademischer Verlag.

Karnath, H.-O., Thier, P. (Hrsg.) (2006): *Neuropsychologie*. 2. Aufl., Heidelberg: Springer.

Kempermann, G., Kuhn, H. G. & Gage, F. H. (1997): More hippocampal neurons in adult mice living in an enriched environment, in: *Nature* 386, S. 493 – 495.

Kleinen, G. (1994): *Die psychologische Wirklichkeit der Musik*, Kassel: Bosse (Perspektiven zu Musikpädagogik und Musikwissenschaft, Bd. 21).

Klöppel, R. (1993): *Die Kunst des Musizierens. Von den physiologischen und psychologischen Grundlagen zur Praxis*, Mainz: Schott.

Klöppel, R. (1996): *Mentales Training für Musiker*, Kassel: Bosse.

Kolb, B. & Whishaw, I. Q. (1996): *Neuropsychologie*, Heidelberg: Spektrum Akademischer Verlag.

Kölsch, S. (2005): Neural substrates of processing syntax and semantics in music, *Current Opinion in Neurobiology*, 15, S. 1 – 6.

Kölsch, S., Mäss, B., Gunter, T., Friederici, A. (2001): Neapolitan chords activate the area of broca, in: *Annals of the New York Academy of Sciences*, vol. 930, S. 420 – 421.

Kölsch, S. & Mulder, J. (2002): Electric brain responses to inappropriate harmonies during listening to expressive music, in: *Clinical Neurophysiology* 113, Nr. 6, S. 862 – 869.

Kölsch, S. & Siebel, W. A. (2005): Towards a neural basis of music perception, *Trends in Cognitive Sciences* 9(12), S. 578 – 584.

Konecni, V. (1984): Elusive Effects of Artist's "Message", in: W R. Crozier & A. J. Chapman (Eds.): *Cognitive processes in the perception of art*, S. 71 – 93, North-Holland.

Kosslyn, S. M. (1994): *Image and brain. The resolution of the imagery debate*, Cambridge MA: MIT Press.

Krumhansl, C. (1990): *Cognitive foundations of musical pitch*, New York, Oxford: Oxford University Press.

Lashley, K. S. (1950): In search of the engram, in: *Symposia of the Society for Experimental Biology* 4, S. 454 – 482.

Lehmann, A. C., Sloboda, J. A. & Woody, R. H. (2007): *Psychology for musicians*. Oxford: Oxford University Press.

Leimbrink, K. (i.Vorb.): *Die Entwicklung der präverbalen Interaktion. Eine Verhaltensbeobachtungsstudie an vier Säuglingen*. Diss phil. Universität Dortmund.

Leng, X. & Shaw, G. L. (1991): Toward a neural theory of higher brain functions using music as a window, in: *Concepts of Neurosciences* 2, S. 229 – 258.

Lerdahl, F. & Jackendoff, R. (1993): *A generative theory of tonal music*, Cambridge MA: MIT Press.

Levitin, D. J. (1994): Absolute memory for musical pitch: Evidence from the production of learned melodies, in: *Perception and Psychophysics*, 56, S. 414 – 423.

Levitin, D. J. (2007): *This is your brain on music*. New York: Plume Book.

Liebert, G. (2001): *Auswirkungen musikalischen Kurzzeitlernens auf kortikale Aktivierungsmuster*, Diss. med., Medizinische Hochschule Hannover.

Lindsay, P. H. & Norman, D. A. (1981): *Einführung in die Psychologie. Informationsaufnahme und -verarbeitung beim Menschen* (*Human Information Processing*, 1977), Berlin, Heidelberg: Springer.

Longuet-Higgins, C. (1987): *Mental processes*, Cambridge MA: MIT Press.

Lotze, M., Scheler, G., Tan, H.-R. M., Braun, C. & Birbaumer, N. (2003): The musician's brain: functional imaging of amateurs and professionals during performance and imagery, in: *Neuroimage* 20, S. 1817 – 1829.

Lurija, A. R. (1970): *Die höheren kortikalen Funktionen des Menschen und ihre Störungen bei örtlichen Hirnschädigungen*, Berlin: Deutscher Verlag des Wissens.

Lurija, A. R. (1992): *Das Gehirn in Aktion. Eine Einführung in die Neuropsychologie*, Hamburg: rororo.

Mahlert, U. (Hrsg.) (2006): *Handbuch Üben*. Wiesbaden: Breitkopf & Härtel.

Markowitsch, H. J. (1992): *Neuropsychologie des Gedächtnisses*, Göttingen: Hogrefe.
Markowitsch, H. J. (2005): *Dem Gedächtnis auf der Spur*, 2. Aufl. Darmstadt: Primus.
Martinez, J. L. & Kesner, R. P. (Ed.) (1986): *Learning and memory. A biological view*, San Diego: Academic Press.
Maturana, H. R. & Varela, F. J. (1987): *Der Baum der Erkenntnis. Die biologischen Wurzeln des menschlichen Erkennens*, Bern: Scherz.
Maturana, H. R. (1982): *Erkennen: Die Organisation und Verkörperung von Wirklichkeit. Ausgewählte Arbeiten zur biologischen Epistemologie*, Braunschweig: Vieweg.
Mauser, S. (Hrsg.) (1993): *Kunst verstehen – Musik verstehen*, Laaber: Laaber.
McAdams, S. & Bigand, E. (Eds.) (1993): *Thinking in sound. The cognitive psychology of human audition*, Oxford: Clarendon Press.
McGaugh, J., Weinberger, N. & Lynch, G. (Eds.) (1990): *Brain Organization and Memory*, New York & Oxford: Oxford Univ. Press.
McMullen, E. & Saffran, J. R. (2004): Music and language: a developmental comparison, in: *Music Perception* 21(3), S. 289 – 311.
McPherson, G. (1995): The assessment of musical performance: development and validation of five new measures, in: *Psychology of Music* 23. 1995, S. 142 – 161.
McPherson, G. (1996): Five aspects of musical performance and their correlates, in: *Bulletin of the Council of Research in Music Education*, 127, S. 115 – 121.
McPherson, G. (1997): Entwicklung und Ausbildung des musikalischen Vortrags, in: *Musik und Unterricht* 8, H. 45, S. 47 – 50.
McPherson, G. (1999): Factors and abilities influencing the development of musical performance, in: *Musikpsychologie. Jb. der Dt. Ges. für Musikpsychologie*, Bd. 14 (S. 87 – 101), Göttingen: Hogrefe.
McPherson, G. (2005): From child to musician: skill development during the beginning stages of learning an instrument, in: *Psychology of Music*, 33(1), S. 5 – 35.
McPherson, G. (Ed.) (2006). *The child as musician. A handbook of musical development*. Oxford: Oxford University Press.

Mechsner, F. (1992): Konnektionismus. Wo das Chaos sinnvoll waltet, in: *Intelligenz + Bewußtsein*. Geo-Wissen, Nr. 3, 24.8.1992, S. 122 – 129.

Meltzoff, A.N. & Decety, J. (2003): What imitation tells us about social cognition: a rapprochement between developmental psychology and cognitive neuroscience. *Philosophical Transactions of the Royal Society of London, Series B, Biological Sciences* 1431, S. 491 – 500.

Merker, B. (2000): Synchronous chorusing and human origins. In: Wallin, N., Merker, B. & Brown, S. (Eds.). *The origins of music* (S. 315 – 327), Cambridge MA: MIT Press.

Miller, G. (2008). Mirror neurons may help songbirds stay in tune, in: *Science* 319, Nr. 5861, S. 269.

Milz, I. (1982): *Teilleistungsschwächen bei Kindern*, Frankfurt: List.

Minsky, M. (1981): Music, mind and meaning, in: *Computer Music Journal* 5(3), S. 28 – 44.

Molino, J. (2000): Toward an evolutionary theory of music and language. In N. Wallin, B. Merker, & S. Brown (Eds.). *The origins of music* (S. 165 – 176), Cambridge MA: MIT Press.

Monyer, H. & Markram, H. (2004): Interneuron diversity series. Molecular and genetic tools to study GABA-ergic interneuron diversity and function. In: *Trends in Neuroscience*, 27(2), S. 90 – 97.

Mühlhauser, M. (2001): *Musikrezeption bei sieben- bis achtjährigen Kindern: eine quantitative EEG-Analyse*, Diss. Universität Freiburg.

Münte, T. F., Altenmüller, E. & Jäncke, L. (2002): The musician's brain as a model of neuroplasticity, in: *Neuroscience* 3, S. 1 – 6.

Nauck-Börner, C. (1988): Strukturen des musikalischen Gedächtnisses. Anmerkungen zu formalen Modellen der Repräsentation, in: *Musikpsychologie. Jahrbuch der Deutschen Gesellschaft für Musikpsychologie* Bd. 5 (S. 55 – 66), Wilhelmshaven: Noetzel.

Nebel, S. (1993): *Aufbau und Veränderung mentaler Repräsentationen von Musikstücken bei Kindern*, Wissenschaftliche Hausarbeit Musikhochschule Freiburg.

Neely, L. (2007): *Musical ConverSings with children*. New York: Nova Sciences.

Ojemann, G. A. (1983): Electrical stimulation and the neurobiology of language, in: *Behavioral and Brain Science* 6, S. 221 – 226.

Oldfield, C. (1971): The assessment and analysis of handedness: the Edinburgh inventory, in: *Neuropsychologia* 9, S. 97 –113.

O'Neill, S. A. & McPherson, G. (2002): Motivation, in: R. Parncutt & G. McPherson (Eds.): *The science and psychology of music performance*, S. 31 – 46, Oxford: Oxford Univ.Press.

Pantev, C., Oostenveld, R., Engelien, A., Ross, B., Roberts, L. E. & Hoke, M. (1998): Increased auditory cortical representation in musicians, in: *Nature*, 392, S. 811 – 814.

Pantev, C., Ross, B., Fujioka, T., Trainor, L.J., Schulte, M., Schulz, M. (2003): Music and learning-induced cortical plasticity, in: *Annals of the New York Academy of Sciences*, vol. 999, S. 438 – 450.

Pascual-Leone, A., Dang, N., Cohen, L. G. et al. (1995): Modulation of muscle responses evoked by transcranial magnetic stimulation during the acquisition of fine motor skills, in: *Journal of Neurophysiology* 74(3), S. 1037 – 1045.

Patel, A. (2008): *Music, language, and the brain*. New York: Oxford University Press.

Paynter, J. (1972): *Klang und Ausdruck* (*Sound and silence*, 1970), Wien: UE Edition.

Peery, J. C., Weiss Peery, I. & Draper, T. W. (Eds.) (1987): *Music and child development*, New York: Springer.

Penfield, W & Jasper, H. (1954): *Epilepsy and the functional anatomy of the human brain*, Boston: Little, Brown.

Penfield, W. & Roberts, L. (1959): *Speech and brain mechanisms*, Princeton: Princeton University Press.

Peretz, I. & Zatorre, R. (Eds.) (2003): *The cognitive neuroscience of music*. Oxford: Oxford University Press.

Petsche, H. (1997): Musikalität im Blickwinkel der Hirnforschung, in: J. Scheidegger & H. Eiholzer (Hrsg.): *Persönlichkeitsentfaltung durch Musikerziehung* (S. 81 – 96), Aarau: Edition Nepomuk.

Petsche, H. (Hrsg.) (1989): *Musik, Gehrin, Spiel*. Beiträge zum 4. H. v. Karajan-Symposion Wien 1988, Basel: Birkhäuser.

Petsche, H., Richter, P., Stein, A. v. et al. (1993): EEG coherence and musical thinking, in: *Music Perception* 11, S. 117 – 152.

Pfordresher, P. Q. & Brown, S. (2007): Poor-pitching singing in the absence of "tone deafness", in: Music perception 25 (2), S. 95 – 115.

Piaget, J. (1946): *Le developpement de la notion de temps*, Paris: Presses Universitaires de France.

Piaget, J. (1955): *Die Bildung des Zeitbegriffs beim Kinde* (*La Genese du Temps chez l'Enfant*), Zürich: Rascher; TB-Ausgabe Fankfurt: Suhrkamp 1974.

Pinker, S. (1996): *Der Sprachinstinkt* (*The language instinct*, 1994), München: Kindler.

Pinker, S. (1997): *How the mind works*, New York, London: W.W.Norton & Comp.

Pöppel, E. (Hrsg.) (1989): *Gehirn und Bewußtsein*, Weinheim: VCH.

Posner, M. (Ed.) (1989): *Foundations of cognitive science*, Cambridge MA: MIT Press.

Posner, M., Petersen, S. E., Fox, P. & Raichle, M. E. (1988): Localization of cognitive operations in the human brain, in: *Science* 240, S. 1627 – 1630.

Pouthas, V. (1985): Timing behaviour in young children: a developmental approach to conditioned spaced responding, in: J. Michon & J. Jackson (Eds.): *Time, Mind and Behaviour* (S. 100 – 109), Heidelberg: Springer.

Pouthas, V. (1996): The Development of the Perception of Time and Temporal Regulation of Action in Infants and Children, in: Deliège, Irene & J. Sloboda (Eds.): *Musical Beginnings* (S. 115 – 141), Oxford: Oxford University Press.

Prather, J. F., Peters, S., Nowicki, S. & Mooney, R. (2008): Precise auditory-vocal mirroring in neurons for learned vocal communications, in: *Nature* 451, S. 305 – 310.

Preiss, G. (Hrsg.) (1998): *Neurodidaktik. Theoretische und praktische Beiträge*, Herbolzheim: Centaurus.

Rabinowitz, P. J. (1992): Chord and discourse: listening through the written word, in: St. P. Scher (Ed.): *Music and Text: critical inquiries* (S. 38 – 56), Cambridge: Cambridge University Press.

Ratey, John J. (2004): *Das menschliche Gehirn. Eine Gebrauchsanweisung*. München: Piper.

Rauscher, F. H., Shaw, G. L. et al. (1997): Music training causes long-term enhancement of preschool children's spatial-temporal reasoning, in: *Neurological Research* 19, S. 2 – 8.

Rauscher, F. H., Shaw, G. L. & Ky, K. N. (1993): Music and spatial task performance, in: *Nature* 365, S. 611.

Rauscher, F. H., Shaw, G. L. & Ky, K. N. (1995): Listening to Mozart enhances spatial-temporal reasoning: Towards a neurophysiological basis, in: *Neuroscience Letters* 185. 1995, S.44 – 47.

Reinecke, H.-P. (1964): *Experimentelle Beiträge zur Psychologie des musikalischen Hörens*, Hamburg: Sikorski.

Reisberg, D. (Ed.) (1992): *Auditory imagery*, Hillsdale NJ: Lawrence Erlbaum Publ.

Révész, G. (1946): *Einführung in die Musikpsychologie*, Bern: Francke.

Richter, Christoph (1991): Erleben und verstehen, was Hören ist, in: *Musik und Unterricht*, H. 7, S. 39 – 44.

Rizzolatti, G., Fadiga, L., Gallese, V. & Fogassi, L. (1996): Premotor cortex and the recognition of motor actions, in: *Brain Research. Cognitive Brain Research* 3(2), S. 131 – 141.

Rock, I. (1985): *Wahrnehmung. Vom visuellen Reiz zum Sehen und Erkennen (Perception, 1984)*, Heidelberg: Spektrum Akademischer Verlag.

Roederer, J. G. (1993): *Physikalische und psychoakustische Grundlagen der Musik*, Berlin, Heidelberg: Springer.

Rosenfield, I. (1988): *The invention of memory*, New York: Basic Books.

Ross, D. A., Olson, I. R., Marks, L. E. & Gore, J. C. (2004): A nonmusical paradigm for identifying absolute pitch processors, in: *Journal of the Acoustical Society of America* 116(3), S. 1793 – 1799.

Roth, G. (1991): Neuronale Grundlagen des Lernens und des Gedächtnisses, in: S. J. Schmidt (Hrsg.): *Gedächtnis* (S. 127 – 158), Frankfurt: Suhrkamp.

Roth, G. (1994): *Das Gehirn und seine Wirklichkeit*, Frankfurt: Suhrkamp.

Roth, G. (2001): *Fühlen, Denken, Handeln. Wie das Gehirn unser Verhalten steuert*. Frankfurt a. Main: Suhrkamp.

Rötter, G. (1991): Zeitwahrnehmung beim Lesen von Musik, in: W Gruhn (Hrsg.): *Wahrnehmen, Lernen, Verstehen* (S. 53 – 62), Regensburg: Bosse (Hochschuldokumentationen zu Musikwissenschaft und Musikpädagogik Musikhochschule Freiburg, Bd. 4).

Rötter, G. (1995): Ist die Tempogenauigkeit von Musikern altersabhängig? in: *Musikpädagogische Forschungsberichte 1994*, S. 87 – 97, Augsburg: Wißner.

Rötter, G. (1997): *Musik und Zeit. Kognitive Reflexion versus rhythmische Interpretation*, Frankfurt: Peter Lang.

Rumpf, H. (1980): Schulen der Körperlosigkeit, in: *Neue Sammlung* 20. 1980, H. 5, S. 452 – 463

Sacks, O. (2007): *Musicophilia. Tales of music and the brain.* New York: Alfred A. Knopf.

Schermer, F. J. (1991): *Lernen und Gedächtnis*, Stuttgart: Kohlhammer (Grundriß der Psychologie, Bd. 10).

Schlaug, G., Jäncke, L., Huang, Y. et al. (1995a): Increased corpus callosum size in musicians, in: *Neuropsychologia* 33(8), S. 1047 – 1055.

Schlaug, G., Jäncke, L., Huang, Y. & Steinmetz, H. (1995b): In vivo evidence of structural brain asymmetry in musicians, in: *Science* 267, S. 699 – 701

Schlaug, G. (2001): The brain of musicians. A model for functional and structural adaptation, in: *Annals of the New York Academy of Sciences*, vol. 930, S. 281 – 299.

Schmidt, S. J. (Hrsg.) (1991): *Gedächtnis. Probleme und Perspektiven der interdisziplinären Gedächtnisforschung*, Frankfurt: Suhrkamp.

Schmidt, S. J. (Hrsg.) (1987): *Der Diskurs des Radikalen Konstruktivismus*, Frankfurt am Main: Suhrkamp.

Schneider, R. (1980): *Semiotik der Musik*, München: Fink.

Schumacher, R. (Hrsg.) (2006): *Macht Mozart schlau? Die Förderung kognitiver Kompetenzen durch Musik.* Berlin: Bundesministerium für Bildung und Forschung. (Bildungsforschung, Bd. 18).

Seifert, U. (1993): *Systematische Musiktheorie und Kognitionswissenschaft. Zur Grundlegung der kognitiven Musikwissenschaft*, Bonn: Verlag für Systematische Musikwissenschaft.

Sergeant, D. (1969): Experimental investigation of absolute pitch, in: *Journal of Research in Music Education*, 17, S. 135 – 143.

Shepard, R. N. (1964): Circularity in judgements of relative pitch, in: *Journal of the Acoustical Society of America* 36, S. 2346 – 2353.
Sigel, I. E. (Ed.) (1999): *Development of mental representation*, Mahwah N.J.: Lawrence Erlbaum Ass.
Singer, W. (2002): *Der Beobachter im Gehirn. Essays zur Hirnforschung.* Frankfurt a. Main: Suhrkamp.
Sloboda, J. (Ed.) (1988): *Generative processes in music.* Oxford: Oxford Univ. Press.
Smith, A. (1973): Feasibility of tracking musical form as a cognitive listening objective, in: *Journal of Research in Music Education* 21, S. 200 – 213
Spitzer, M. (1996): *Geist im Netz. Modelle für Lernen, Denken und Handeln*, Heidelberg: Spektrum Akademischer Verlag.
Spitzer, M. (2002a): *Musik im Kopf. Hören, Musizieren, Verstehen und Erleben im neuronalen Netzwerk*, Stuttgart: Schattauer.
Spitzer, M. (2002b): *Lernen. Gehirnforschung und die Schule des Lebens.* Heidelberg: Spektrum Akademischer Verlag.
Spitzer, M. (2003): *Nervensachen.* Stuttgart: Schattauer.
Spychiger, M. (1995): *Mehr Musikunterricht an den öffentlichen Schulen?* Hamburg: Verlag Kovač.
Stern, E., Grabner, R. & Schumacher, R. (2005): *Lehr-Lern-Forschung und Neurowissenschaften: Erwartungen, Befunde und Forschungsperspektiven.* Berlin: Bundesministerium für Bildung und Forschung (Bildungsreform, Bd. 13).
Stoffer, T. H. (1981): *Wahrnehmung und Repräsentation musikalischer Strukturen. Funktionale und strukturelle Aspekte eines kognitiven Modells des Musikhörens*, Diss. phil. Bochum.
Thompson, W. F., Schellenberg, E. G., & Husain, G. (2001): Arousal, mood, and the Mozart effect, in: *Psychological Science*, 12, S. 248 – 251.
Todd, P. & Loy, D. G. (Eds.) (1991): *Music and connectionism*, Cambridge MA: MIT Press.
Trainor, L. J., Tsang, C. D. & Cheung, V. H. W. (2002): Preference for sensory consonance in 2- and 4-month-old infants, in: *Music Perception*, 20, S. 187 – 194.
Trainor, J.L., Shahin, A., Roberts, L.E. (2003): Effects of musical training on the auditory cortex in children, in: *Annals of the New York Academy of Sciences*, vol. 999, S. 506 – 513.

Trehub, S. E. (1987): Infants' perception of musical patterns, in: *Perception and Psychophysics* 41, S. 635 – 641.

Trehub, S. E. (1990): The perception of musical patterns by human infants, in: *Comparative Perception, Vol. 1. Basic Mechanisms*, New York: Wiley, S. 429 – 459.

Turella, L., Pierno, A. C., Tubaldi, F. & Castiello, U. (2007): Mirror neurons in humans: consisting or confounding evidence?, in: *Brain and Language* (epub. Dec. 2007).

Tye, M. (1991): *The imagery debate*, Cambridge MA: The MIT Press.

Upitis, R. (1987): Children's Understanding of Rhythm: The Relationship between Development and Music Training, in: *Psychomusicology* 7, S. 41 – 60.

Vanecek, E. (2003): *Musik als Suchtprävention. Auswirkung vermehrter musikalischer Aktivitäten auf Persönlichkeit und Lebenskompetenz bei Kindern und Jugendlichen.* Wien: Europäische Kulturinitiative für die junge Generation (Mskr.).

Vaughn, K. (2000): Music and Mathematics: Modest support for the oft-claimed relationship, in: *The Journal of Aesthetic Education*, 34, 3-4, S. 149 – 166.

Vogt, S., Buccino, G., Wohlschläger, A. M., Canessa, N., Shah, N. J., Zilles, K., Eickhoff, S. B., Freund, H.-J., Rizzolatti, G. & Fink, G. R. (2007): Prefrontal involvement in imitation learning of hand actions: effects of practice and expertise, in: *Neuroimage* 37(4), S. 1371 – 1383.

Walker, R. (1981): The presence of internalized images of musical sounds and their relevance to music education, in: *Bulletin of the Council for Research in Music Education*, 66-67, S. 107 – 111.

Walker, R. (1992): Auditory-visual perception and musical behavior, in: R. Colwell (Ed.): *Handbook of Research on Music Teaching and Learning*, New York: Schirmer, S. 344 – 359.

Wallin, N. L. (1991): *Biomusicology. Neurophysiological, neuropsychological, and evolutionary perspectives on the origins and purposes of music*, Stuyvesant: Pendragon Press.

Wellek, A. (1963): *Musikpsychologie und Musikästhetik*, Frankfurt: Akademische Verlagsgesellschaft.

Wilson, F. R. & Roehmann, R. L. (Eds.) (1990): *Music and child development*. Proceedings of the 1987 Denver Conference, St. Louis: MMB Music Inc.

Winkler, C. (2002): *Die Kunst der Stunde – Aktionsräume für Musik. Ein Modell zur Vermittlung von Musik aus systemisch-konstruktivistischer Sicht*, Augsburg: Wißner.
Wittgenstein, L. (1959): *Tractatus logico-philosophicus*, Oxford: Basil Blackwell.
Zatorre, R. J. (1984): Musical Perception and Cerebral Function: A Critical Review, in: *Music Perception* 2, S. 196 – 221.
Zatorre, R. J. (2003): Absolute pitch: a model for understanding the influence of genes and development on neural and cognitive functions, in: *Nature Neuroscience* 6(7), S. 692 – 695.
Zatorre, R. J. (Ed.) (2001): The biological foundations of music. New York: *Annals of the New York Academy of Sciences* vol. 230.
Zatorre, R. J., Halpern, A., Perry, D. et. al. (1996): Hearing in the mind's ear: A PET investigation of musical imagery and perception, in: *Journal of Cognitive Neuroscience*, 8(1), S. 29 – 46.
Zeigler, H. P. & Marler, P. (Eds.) (2004): *Behavioral neurobiology of birdsong*. New York: Annals of the New York Academy of Sciences, vol. 1016.

Abbildungsverzeichnis und Nachweis

Abb. 1.1 Schematischer Verlauf der Hörbahn, aus: Birbaumer, N. & Schmidt, R. F.: Biologische Psychologie, Heidelberg 1996, S. 422

Abb. 1.2 Lateralisation der musikalischen und sprachlichen Verarbeitung, aus: Altenmüller, E.: Musik und Gehirn: Zur Physiologie der zerebralen Musikverarbeitung. Vortragsmskr. Tübingen 1996, Abb. 3

Abb. 1.3 Das Tritonus-Paradox. Nach Deutsch, D.: Paradoxes of Musical Pitch, aus: Scientific American, September 1992, S. 136 (dt.: Spektrum der Wissenschaft, Oktober 1992)

Abb. 1.4 Kanizsa Dreieck, aus: Frisby, J. P.: Optische Täuschungen, Weltbildverlag 1987, S. 132

Abb. 1.5 Dalmatiner, aus: Frisby, J. P.: Optische Täuschungen, Weltbildverlag 1987, S. 22

Abb. 1.6 Keilschrifttafeln, aus: Linsay, P. H. & Norman, D. A.: Human Information Processing, 1977

Abb. 1.7 Schematische Darstellung der Determinationsprozesse bei der Wahrnehmung, © W. Gruhn

Abb. 1.8 Schematisches Netz des Klanges „Tritonus", © W. Gruhn

Abb. 2.1 Text-Ebenen, © Gruhn

Abb. 2.2 Topographie eines Wahrnehmungsnetzes, © W. Gruhn

Abb. 2.3 Maps zweier Hör-Texte, © W. Gruhn

Abb. 2.4 Cluster C1, © W. Gruhn

Abb. 2.5 Cluster C2, © W. Gruhn

Abb. 2.6 Cluster C4, © W. Gruhn

Abb. 3.1 Netzwerk aus Neuronen im Gehirn in einer Darstellung von Tomo Narashima, aus: Gehirn und Bewusstsein, 1994, S. 134

Abb. 3.2 Die Schichtung des Cortex, aus: Spitzer, M.: Geist im Netz, Modelle für Lernen, Denken und Handeln, Heidelberg 1996, S. 98. Die Abbildung aus der Arbeit von Rose (1935) im ersten Band des Bumkeschen Handbuchs der Neurologie geht auf O. Vogt und K. Brodmann zurück.

Abb. 3.3 Laterale und mediale Darstellung der Windungen und Furchen, aus: Kolb, B. & Wishaw, I. Q.: Neuropsychologie, Heidelberg 1996, Spektrum Akademischer Verlag, S. 44

Abb. 3.4   Historische Entwicklung der Phrenologie. Leonardo da Vinci: Kunstsammlung zu Weimar. Graphische Sammlung; Thomas Druck Leipzig. Spurzheimer und Kernspintomographie, aus: Kandel, Schwartz, Jessell (Hrsg.): Neurowissenschaften, Heidelberg 1995, Spektrum Akademischer Verlag, S. 8f.
Abb. 3.5   Homunculus, aus: Gehirn und Bewusstsein, Heidelberg 1994, Spektrum Akademischer Verlag, S. 175
Abb. 3.6   Entwicklung neuronaler Verbindungen während des ersten Jahrs nach der Geburt, from: Postnatal development of the cerebral Cortex by Jessey LeRoy. Conel. Copyright © 1939-1967 by the President and Fellows of Harvard College. Reprinted by permission of Harvard University Press
Abb. 3.7-1   Plastische Veränderung der Areale im motorischen Cortex, aus: Pascual-Leone, A. et al.: Journal of Neurophysiology, vol. 74, No. 3, Sept. 1995, Fig. 6, S. 1041
Abb. 3.7-2   Untersuchung von Streichern und Kontroll-Personen, in: Elbert et al.: Increased cortical representation, in: Science 270, 1995, S. 305
Abb. 3.8   Schematische Darstellung einer EEG-Ableitung, © Altenmüller
Abb. 3.9   Die Leistungsänderungen der drei Gruppen im Langzeitvergleich, © W. Gruhn
Abb. 3.10   Verhältnis der Leistungszunahme, © W. Gruhn
Abb. 3.11   Übersicht über die corticalen Aktivierungsmuster in den verschiedenen Lerngruppen (Messungen E. Altenmüller, Herstellung der Kopfdiagramme D. Parlitz)
Abb. 4.1   Early Right Anterior Negativity, aus: Kölsch & Siebel: Towards a neural basis of Music perception, in: Trends in Cognitive Sciences, 9 (12), 2005, S. 580
Abb. 4.2   Verarbeitungsareale, aus: Gehirn und Geist (1) 2002, S. 22f.
Abb. 4.3   Aufsummierte Werte aller Einzelversuche über die Elektroden für alle Versuchspersonen, © Altenmüller
Abb. 5.1   Montessori Glocken, Foto: W. Gruhn
Abb. 5.2   Darstellung zweier Rhythmen, aus: Hargreaves, D.: The Development of Artistic and Musical Competence, in: Deliège, I. & Sloboda, J. (Eds.): Musical Beginnings, Oxford

	1966, Oxford University Press, S. 160. © Deliege, Sloboda; by permission of Oxford University Press
Abb. 5.3	Eleanors Natation, aus: Davidson, L. & Scripp, L.: Young children's musical representations, in: Sloboda, J. (Ed.): Generative Processes in Music, Oxford 1988, Oxford University Press, S. 207; by permission of Oxford University Press
Abb. 5.4	Emilys Notation, aus: Davidson, L. & Scripp, L.: Young children's musical representations, in: Sloboda, J. (Ed.): Generative Processes in Music. Oxford 1988, Oxford University Press, S. 205; by permission of Oxford University Press
Abb. 5.5	Ebenen der Rhythmus- und Tonhöhendarstellung im Lied „Row, row, row your boat", aus: Davidson, L. & Scripp, L.: Young children's musical representations, in: Sloboda, J. (Ed.): Generative Processes in Music. Oxford 1988, Oxford University Press, S. 213; by permission of Oxford University Press
Abb. 5.6	Typologie rhythmischer Notationsformen bei Kindern, aus: The Mind behind the Musical Ear by Bamberger J.: Cambridge MA, 1991, S. 46; Copyright © 1991 by the President and Fellows of Harvard College, reprinted by permission of Harvard University Press
Abb. 5.7	Typologie des Aufbaus mentaler Repräsentationsformen, aus: Upitis, R.: Children's Understanding of Rhythm: The Relationship between Development and Music Training, in: Psychomusicology (7) 1987, S. 50. Used with permission of Psychomusicology
Abb. 5.8	Janets Notation, aus: Davidson & Scripp, in: Colwell, R. (Ed.): Handbook of Research on Music Teaching and Learning, New York 1992, Schirmer Books, Macmillan, S. 399
Abb. 5.9	Ikonische und verbale Darstellungsformen bei unbekannten Musikausschnitten, aus: Gromko, J. E.: Invented iconographic and verbal representation of musical sound, in: The Quarterly 6 (1), 1995, S. 42
Abb. 5.10	Spektrogramm, aus: Kolb, B. & Whishaw I. Q.: Neuropsychologie. Heidelberg ²1996, Spektrum Akad. Verlag, S. 246. Orginaltitel: Fundamentals of Human Neuropsychology, 4th

	Edition, © 1996 by W. H. Freeman and Company. Used with permission
Abb. 5.11	Kindergruppe, Foto: W. Gruhn
Abb. 6.1	Zerebrale Struktur des Gedächtnissystems, aus: Gehirn und Bewußtsein, Heidelberg 1994, Spektrum Akademischer Verlag, S. 14
Abb. 6.2	Sergeant-Studie, aus: de la Motte Haber, H.: Handbuch der Musikpsychologie, Laaber 1985, S. 387
Abb. 7.1	Drei Nervenleitungen, aus: Jarvis, E. D.: Learned bird song, in: Annals of the New York Academy of Sciences 1016, 2004, S. 754
Abb. 7.2	Axialer Schnitt bei monotoner Vokalisation gegenüber Ruhe, aus: Brown, S. et al.: The song system of the human brain, in: Cognitive Brain Research (20) 2004, S. 366
Abb. 7.3	Stoffwechselaktivität einer Strauchratte, aus: Gehirn und Geist 2003, S. 53
Abb. 7.4	Flow-Erlebnis als Ergebnis der Balance zwischen Leistungsanspruch und Leistungsvermögen, nach: Csikszentmihalyi, M.: Das Flow-Erlebnis, Stuttgart 1985, S. 77, © W. Gruhn
Abb. 8.1	Verteilung des Lernpotentials, © W. Gruhn

Notenbeispiele

Notenbsp. 1.1	J.S. Bach: Brandenburgisches Konzert Nr. 3, G-Dur BWV 1048 (NBA Bärenreiter Verlag, Kassel, S. 15, 16)
Notenbsp. 1.2	Chromatische Illusion nach Diana Deutsch, Musical Illustrations and Paradoxes, Booklet CD, Philomel 1995, S. 9
Notenbsp. 1.3	Peter I. Tschaikowsky: Finale (Adagio lamentoso) der 6. Sinfonie „Pathétique", T.1 – 4 (Ed. Eulenburg 6737, London 1982)
Notenbsp. 2.1	Franz Schubert – Luciano Berio: Rendering, III. Satz (UE Wien 1989)

Personenregister

Aiello, R.   83
Aleman, A.   214
Alexander, F. M.   101
Altenmüller, E.   14, 16, 39, 70, 73, 78f., 92, 95, 186, 189, 214
Augustinus   209
Ayres, Ph.   100
Babler, R.   39
Bach, J. S.   18f., 83
Bamberger, J.   51f., 66-68, 83, 115, 119, 122, 125, 128-131, 133, 136
Bangert, M.   79, 214
Barnett, S. M.   94
Bastian, H. G.   94, 168
Bauer, J.   199
Behrmann, M.   81
Beisteiner, R.   14
Berio, L.   37f., 44
Bigand, E.   212
Binneberg, K.   13, 60, 15, 99, 112
Birbaumer, N.   13, 15, 60
Blakemore, S.-J.   190
Bock, J.   202f., 206
Braitenberg, V.   88
Braun, K.   202f., 206
Broca, P.   178f.
Brodsky, W.   212
Brown, S.   191, 194ff, 198
Bruer, J.   203, 205, 219
Buccino, G.   189, 198f.
Buck, G.   34
Cadenbach, R.   29
Calvin, W. H.   52, 65
Carpenter, G.   194
Caspary, R.   190
Catmur, C.   199
Ceci, S. J.   94
Chomsky, N.   83, 105

Chugani, H. T. 219
Cisek, P. 214
Colley, B. 140
Collins, J. W. 198
Colwell, R. 134ff., 138
Cook, N. 81, 83, 212
Crystal, H. 182
Csikszentmihalyi, M. 205
Cube, F. v. 206
Dahlhaus, C. 1
Danuser, H. 1, 34
Darwin, C. 190
Davidson, L. 83, 125ff., 134ff., 138, 140
Decety, J. 195
Deliège, I. 83f., 123
Deutsch, D. 18, 20, 21, 23
Donaldson, M. 106
Eccles, J. 55
Eco, U. 34f.
Edelman, G. M. 182f.
Eggebrecht, H. H. 1
Elbert, Th. 62f.
Elliott, D. 216
Elschenbroich, D. 218
Escher, M. C. 17
Falk, S. 39
Faltin, P. 1
Faßbender, Ch. 121
Feldenkrais, M. 101
Fitch, T. 189
Freudenthal. H. 99
Frith, U. 190
Gadamer, H. G. 34
Gallese, V. 198
Gardner, H. 99, 102f., 111, 119, 218, 222f.
Gauß, C.F. 219
Glass, Ph. 10
Golgi, C. 54

Gordon, E. 29, 86, 92, 107, 138f., 142, 144, 186, 218, 222
Grober, E. 182
Gromko, J. 136f.
Gruhn, W. 1, 8, 14, 39, 73, 141, 189f., 194, 197
Grünewald, M. 167
Gülke, P. 37
Habe, K. 96
Halpern, A. 81
Haydn, J. 84
Hebb, D. 39, 55, 87, 157, 183
Henik, A. 212
Hentig, H. v. 35, 140
Herrmann, U. 190, 200
Hornbostel, E. 21
Hubbard, T. L. 186
Hundertwasser, F. 41ff.
Husain, G. 94
Hutchinson, S. 62, 199
Hüther, G. 99, 189, 201f., 224
Iser, W. 29, 34
Jackendoff, R. 83f.
Jacoby, H. 142, 165
James, R. 26
Jaques-Dalcroze, E. 121, 160
Jarvis, E. D. 192f.
Jasper, H. 179
Jausovec, N. 96
Jauß, H. R. 34
Jessell, T. M. 57
Johnson, J. 17, 182
Kalaska, J. F. 214
Kandel, E. R. 57
Kempermann, G. 58
Klöppel, R. 214
Kodály, Z. 142
Kolb, B. 55f., 143, 179
Kölsch, S. 84f.
Konečni, V. 84

Krumhansl, C. 83
Krummacher, F. 1
Lashley, K. 179
Leimbrink, K. 195
Leng, X. 51
Leonardo da Vinci 57
Lerdahl, F. 83f.
Levitin, D. 187, 189
Liebert, G. 77
Lotze, M. 213, 215
Markram, H. 80
Marler, P. 192
Masur, D. 182
Maturana, H. 12
Mauser, S. 1
McAdams, S. 212
McPherson, G. 221
Merker, B. 196
Merzenich, M. M. 182
Meltzoff, A. N. 195
Miller, G. 199
Milz, I. 100
Molino, J. 191
Montessori, M. 67, 114f., 169
Monyer, H. 80
Motte-Haber, H. de la 188
Mozart, W. A. 10, 11, 94, 96, 138, 168, 214
Mulder, J. 84
Narashima, T. 53
Nebel, S. 47
Nissl, F. 54
Ojemann, G. 65
O'Neill, S. 221
Pantev, Ch. 64
Papoušek, M. 121
Parlitz, D. 78
Pärt, A. 35
Pascual-Leone, A. 62f., 214

Patel, A. 189f.
Paynter, J. 220
Peery, J. C. 83, 121
Penfield, W. 55, 179
Petsche, H. 17
Piaget, J. 66f., 121
Pinker, S. 105f.
Pöppel. E. 120
Pouthas, V. 121f.
Prather, J. F. 192
Preiss, G. 97, 190, 200
Pribram, K. 179
Rabinowitz, P. 35
Rasmussen, T. 55
Rauscher, F. 1, 8, 10f., 96, 189f.
Reinecke, H.-P. 18
Reisberg, D. 81, 186, 212
Rembrandt 41ff.
Richter, Ch. 37
Rizzolatti, G. 198
Roberts, L. 179
Roederer, J. G. 18
Rosenfield, I. 182f.
Ross, D. A. 187
Roth, G. 179f.
Rötter, G. 178
Rumpf, H. 166
Sacks, O. 189
Schellenberg, G. 94
Schlaug, G. 62, 79, 187
Schmidt, R. F. 13, 15, 60
Schmidt, S. J. 12, 119
Schneider, R. 9f.
Schubert, F. 37f., 44
Schwartz, J. H. 57
Scripp, L. 125ff., 134ff., 138
Sergeant, D. 187f.
Shaw, G. 51, 96

Shepard, R. 18
Siebel, W. A. 85
Singer, W. 61, 88
Sloboda, J. 83, 123, 126f.
Smith, A. 84
Spitzer, M. 1, 5, 54, 58, 99, 102, 180, 189f., 202, 221, 226
Spurzheim, J. C. 57
Stern, E. 190
Stoeckig, K. 186
Strawinsky, I. 83
Thompson, W. F. 94
Trainor, L. 80, 194
Tschaikowsky, P. I. 22, 24
Turella, L. 198
Ulatowska, H. 182
Upitis, R. 125, 131ff.
Vanecek, E. 94
Varela, F. 12
Vaughn, K. 94
Vogt, S. 189, 199
Walker, R. 133
Weigert, C. 54
Weiss Peery, I. 83, 121
Wellek, A. 21
Wernicke, C. 178f., 194
Whishaw, I. Q. 55f., 143, 179
Winkler, Ch. 12
Wittgenstein, L. 97
Zatorre, R. 187, 212f.
Zeigler, H. P. 19

Sachregister

Abbildung
   ikonische A. 125, 128, 136f.
   symbolische A. 125, 133, 136
absolutes Gehör 79, 186ff.
Abweichung 31, 176
Advanced Measures of Music Audiation (AMMA) 92
Aktivierungsmuster 14, 51, 65, 69, 73, 75, 77f.
Aktivierungspotentiale 81, 92
Aktstruktur 34
Alltagswissen 80
Alzheimer Erkrankung 182, 184
Amygdala 179f., 183
Architektur des Gehirns 52, 61, 189, 191
Areale
   frontale A. 55, 65, 71, 75, 77
   okzipitale A. 55, 75, 77
   parietale A. 55, 71, 77
   temporale A. 55, 65, 75, 77, 79f.
Audiation 29, 86ff., 91f., 94, 107, 144, 154ff., 160f., 165, 186, 210, 212, 213-217, 223
audio-vokales Lernen s. vokales Lernen
auditorischer Cortex 61, 64f., 75, 80
auditory imagery 81, 186, 212
Aufmerksamkeitsrichtung 9, 11, 22, 31
Ausdrucksintention 31
Autist, autistisch 199
Autopoiesie 12
Autor 35
Autorintention (*intentio auctoris*) 34
Axon 12, 52, 53, 55
Basalganglien 183, 193, 215
Bedeutung 12, 17, 22, 28f., 32-35, 47f., 50, 82f., 86f., 90f., 99, 103-107, 112, 116, 131, 134, 140-142, 144f., 150, 152-155, 157, 165, 167, 203, 207, 210ff., 215, 217, 224f.
Bedeutungskonstitution 33f.
Begabung 106, 133, 141, 169, 218, 220f., 225

Begabungsforschung 225
Begabungstest 219
Bewegungsvorstellung 214
Bewusstein 12, 17, 22, 25, 28, 29
Bewusstsein 52, 86, 90, 105f., 113, 115, 119, 120, 138, 140, 145, 155, 205, 210f., 217
bottom-up 202
brain based learning 190, 200
Brocasches Areal 178f., 194, 198
Brummer (*poor pitch singer*) 197
Cerebellum s. Kleinhirn
cerebrale Verarbeitung 29, 213
Cochlea 12 f., 15, 25, 29
Cochlea Implantat (*cochlear implant*) 64
cognitive map 48, 52, 108, 110
Corpus Callosum 55, 62
Cortex (Hirnrinde), cortical 51f., 54f., 58, 61f., 69, 72, 80f., 87f., 203, 142, 184, 186, 193, 198f., 202, 224, 226
    auditorischer C. 13, 65, 87, 91f., 186
    frontaler C. 219
    motorischer C. 58, 61-63, 80
    somato-sensorischer C. 61f., 80
    temporaler C.(Temporallappen) 179f., 187
    visueller C. 25
Dendrit 52f., 55, 69
Denken, musikalisches 155
developmental aptitude 218f.
discrimination learning 158, 217
dorsal 12f.
Early Right Anterior Negativity (ERAN) 84f.
Elektroenzephalogramm (EEG) 17, 69-71, 75, 77f.
Emotion 10
Entwicklungspsychologie 209, 221
Erfahrung 12, 14, 17f., 25, 28f., 31, 34, 36, 39, 44f., 48, 81f., 101f., 105f., 109f., 112f., 119-121, 128f., 133f., 141f., 146, 168, 174, 201f., 206f., 210f., 215-218, 224-226
    kinästhetische 107
Erkennen von etwas als etwas 109, 146, 210

Erkenntnistheorie, erkenntnistheoretisch 12
Erkennungsschablone 25
Erregung (*arousal*) 87f., 96f.
Erzählstruktur 37
Erziehungswissenschaft, erziehungswissenschaftlich 222
Evolution 195
Face motor cortex (FMC) 193
Fernseherfahrung 102
Fernsehkonsum 102
Flow 205f.
formale Operation 118, 157
Formantspektrum 18
formelle Unterweisung 140, 163
Gedächtnis 10, 64f., 88, 91, 96, 177-180, 182f., 185-187, 198f., 213f., 216, 226
   akustisches G. 213
   kulturelles G. 31
   motorisches G. 185
   prozedurales G. 185
Gedächtnisausfall 180, 182
Gedächtnisforschung 177
Gedächtnisinhalt 177-180, 183, 185, 213
Gedächtnisleistung 180
Gehalt 33, 88, 91
Gehirn 39, 52f., 55-59, 61, 64, 65, 68f., 79f., 100, 102, 110f., 119, 141, 177-179, 183
Gehörbildung (*ear-training*) 82
generative Grammatik 83
generative Theorie 83
Generative Theory of Tonal Music (GTTM) 83
genetisch 58, 61
Gesang 190f., 195f., 199
Geschmacksurteil 44, 48f.
Glukose-Stoffwechsel 219
Grundfrequenz 18
Handlungskompetenz 216f.
Handlungslernen 198
Handlungswissen 65, 72

Helligkeit 21
Hemisphäre 13f., 17, 55, 62, 71f., 75, 78, 225
Hemisphärendominanz 17
Hermeneutik 34
Heterophonie, heterophonisch 195, 197
Hippocampus 58, 179f.
Hirnaktivität 68f., 75, 92
Hirnareal 219
Hirnentwicklung 201-204, 206
Hirnforschung 10, 61, 64, 189, 200f., 204, 226
Hirnstamm 12, 193
Homunculus 55, 59
Hörbahn 13, 15
Höreindruck 18, 23, 25
Hören 9-12, 17f., 22, 28, 31, 51, 58, 64f., 77, 80-84, 91f., 94
Hörerfahrung 85, 139, 186
Hörerlebnis 9, 37, 48
Hörerwartung 12
Hörnerv 12
Hörpsychologie, hörpsychologisch 37, 48, 86
Hörsystem 13, 18
Hör-Text 33, 36f., 39, 43, 46, 48
Hörverständnis 37
Hörwissen 41
horizontale Alternation 195f.
Illusion 22f., 26f.
Imitation 191f., 194-199, 226f.
impliziter Hörer, Leser 29
inference learning 158, 217
informelle Anleitung (*informal guidance*) 141f., 151, 220
inner hearing 186
Intelligenz 191, 204-206, 225
Intelligenz, multiple 218, 223
Intelligenztest 10f.
intentio lectoris 34
Interpretat 36
Interpretation, interpretieren 18, 22, 25, 29, 34-36
ipsilateral 13

Kanizsa-Dreieck 25f.
Kehlkopfeinstellung 187
Kernspintomographie (fMRI) 57, 68f.
Kindernotate 124, 131
Klangerfahrung 158
Klangvorstellung 108, 152, 165, 183, 186, 213f.
Kleinhirn (Cerebellum) 11, 52, 62, 64, 183f., 215
knowing how – knowing that 104, 141
knowing that, knowing how 65
Kognitionsprozess 119
kognitionspsychologisch 67
Kognitionstheorie 12
kognitive Psychologie 109
Konnektionismus, konnektionistisch 13, 39
Kontext 34
kontralateral 13
Körperbewusstsein 100
Körpererfahrung 100f., 128
Ko-Text 34
Kurzzeitgedächtnis 184
Langzeitgedächtnis 184
Lateralisation 14, 16
Lateralisationsforschung 110
Lehrer, Professionalität 223
Lehrerrolle 221f.
Leistung 218-220, 222
Lernbiologie 119
Lernen 55, 61, 65, 67-69, 71-73, 75, 77-80, 87f., 90f., 102-112, 109, 111f., 119, 121, 140, 142, 146, 154f., 160, 162f., 168, 177, 186, 189-192, 194-207, 218, 220-222
   auditorisches L. 191
   deklaratives L. 71, 73, 75, 77, 79
   explizites (begriffliches) L. 112
   genuin musikalisches L. 72, 91
   implizites L. 182
   intuitives L. 103
   musikalisches L. (Musiklernen) 99, 108, 112, 140f., 163, 165-168, 189f., 197, 200, 218-221, 223

natürliches L. 103
prozedurales L. 71, 73, 79, 201
sensomotorisches L. 199
verbales L. 71, 73, 75
vokales L. 191f., 194-197
Lernformen 69, 78
Lernforschung 189
Lernmaterial 222
Lernpotential 218-220, 222
Lernprozess 209, 216, 218, 221-223
Lernpsychologie 106f., 115, 138, 150
Lernsituation 111
Lerntempo 222
Lerntheorie 209
Lernverhalten 102
limbisches System 180, 182
macro-beat 86, 138-140
Magnetenzephalographie (MEG) 69
Makaken 198f.
mental 21, 25, 28
mental imagery 215
mental images 81, 86
mental map 52
mentale Karten 51
mentale Repräsentation 66, 71f., 77, 197, 201
Mentales Training 62f., 212f., 214f.
micro-beat 138
mind map 40, 45-48
Montessori-Glocken 67, 114-119, 169-175
Motivation 210, 220f.
   intrinsische M. 210, 221
Mozart-Effekt 10, 94
Music Learning Theory 222
Musik als Text 33, 35
Musik und Sprache, Sprache der Musik 10
Musikerziehung 133
Musikhören 9, 14, 17, 31, 108
Musikpädagogik 190

Musikpsychologie   200
Musiktheorie   48
Musikverarbeitung   189, 200
musilanguage   191
Mutter-Kind-Kommunikation   195
Myelin   218f.
native call   191
Nervenzelle s. Neuron
Neurobiologie, neurobiologisch   55, 61, 80, 96f., 189f., 200, 204, 206f., 209, 223f.
Neurodidaktik   190, 200f., 203f., 226
neuromusikalische Forschung   189f.
Neuron, neuronal   11-13, 17, 22, 31, 39, 52f., 55, 58, 60-62, 64-66, 68f., 71, 75, 77, 79-81, 85-88, 103, 110, 119, 142, 156f., 166, 189, 191f., 195, 197-199, 200, 202f., 207, 213f., 218f., 222, 224-226
neuronale Aktivität   100, 226
neuronale Architektur   39
neuronale Korrelate   71, 85
neuronales Netz   39, 41, 81, 87f., 97 f., 100f., 105, 108-110, 156, 200, 203, 207, 210
Neuronenverbände s. Zell-Verbände
Neurophysiologie, neurophysiologisch   29, 31, 200
Neuropsychologie, neuropsychologisch   29, 119
Neurowissenschaft, neurowissenschaftlich   57, 66, 79f., 189f., 200, 214
Norm   31, 33, 176
notational audiation   186
Operation, formale   67
Pädagogik   97, 102, 111, 115, 119, 133, 140, 142, 153, 169, 190, 199f., 212, 215-218, 221f., 224, 226
Paradoxie   17f.
path-maker   51
pattern   11, 138, 140, 144, 146-149, 151f., 154, 170, 220
pattern matching   22, 28, 86
phonological loop   212f.
Phrenologie   55, 57
pitch matching   196f.
neuronale Plastizität   61, 88, 189, 200f., 204, 218, 224, 226

Positronenemissionstomographie (PET) 219
Primärtext 36f.
probe tone-Technik 73
Prosodie 94
psychoakustisch 31
Radikaler Konstruktivismus 12
Reizleitung 13, 55, 87, 96
Reizverarbeitung 9, 11, 58, 72, 88, 92, 202f.
Repräsentation 14, 18, 21f., 25, 28, 33, 37, 39, 41, 45, 47-49, 106, 108, 111f., 133, 136, 138, 140f., 151, 155, 162-164, 167, 176, 197f., 211, 213, 215, 218
   außermusikalische R. 112, 136
   figurale R. 47, 180, 183f., 212
   formale R. 47, 183f.
   genuin musikalische R. 209, 213, 216, 220f., 223, 225f.
   ikonische R. 109, 136
   kinästhetische R. 101, 103, 106, 136
   klangliche R. 142, 157
   mentale R. 21, 28, 48, 81, 86, 91, 109f., 112, 119, 131, 134, 139, 146, 154, 156, 166, 197, 201, 213, 222, 226
   multiple R. 72, 104, 136, 139
   symbolische R. 104, 109, 162
   verbale R. 35, 41, 136f.
   visuelle R. 43
Resonanz 193, 198f.
Retina 28f.
Rezeptionsästhetik 34
Rezeptions-Stereotype 48
Sachurteil 45
Schulerfahrung 166
Sekundärtext 36
semantische Analyse 41
semantisches Netz 31f.
sensorische Integration 100
sensorisches Register 217
separation call 191
Signal-Synchronisation 197
Singvögel 191f., 199

Sinn   33, 83, 90
Solfège   155
Spiegelneurone   189, 192, 198f.
Sprachähnlichkeit   33
Spracherwerb   103, 190f., 197, 210
Sprachfähigkeit   190
Sprachkompetenz   83, 85
Sprachregion   179
Sprachschablone   21
Sprachstörung   178f., 182
Sprachverarbeitung   189
Sprachvermögen   105
Sprachverständnis   179
stabilized aptitude   218f.
Stress-Indikatoren   9
Symbol   48
   präsentatives S.   33
Synapse   52, 55, 87, 105, 110f., 142, 156, 182-184, 186, 202f., 206f.
Synapsenselektion   203, 207
Synapsen-Wachstum   202, 207
Synchronizität   88
Täuschung   17f.
   optische T.   17
Tertiärtext   37
Text, musikalischer   166
Textbedeutung   34
Textebenen   35f.
Textklassen   34
Textstruktur   33f.
Texttheorie   33f., 48
Textualität, textuell   33, 35, 48
Textverstehen   34
Thalamus   179f., 193
Tierkommunikation   191, 196
time keeping   196
tonal imagery   81
Toncharakter   21
Tonigkeit   21

Tonklassen 18, 21
tonotop 58
Tonsilben 155-157
Tonvorstellung 186, 211
top-down 202
Transfer-Effekt 94, 96f., 168
   ferner T. 94, 96
   naher T. 94, 96
Tritonus-Paradox 18, 20f.
Typologie von Kindernotaten 125, 127, 129, 132
Urteile 39f., 44f., 47f.
Verhaltensforschung 224
Vernetzung, neuronale 60, 62, 77, 79
Verstehen 17, 25, 29, 34f., 43, 48, 83, 85f., 104, 109, 131, 133, 140f., 144f., 167f., 209-211, 220f.
   musikalisches V. 108, 136, 140, 144, 146, 154, 169, 210, 223
   theoretisches V. 176
vertikale Integration 195f.
visual imagery 28
Vorstellung 103, 106-109, 111, 114-119, 124, 131-134, 144, 150, 154f., 158, 162, 165, 167, 172, 176, 210-214, 216, 220
   bildliche V. 136
   figurale V. 51, 66-68, 71, 75, 91, 109, 157, 162, 171
   formale V. 52, 58, 66-68, 71f., 77, 91, 109, 112, 118, 157, 162, 173
   metrische V. 66, 131, 133
   räumliche V. 10, 226
   raum-zeitliche V. 51
Wahrnehmung 36f., 39-41, 46-50, 52, 58, 65, 69, 72, 81-84, 86f., 94, 99-101, 103, 109-113, 115, 121, 124, 130f., 136, 192, 196f., 209, 211, 213, 220
   musikalische W. 125, 136, 138-140, 167
Wahrnehmungsinteresse 31
Wahrnehmungspsychologie, wahrnehmungspsychologisch 12, 81
Wahrnehmungsschablone 21
Wahrnehmungsschema, Wahrnehmungsmuster 100, 140
Wahrnehmungsstörung 99, 101
Wernickesches Areal/Zentrum 176f., 194

Werturteil 48
Wirkung der Musik 9f., 18, 25, 83, 96
Wissen 11f., 31, 100-102, 104, 106, 108f., 112, 140f., 166, 177, 215, 224
   begriffliches W. 215f.
   deklaratives W. 65, 67
   explizites W. 65, 83, 221
   genuin musikalisches W. 216, 220f.
   prozedurales W. 65
   theoretisches W. 168, 220
Wissensrepräsentation 104, 109
Wissensrepräsentation 82
Zeichentheorie, zeichentheoretisch 131
Zell-Verband (*cell assembly*) 13, 55, 88, 111, 156
Zirkulareffekt 18
Zuhören 14